Gianni Sofri
Über asiatische Produktionsweise

Politische Ökonomie
Geschichte und Kritik

Gianni Sofri

Über asiatische Produktionsweise

Zur Geschichte einer strittigen Kategorie
der Kritik der politischen Ökonomie

Europäische Verlagsanstalt

Nach der unter dem Titel »Il modo di produzione asiatico. Storia di una controversia marxista« bei Giulio Einaudi, Turin 1969 erschienenen Ausgabe. Aus dem Italienischen von Aldo Loiero und Bruno Schoch, in Zusammenarbeit mit David Wittenberg.

© 1969 Giulio Einaudi Editore, Turin
Deutsche Rechte 1972 bei Europäische Verlagsanstalt, Frankfurt a. M.
Druck: Poeschel & Schulz-Schomburgk, Eschwege
ISBN 3 434 30132 1 (kt) · 3 434 30133 x (Ln)
Printed in Germany

Inhalt

Einleitung — 9

I. Marx, Engels und die asiatische Gesellschaft — 15

  Von den Frühschriften bis zu den Artikeln über
    Indien und China — 15
  Die »vorkapitalistischen Wirtschaftsformen« — 37
  Über Asien im ersten Band des »Kapitels« — 51
  Die späteren Werke — 57
  Über Rußland — 64
  Abschließende Bemerkungen — 70

II. Wendepunkte in der Kontroverse über »asiatische
    Produktionsweise« — 76

  Die II. Internationale und Asien — 76
  Plechanov, Lenin, Trotzki — 85
  Stalin und Trotzki – Die »chinesische Frage« und die
    Verdammung der »asiatischen Produktionsweise« — 99

III. Neue Perspektiven der Diskussion — 128

  Wittfogel und der »orientalische Despotismus« — 128
  Die Orientalisten und Wittfogel — 134
  Wiederaufnahme der Debatte durch marxistische
    Wissenschaftler — 142
  Kurze Rekapitulation — 168
  Zur politischen Bedeutung der aktuellen Diskussion — 171
  Provisorische Bilanz der historiographischen
    Diskussion — 177

Ergänzende Literaturangaben — 184

»... lassen wir uns nicht täuschen von den trügerischen und falschen Theorien, die uns einige Philosophen, welche ihren Vorstellungen von Systemen verbundener sind als Erfahrungen und der Vernunft, glauben machen wollen. Im Studierzimmer, mit einer Landkarte in der Hand, dem Gang der Sonne nach bestimmen sie das Schicksal der Völker. Und während sie den einen sagen, richtet den Baum der Freiheit auf und pflanzt in seinem Schatten republikanische Tugenden, sagen sie den anderen, die Natur hat Euch zur Sklaverei verdammt, küßt Eure Ketten und stirbt... Die Historiker werden uns sagen, daß die verschiedenen Regierungsformen überall auf der Erde vorhanden waren, daß die Menschen abwechselnd von der Freiheit zur Sklaverei, von der Sklaverei zur Freiheit übergegangen sind, unabhängig davon, ob sie die Sonnenstrahlen senkrecht oder schräg empfangen haben... Daß Spartakus in der Welthauptstadt Furcht aufkommen lassen hat; daß die Feudalherren häufig erblaßten bei dem Brüllen der Natur, die sich gegen ihre Ketten auflehnte; daß die Schwarzen in unseren Kolonien oft ein Blutbad anrichteten und daß sie, nach der Voraussagung eines in die Geschichte eingegangenen Philosophen, vielleicht eines Tages nach Europa kommen werden, um sich für die Barbarei der Europäer zu rächen. Die Historiker werden uns sagen, daß die Sklaverei solange auf Erden regiert hat, weil sie mit Gewalt bewaffnet war, weil die Interessen, die Leidenschaften, die Ideen der Völker verhindert haben, sich zu vereinigen um gemeinsam zu handeln.«

Melchiorre Gioia, 1796

Einleitung

In der zweiten Hälfte des 18. Jahrhunderts wandte sich Abraham-Hyacinthe Anquetil-Duperron entschieden gegen die Ansichten von Asienreisenden wie Bernier und politischen Denkern wie Boulainvilliers und Montesquieu, die Asien darstellten als Vaterland des Despotismus, als Heimat eines politischen Systems, in dem es nur Sklaven gebe und dessen Gesellschaftsform kein Privateigentum an Grund und Boden kenne, da sich das Land einzig und allein im Besitz des Souveräns befand. Der französische Orientalist vertrat die Auffassung, daß diese Meinungen im Grunde nur die Funktion hatten, Unterdrückung und Gewalttaten der Europäer in Asien zu legitimieren, in der »irrigen Annahme, daß in einem Land, in dem der Despotismus das Recht auf Eigentum negiert hat, dem Stärkeren alles erlaubt sei ... Der Despotismus ist die Regierungsform dieser Regionen, der Souverän nimmt für sich in Anspruch, Eigentümer aller Güter seiner Untertanen zu sein. Also laßt uns Souverän werden, und schon sind wir die Herren von ganz Hindustan! So räsoniert die Habsucht: sie stützt sich auf Wurzeln, die es auszureißen gilt.«[1]

Gewiß verkannte Anquetil-Duperron die Unterschiede nicht: Eigentum gab es im Orient wie in Europa; die Sklaverei existierte zwar in Asien, aber nicht durchwegs und ebensowenig als ausschließliches Kennzeichen jenes Kontinents; Recht und Verträge wurden auch in jenen fernen Ländern respektiert, Landwirtschaft und Handel florierten dort.

Es mag merkwürdig scheinen, aber die Thematik der Auseinandersetzung ist noch heute aktuell. Mit den Worten von Franco Venturi: zwei Jahrhunderte hindurch hat die Vorstellung vom

---

[1] Abraham-Hyancinthe Anquetil-Duperron, zit. nach S. Stilling-Michaud, *Le mythe du despotisme oriental*, in: »Schweizer Beiträge zur allgemeinen Geschichte«, 18–19 (1960–1961), p. 345.

»orientalischen Despotismus« ständig »politische Probleme und Leidenschaften« mit eingeschlossen[2], wenn auch mit jeweils verschiedenem Schwergewicht und neuen Perspektiven.

Als vor einigen Jahren Venturi seinen kurzen, aber aufschlußreichen Beitrag über die Geschichte dieses Begriffs bis zum Anfang des 19. Jahrhunderts verfaßte, wies er den Leser am Ende seiner Studie auf ein kurz zuvor publiziertes Buch von K. A. Wittfogel[3] hin. Dieses Buch von Wittfogel trug sehr viel dazu bei, eine ganze Reihe von Diskussionen unter Historikern (vorwiegend Orientalisten), Ökonomen und Geschichtsphilosophen wiederzubeleben. Diese Diskussionen wurden und werden, hauptsächlich von Marxisten, in zahlreichen Ländern der Welt geführt.

Das hier vorliegende Buch ist aus einer recht bescheidenen Absicht entstanden und trägt davon sichtliche Spuren. Vor vier Jahren war in Italien das Echo auf jene Diskussionen gering, ja beinahe kaum zu vernehmen. Der Autor hielt es für sinnvoll, den italienischen Lesern die wesentlichen Aspekte einer sehr lebhaften und interessanten, in Italien bis heute fast unbekannt gebliebenen Auseinandersetzung zu vermitteln. Die Intention war, einen kurzen Artikel zu verfassen, der den Diskussionsverlauf resümieren sollte. In gewissem Sinne kann man sagen, daß Spuren dieser ursprünglichen Absicht im dritten Abschnitt dieses Buches zu finden sind, welche den Charakter einer Übersicht bewahrt haben. Wobei allerdings zu bemerken ist, daß in der Zwischenzeit die Veröffentlichungen zu diesen Themen so beträchtlich zugenommen haben, daß die geplante Übersicht in gewissem Maße schließlich nicht viel mehr geworden ist als eine trockene Zusammenstellung von Namen und Titeln, eine Art kommentierte Bibliographie.

Wie es allerdings häufig geschieht, ist die Arbeit in der Zwischenzeit erweitert worden und über die ursprüngliche Intention (nämlich zu informieren) hinausgewachsen, ohne daß diese dabei

---

2 F. Venturi, *Despotismo orientale*, in: »Rivista storica italiana«, LXXII (1960), I, p. 126. Zur Geschichte des Begriffes Despotismus vgl. R. Koebner, *Despot and Despotism: Vicissitudes of a Political Term*, »Journal of the Warburg and Courtauld Institutes«, vo. 14 (1951), p. 275-302.
3 K. A. Wittfogel, *Oriental Despotism. A Comparative Study of Total Power*, New Haven 1957. Die französische Ausgabe enthält eine wichtige Einleitung [Avantpropos de P. Vidal-Naquet in: K. A. Wittfogel, Le Despotisme Oriental, Paris 1964, pp. 7-44;] [hier wird zitiert nach der deutschen Ausgabe: *Die orientalische Despotie*, Berlin 1962.]

aufgegeben wurde. Will man jedoch zur Diskussion eines, wie sich zeigen wird, unendlich viele Aspekte umfassenden Problems neue Forschungsergebnisse beitragen, so bedarf es außerordentlicher Kenntnisse über vergleichende Geschichtsschreibung, Anthropologie und Philosophie, was leider beim Autor nicht gegeben ist. Das vorliegende Buch erhebt weder den Anspruch, die profunde und großartige Studie von Venturi fortzuführen, noch soll die Geschichte der verschiedenen, in der abendländischen Kultur im 19. und 20. Jahrhundert vertretenen Auffassungen über Asien resümiert werden – eine Geschichte, die übrigens von äußerstem Interesse ist, wenn man bedenkt, daß ihre Protagonisten unter anderen Hegel, die englischen Utilitaristen, Henri Maine, Romagnosi, Cattaneo und Max Weber waren[4]. Die Zielsetzung dieses Buches ist dagegen viel bescheidener: es soll einen Beitrag – der zudem bereits bekannte Forschungser-

---

[4] Das monumentale Werk von D. F. Lach (*Asia in the Making of Europe*, Band I: *The Century of Discovery*, Chicago und London 1965) umfaßt bisher erst das 16. Jahrhundert und wird nur bis 1800 gehen. Ders., *China and the Era of the Enlightenment*, Journal of Modern History«, XIV (1942), p. 209 ff.; wir beschränken uns hier darauf, nur einen bibliographischen Hinweis zu geben zur Geschichte des westeuropäischen Denkens über China und verweisen auf die Übersicht von R. Dawson, *The Chinese Chameleon. An Analysis of European Conceptions of Chinese Civilization*, London 1967. Weitere Studien finden sich zitiert in unserer Rezension dieses Werks in: »Rivista storica italiana«, LXXX (1968), II, p. 415–421. *La renaissance orientale*, Paris 1950, von R. Schwab ist eine Geschichte der Orientalistik seit dem 18. Jahrhundert und behandelt vorwiegend die philosophisch-religiösen und linguistisch-literarischen Aspekte der Wiederentdeckung des Orients. Über Hegel hat E. Schulin eine Studie geschrieben: *Die weltgeschichtliche Erfassung des Orients bei Hegel und Ranke*, Göttingen 1958. Über die englischen Utilitaristen vgl. R. Stokes, *The English Utilitarians and India*, Oxford 1959. Zu Henri Maine vgl. L. Dumont, *The Village Community from Munro to Maine*, »Contributions to Indian Sociology« n. IX, Dezember 1966, p. 67–89. Über Cattaneo vgl. R. Loreto, »*La Cina antica e moderna« di C. Cattaneo*, in »Cina«, 3, Rom 1957. Über Max Weber vgl. Hisao Otsuka, *Max Weber's View of Asian Society*, »The Developing Economics« IV (1966), 3, p. 275–298; auch die diesen Fragen gewidmeten Teile im Buch von L. Cavalli, *Max Weber: religione e società*, Bologna 1968, p. 239 ff., 291 ff. Eine sehr nützliche Anthologie: *The Pattern of Chinese History. Cycles, Development or Stagnation?*, hrsg. von J. Meskill, Lexington (Mass.) 1965. Verschiedene Hinweise finden sich in: *Historians of India, Pakistan and Ceylon*, hrsg. von C. H. Philips, London 1961; *Historians of China and Japan*, hrsg. von W. Beasley und E. G. Pulleyblank, London 1961; A. F. Wright, *The Study of Chinese Civilisazion*, in: *Ideas in Cultural Perspective*, hrsg. von P. Wiener und A. Noland, New Brunswick (N. Y.), p. 354 ff. Über die europäischen Vorstellungen von Afrika: P. Curtin, *The Image of Afrika. British Ideas and Action, 1780–1850*, Madison (Wisc.) 1964; K. George, *The Civilized West looks at Primitive Africa, 1400–1800. A Study in Ethnocentrism*, »Isis« vol. 49, Teil I, n. 155, März 1958, p. 62 ff.

gebnisse einschließt – leisten zu einem bestimmten Abschnitt dieser Geschichte, nämlich zur theoretischen und politischen Auseinandersetzung, die durch Marx ausgelöst wurde.

Im ersten Teil werden Äußerungen von Marx und Engels über asiatische Gesellschaftsformationen wiedergegeben. Ich kann nicht leugnen, daß mich Mängel der »Marxologie« in diesem Forschungsbereich zu dieser Arbeit veranlaßt haben. Denn zum einen wurde mir die Notwendigkeit, von Marx auszugehen, um die gegenwärtigen Diskussionen verstehen zu können, immer klarer. Zum andern stellte ich ein starkes Unbehagen fest bei der Lektüre einiger Studien über Marx, die charakterisiert sind durch eine undifferenzierte Verquickung von mehr oder minder »objektiver« Interpretation und mehr oder minder originaler Weiterentwicklung, durch die Suche nach einer Kohärenz auch dort, wo diese nicht gegeben ist, und vor allem durch eine Art und Weise, an die Klassiker des Marxismus heranzugehen, die man als »aristotelisch« bezeichnen könnte; und die sich in vielen Fällen in einem undifferenzierten und unhistorischen Schlußverfahren manifestiert: einzelne Sätze werden bloß aneinandergereiht, ohne daß dabei mir sehr wichtig scheinende Faktoren berücksichtigt werden, wie etwa die Fragen, ob solche Sätze aus Werken stammen, die zu Marxens Lebzeiten publiziert wurden oder aus nicht für den Druck bestimmten Notizen, und vor allem, ob es sich um zu verschiedenen Zeiten verfaßte Schriften handelt. Kurzum, ein philologisches Vorgehen war notwendig, d. h. ich mußte die Genesis und Entwicklung des Marxschen Denkens untersuchen, zumindest was die Probleme betrifft, die dieses Buch zum Gegenstand hat. Natürlich ist es nicht einfach, pure Philologie zu betreiben, und dies besonders dann nicht, wenn man sich mit Marx und sehr relevanten Problemen beschäftigt. Ich bin mir der Tatsache bewußt, daß ich es manchmal nicht umgehen konnte, mich ebenfalls in die Kontroverse miteinzubeziehen. Ebenso bin ich weit davon entfernt anzunehmen, daß es mir gelungen ist, den »wahren« und »objektiven« im Gegensatz zu jenem von einigen seiner Interpreten »verfälschten« Marx vorzustellen. Aber ich habe im Rahmen des Möglichen versucht, differenziert vorzugehen. Ich hoffe, in der vorliegenden Arbeit zumindest deutlich gemacht zu haben, daß die Reflexionen von Marx über dieses Problem viel komplexer und undogmatischer sind, als es viele seiner Interpreten vermuten lassen.

Die Meinungen der marxistischen Wissenschaftler über die Relevanz der Kategorie »asiatische Produktionsweise« im Marxschen Denken gehen weit auseinander. Nach dem Engländer Shapiro handelt es sich um »einige Wörter, die Marx bezüglich einer vermeintlichen »asiatischen Produktionsweise« einmal verwendet hat, um einen Gedanken, den Marx nie ausgeführt hat, und auf den er nach der umfassenden wissenschaftlichen Untersuchung von Morgan und Engels über die antike Gesellschaft nie mehr zurückgekommen ist«[5]. Nach anderen (Tökei, Godelier) »bilden die Ansichten von Marx über die »asiatische Produktionsweise« eines der wesentlichen Elemente seines Werks«, in dem Sinne, daß ohne sie »die Entstehung des *Kapitals* undenkbar ist«[6]. Es ist wahrscheinlich, daß sich die einen wie die andern täuschen. Und zwar insofern, als Marx die Bedeutung des Problems einerseits sah und wichtige Überlegungen darüber anstellte, ohne sich andererseits ausführlicher mit ihm zu beschäftigen. Diese relativ geringe Aufmerksamkeit dokumentiert sich darin, daß nur wenige Hinweise auf diesen Problemkreis vorhanden sind. Hinzu kommt, daß diese Stellen über das ganze Werk verstreut sind und zu den unsichersten und widersprüchlichsten zählen, was die Interpretation außerordentlich erschwert. Es bleibt hinzuzufügen, daß das Problem der »asiatischen Produktionsweise« dann seinen Stellenwert erhält, wenn man es organisch verbindet einerseits mit dem allgemeineren der Marxschen Urteile über Asien, seine Geschichte und Zukunft, und andererseits mit grundlegenden Elementen der materialistischen Geschichtsauffassung.

Der zweite Teil des Buches resümiert kurz die Geschichte der Kontroverse über »asiatische Produktionsweise« mit ihren theoretischen und politischen Implikationen in marxistischen Forschungen nach Marx und Engels, von Plechanov über Lenin zu Trotzki; sowie den Zusammenhang dieser Problematik mit dem Wandel der Historiographie in der Stalin-Ära und mit der Politik der Komintern in Asien. Am Ende wird referiert über die Thesen von Wittfogel und die Resonanz, die sie bei marxistischen und nichtmarxistischen Orientalisten fanden, ferner über die zur Zeit in zahlreichen Ländern geführten Debatten und Un-

---

[5] M. Shapiro, *Stages of Social Development*, in: »Marxism Today«, September 1962, p. 284.
[6] F. Tökei, *Le mode de production asiatique dans l'oeuvre de K. Marx et F. Engels*, in: »La pensée«, Sondernummer, N. 114, April 1964, p. 16.

tersuchungen, die sich mit »asiatischer Produktionsweise« beschäftigen: Debatten und Untersuchungen, die Fragen der vergleichenden Geschichtswissenschaft und historiographischen Ansätze bei der Analyse nichteuropäischer Länder und antiker Gesellschaften miteinbeziehen, Fragen der marxistischen Theorie, und, last but not least, die Auseinandersetzung China-UdSSR und die Strategie der internationalen kommunistischen Bewegung.

Da ich an dieser Stelle nicht all denjenigen meinen Dank aussprechen kann, die mich bei dieser Arbeit unterstützt haben, beschränke ich mich darauf, Carlo Poni und Gianni Scalia zu erwähnen, mit denen ich lange Diskussionen über den Inhalt dieses Buchs geführt habe. Professor Armando Saitta hat mir freundlicherweise gestattet, den von mir verfaßten Artikel in der von ihm herausgegebenen Zeitschrift »Critica storica« für diese Arbeit zu verwenden.[7]

---

[7] Critica storica Nr. 5/6, 1966.

I. Marx, Engels und die asiatische Gesellschaft

Von den Frühschriften bis zu den Artikeln über Indien und China

Der erste Hinweis auf Asien, den man bei Marx finden kann, stammt aus einer Schrift aus den Jahren 1841-1843, der *Kritik der Hegelschen Rechtsphilosophie:* Marx erwähnt hier beiläufig die »asiatische Despotie«, in der »der politische Staat nichts als die Privatwillkür eines einzelnen Individuums (ist) oder der politische Staat, wie der materielle, ist Sklave«[1]. Es ist nicht schwierig, die Quelle dieses Urteils zu finden: es handelt sich gewiß um Hegels *Vorlesungen über die Philosophie der Geschichte*, die nur wenige Jahre zuvor veröffentlicht wurden: 1837 von seinen Schülern, 1840 in einer vollständigeren Fassung von seinem Sohn Karl. Man kann sogar hinzufügen, daß Marx sich lange Zeit, bis 1848 und länger, damit begnügte, Asien fast ausschließlich durch die Brille Hegels zu betrachten. Er übernahm die Darstellung der orientalischen Welt aus den berühmten *Vorlesungen*, die seinerzeit als konzentrierter und weithin anerkannter Höhepunkt in der Geschichtsphilosophie galten.

Das damalige Asienbild, das sich in Hegels *Vorlesungen* abzeichnete, läßt sich in einigen grundlegenden Zügen grob umreißen: Asien ist die jahrtausendalte Wiege des Despotismus. In China ist dieser Despotismus gut organisiert, gerecht, mild und weise. Hier ist »der Monarch Chef als Patriarch«, der seine Rechte ausübt »in der Weise eines Vaters über seine Kinder«; »keine selbständigen Klassen oder Stände, wie in Indien, haben für sich Interessen zu beschützen, denn alles wird von obenher geleitet und beaufsichtigt«. »Die höchste Ehrfurcht muß dem Kaiser erwiesen werden. Durch sein Verhältnis ist er persönlich zu regie-

---
[1] K. Marx, *Zur Kritik der Hegelschen Rechtsphilosophie*, zit. nach Marx/Engels Werke (MEW), Berlin 1957 ff., Bd. 1, p. 234.

ren genötigt und muß *selbst* die Gesetze und Angelegenheiten des Reiches kennen und leiten.« »Der Kaiser regiert durch die Behörden, welche meist aus Mandarinen zusammengesetzt sind.« Außer ihm gibt es »eigentlich keinen ausgezeichneten Stand, keinen Adel bei den Chinesen.« So schwebt über allem »die patriarchalische Vorsorge des Kaisers, der als Vater für seine Untertanen auf gleiche Weise sorgt.« In diesem System fehlt jede Würde des Individuums, hier herrschen Formalismus und Sklaverei nach »alten Reichsmaximen«, »statarische« Gleichförmigkeit in allen familiären und sozialen Beziehungen.

Das indische Volk lebt nicht weniger »statarisch« als das chinesische. Außerdem ist in Indien »der willkürlichste, schlechteste, entehrendste Despotismus zu Hause.« Diese Tyrannei ist aber in Indien »in der Ordnung, denn hier ist kein Selbstgefühl vorhanden, mit dem die Tyrannei vergleichbar wäre und wodurch das Gemüt sich in Empörung setzte; es bleibt nur der körperliche Schmerz, die Entbehrung der notwendigsten Bedürfnisse und der Lust, welche eine negative Empfindung dagegen enthalten.« Die Kasten sind eines der typischsten Elemente der »Versteinerung« dieses politischen und sozialen Systems.[2]

Mit Gewißheit kann man sagen, daß die Marxschen Vorstellungen über Asien und seine Geschichte lange Zeit nicht über das oben Skizzierte hinausgingen. Allerdings besteht in seinen verstreuten Hinweisen hier und dort eine von Hegel abweichende Akzentuierung. Wo es diesem etwa darum geht, ausführlich die orientalischen Gesellschaften zu beschreiben, um für sie einen Platz in der Weltgeschichte des menschlichen Geistes zu finden, legt Marx das Schwergewicht eher auf den Kontrast Stagnation des Orients – Progreß des westlichen Bürgertums. Daraus resultiert ein vernichtendes Urteil über den »asiatischen Despotismus«. In einem Artikel von 1850 beispielsweise wird China definiert als »Hort der Erzreaktion und des Erzkonservativismus.«[3]

In der Kastenfrage etwa erscheint ein interessanter Berührungspunkt zwischen Marx und Hegel, an dem sich das komplexe Verhältnis von Abhängigkeit einerseits und divergierenden Urteilen andererseits manifestiert. Hegel schreibt:

---

2 G. W. F. Hegel, *Vorlesungen über die Philosophie der Geschichte*, Suhrkamp-Werkausgabe Bd. 12, Ffm 1970, pp. 142–208.
3 K. Marx/F. Engels, *Revue* (Januar/Februar 1850), Artikel in der »Neuen Rheinischen Zeitung«, MEW 7, p. 222.

»Die nächste Frage ist, wie diese Kastenordnung geschichtlich entstanden sei. Gewöhnlich meint man, die Unterschiede der Stämme hätten zu den Unterschieden der Geschäfte geführt... Geschichtlich ist das nicht nachzuweisen. Die Teilung der Arbeit ist vielmehr der Anfang der Bildung. Diese Unterschiede der Beschäftigung setzen immer schon ein Ganzes voraus, das sich in sie unterschieden hat. Das Eigentümliche bei den Indern ist nur dies, daß sich diese Unterschiede zu natürlichen fest bestimmt haben und an die Geburt gebunden sind. Ferner wäre zu fragen, ob ein Herr diese Unterschiede aufgerichtet hat oder ob sie sich bewußtlos gestaltet haben. Das Erste ist das Wahrscheinliche; ein Herr bedarf manches, er legt Verschiedenen Verschiedenes auf und kann sie für immer dazu bestimmen.«[4]

Marx dagegen vertritt im *Elend der Philosophie* über die Arbeitsteilung die Ansicht:

»Unter dem patriarchalischen Regime, unter dem Regime der Kasten, des feudalen und Zunftsystems, gab es Arbeitsteilung in der ganzen Gesellschaft nach bestimmten Regeln. Sind diese Regeln von einem Gesetzgeber angeordnet worden? Nein. Ursprünglich aus den Bedingungen der materiellen Produktion hervorgegangen, wurden sie erst viel später zum Gesetz erhoben. So wurden diese verschiedenen Formen der Arbeitsteilung ebenso viele Grundlagen sozialer Organisationen.«[5]

Das heißt, daß die Arbeitsteilung aus den Produktionsbedingungen entstanden ist. Sie geht also dem Gesetzgeber voraus, der erst nachträglich ihre Formen festlegt.

Kurz zuvor hatten Marx und Engels in der *Deutschen Ideologie* drei verschiedene »Entwicklungsstufen der Teilung der Arbeit« beschrieben, die »ebensoviel verschiedene Formen des Eigentums« sind. Diese drei vorbürgerlichen Stufen sind »das Stammeigentum«, »das antike Gemeinde- und Staatseigentum« (charakterisiert durch die Entstehung des Privateigentums und eine außerordentliche Verbreitung der Sklaverei), schließlich »das feudale oder ständische Eigentum«.[6] Im gleichen Sinne skizzierte zwei Jahre später das *Kommunistische Manifest* die Geschichte der Klassenkämpfe in der Antike, im feudalistischen Mittelal-

---

4 G. W. F. Hegel, *Vorlesungen über die Philosophie der Weltgeschichte, II. Band: Die Orientalische Welt*, vollst. neue Ausgabe von Georg Lasson, Leipzig 1923², pp. 374, 375.
5 K. Marx, *Das Elend der Philosophie*, MEW 4, p. 151.
6 K. Marx/F. Engels, *Die deutsche Ideologie*, MEW 3, p. 22-24.

ter und in der modernen bürgerlichen Gesellschaft.[7] In beiden Werken werden die orientalischen Völker und ihre besondere historisch-soziale Lage kaum erwähnt. Läßt sich daraus schließen, daß Marx und Engels glaubten, die orientalischen Völker einer der drei erwähnten Stufen zuschlagen zu können? Für eine solche Schlußfolgerung gibt es keine Anhaltspunkte, umgekehrt, es lassen sich eher genügend finden, um sie auszuschließen.

In der *Deutschen Ideologie* entfalteten Marx und Engels ihre materialistische Geschichtsauffassung, die sich polemisch von vorhergehenden abgrenzte. Sie konstatierten: »Wie die Individuen ihr Leben äußern, so sind sie. Was sie sind, fällt also zusammen mit ihrer Produktion, sowohl damit, *was* sie produzieren, als auch damit, *wie* sie produzieren. Was die Individuen also sind, das hängt ab von den materiellen Bedingungen ihrer Produktion.«[8] Zudem entspricht jeder Produktionsweise eine bestimmte Stufe der Entwicklung der Arbeitsteilung und eine bestimmte Eigentumsform. Hier wird diese Konzeption durch den oben erwähnten Passus über die drei Eigentumsformen konkretisiert. Es ist festzuhalten, daß diese in einer apodiktischen Art eingeführt werden (»Die erste Form des Eigentums ist das Stammeigentum ... Die zweite Form ist das antike Gemeinde- und Staatseigentum ... Die dritte Form ist das feudale oder ständische Eigentum.«), die sich in späteren Schriften kaum mehr finden läßt. Deshalb werden diese Abschnitte der *Deutschen Ideologie* herangezogen als die im gesamten Werk von Marx zweifellos geeignetsten Belege für eine Betrachtungsweise, die die Weltgeschichte rigide in »Stufen« unterteilt. Man wird der Wahrheit nahekommen, wenn man in diesen Bemühungen, eine Art von »Geschichtsphilosophie« zu konstruieren, einen andauernden Einfluß Hegels sieht. Aber einige ihrer Elemente sind trotzdem verblüffend. Vor allem, wie bereits festgestellt wurde,[9] spricht die *Deutsche Ideologie* keineswegs von irgendeiner logi-

---

[7] K. Marx und F. Engels, *Manifest der Kommunistischen Partei*, Bücherei des Marxismus-Leninismus, Dietz, Berlin 1967, p. 42 f. In dieser Schrift findet sich nur ein einziger hegelianisch gefärbter Hinweis auf die »barbarischen und halbbarbarischen« Völker des Orients: »Wie sie das Land von der Stadt, hat sie die barbarischen und halbbarbarischen Länder von den zivilisierten, die Bauernvölker von den Bourgeoisvölkern, den Orient vom Okzident abhängig gemacht.« (p. 48)

[8] *Deutsche Ideologie*, MEW 3, p. 21.

[9] Von E. J. Hobsbawm in der Einleitung zu K. Marx, *Pre-Capitalist Economic Formations*, London 1964, p. 28.

schen Verbindung zwischen antiker und feudaler Produktionsweise und läßt damit die Vorstellung aufkommen, daß es sich hier um zwei alternative Arten von Entwicklung der naturwüchsigen Stammesgemeinschaft handelt. Man kann hinzufügen, daß in dem oben erwähnten Abschnitt des *Elends der Philosophie* von verschiedenen Formen der Arbeitsteilung die Rede ist, die »ebenso viele Grundlagen sozialer Organisationen« geworden sind, und als Beispiele das »patriarchalische Regime«, das »Regime der Kasten«, das »Regime des feudalen und Zunftsystems« angeführt werden. Und noch im Dezember 1846 spricht Marx in einem Brief an Annenkow vom Kasten- und Gildenwesen, vom Manufaktursystem und der modernen Großindustrie als von verschiedenen Formen der Arbeitsteilung.[10] Wenn man sich die bereits zitierten Abschnitte vergegenwärtigt, aus denen hervorgeht, daß verschiedenen Entwicklungsstadien der Teilung der Arbeit verschiedene Eigentumsformen und verschiedene »Grundlagen sozialer Organisationen« entsprechen, muß man annehmen, daß Marx historische Entwicklungsstufen schon damals sehr viel vorsichtiger und differenzierter beurteilte, als einige seiner späteren Interpreten wahrhaben wollen, die eine »unilineare« Entwicklung nach dem klassischen Schema Urkommunismus – Sklavenhaltergesellschaft – Feudalismus – Kapitalismus unterstellen.

Die Frage des Marxschen Asienbildes bleibt damit weiterhin offen, da es darüber aus jener Zeit sehr wenige Anhaltspunkte bei Marx und Engels gibt. Es ist aber wahrscheinlich, daß sie sich bei dieser Frage mit einer Hegel-Rezeption begnügten, weil gerade in dessen Darstellung eine Reihe von »gängigen Meinungen«, die in Europa seit Matteo Ricci vertreten wurden, eingingen und konzentriert auftauchten. Allerdings bestanden für Hegel, der alles dem Geist zuschlug, weniger Probleme. Für Marx und Engels dagegen, die sich mit Produktionsweisen und Eigentumsformen befaßten, war die Frage sehr viel komplizierter. Die Auffassung von einem patriarchalischen, »statarischen« Asien, das auf der ersten Entwicklungsstufe stehengeblieben war, konnte akzeptiert werden. Aber Marx und Engels mußten sich der Tatsache wohl bewußt sein, daß dieses Urteil nicht ausreiche, um Asien einen genauen Platz in einem hypothetischen Schema der

---

[10] Brief von Marx an Annenkow aus Brüssel vom 28. Dezember 1846, publiziert im Anhang zum *Elend der Philosophie*, MEW 4, p. 547.

menschlichen Entwicklung zuzuordnen. Zu einer solchen Einordnung hätte es immerhin viel umfassenderer Informationen über Länder bedurft, die durch die widersprüchlichsten Merkmale gekennzeichnet waren, unter anderem etwa dadurch, daß sie wohl von der ökonomischen Formation her naturwüchsig und rückständig sich zeigten, aber vielschichtig und von reichen und verschiedensten kulturellen Traditionen geprägt waren: wie geht es überhaupt, China und Indien mit einfachsten Stämmen aus dem Innern Afrikas oder aus dem neolithischen Europa auf dieselbe Entwicklungsstufe zu stellen? Die *Deutsche Ideologie* beschreibt lediglich jene Eigentumsformen, von denen Marx und Engels annahmen, daß sie *in Europa* historisch aufeinanderfolgten, und die zudem einen weniger in historischem als logischem Sinn universellen Charakter besaßen. Aber diese drei Formen können nach dem Verständnis von Marx und Engels weder die gesamte Weltgeschichte erfassen, noch als notwendige, unvermeidliche und ausschließliche Stufen in der Geschichte eines jeden Volkes gelten. Das alles erklärt, weshalb in der *Deutschen Ideologie* wie auch im *Kommunistischen Manifest* (wo es zudem schwierig ist, mehr als eine an der europäischen Geschichte durchgeführte historische Exemplifizierung zu finden, welche die Aussage belegen soll, daß die Geschichte jeder Gesellschaft diejenige ihrer Klassenkämpfe ist) sehr wenig über Asien gesagt wird. Es erklärt auch den Charakter der vergleichsweise generalisierenden Terminologie (beispielsweise den Gebrauch des Adjektivs »halbbarbarisch«), die zusammen mit dem bekannten Hegelschen Einfluß den vielleicht weitestreichenden Hinweis auf Asien abgibt, der im Werk von Marx und Engels aus jenen Jahren zu finden ist: ein Hinweis, dem in anderer Hinsicht entscheidende Bedeutung zukommt. In einem der das *Manifest* vorbereitenden Manuskripte, und zwar in den *Grundsätzen des Kommunismus* aus dem Jahre 1847, schreibt Engels:

»Erstens wurde durch die infolge der Maschinenarbeit immer wohlfeiler werdenden Preise der Industrieerzeugnisse in allen Ländern der Welt das alte System der Manufaktur oder auf Handarbeit beruhenden Industrie gänzlich zerstört. Alle halbbarbarischen Länder, welche bisher mehr oder weniger der geschichtlichen Entwicklung fremd geblieben waren und deren Industrie bisher auf der Manufaktur beruht hatte, wurden hierdurch mit Gewalt aus ihrer Abschließung herausgerissen. Sie kauften die wohlfeileren Waren der Engländer und ließen ihre eigenen Manufakturarbeiter zugrunde gehen. So sind Länder, welche seit Jahrtausenden keinen Fortschritt gemacht haben, z. B. Indien, durch und durch revolutioniert worden, und selbst China geht jetzt einer Revolution entgegen. Es ist dahin gekommen, daß eine neue Maschine, die heute in England erfunden wird, binnen einem Jahr Millionen von Arbeitern in China außer Brot setzt. Auf diese Weise hat die große Industrie alle Völker der Erde miteinander in Verbindung gesetzt, alle kleinen Lokalmärkte zum Weltmarkt zusammengeworfen, überall die Zivilisation und den Fortschritt vorbereitet und es dahin gebracht, daß alles, was in den zivilisierten Ländern geschieht, auf alle Länder zurückwirken muß.«[11]

Noch im Juni 1853 war das Denken von Marx über China im wesentlichen von der Hegelschen Terminologie geprägt. Dieser Einfluß läßt sich ohne Schwierigkeiten feststellen im Hinweis auf die »patriarchalische Autorität« des Kaisers und seiner Staatsbeamten, sowie im Urteil über die »völlige Abschließung«, die »zur Erhaltung des alten Chinas ... die Hauptbedingung« war.[12] Gleichzeitig jedoch entwickelte sich Marx' Ansicht über Indien dank der Ereignisse, die zu seinen Lebzeiten dort stattfanden, in eine neue und originalere Richtung.

Es ist bekannt, daß Marx nach 1849 in London seine Studien zu ökonomischen und soziologischen Fragen wieder aufnahm. Er beschäftigte sich (oder beschäftigte sich wieder) unter anderem mit *An inquiry into the nature and causes of the wealth of nations* von Adam Smith, *An introductory lecture on political economy* von Richard Jones, *Principles of political economy* von John Stuart Mill, *The History of British India* von James Mill, *Voyages contenant la description des états du Grand Mogol, de l'Indoustan, du Royaume de Cachemire, etc.* von François Bernier.[13] In vielen dieser Werke wurde auf den besonderen

---

11 F. Engels, *Grundsätze des Kommunismus*, MEW 4, p. 367.
12 K. Marx, *Die Revolution in China und in Europa*, Artikel in der »New York Daily Tribune« vom 14. Juni 1853, MEW 9, p. 96 f.
13 Vgl. M. Rubel, *Les cahiers d'étude de Karl Marx*, II, *1853–1856*, in: »International Review of Social History«, V (1960) p 39–76 (besonders p. 41–43). Über die Lektüre von Marx zwischen 1850 und 1853 vgl. ders. in: K. Marx, *Œuvres, Économie*, I, préf. par F. Perroux, éd. établie par M. Rubel, Paris 1963, p. LXXIX. Marx kannte Smith, Ricardo und Mill seit 1864, aber es scheint nicht, daß er sich schon damals mit diesen Fragen beschäftigt hat. Über den Einfluß von A. Smith und der beiden Mills auf Marx in bezug auf den Orient vgl. K. A. Wittfogel, *Die orientalische Despotie*, a. a. O.; ferner G. Lichtheim, *Marx and the »Asiatic*

Charakter der »orientalischen Gesellschaften« mehr oder weniger explizit eingegangen, auch wenn er nicht Gegenstand präziser und kohärenter Theorien war. Wenn Adam Smith beispielsweise über China, das alte Ägypten und Indien sprach, unterstrich er die Bedeutung, die in diesen großen Staaten die öffentlichen Arbeiten besaßen, wie die Erhaltung der Verkehrswege und vor allem des künstlichen Bewässerungssystems. Er machte darauf aufmerksam, daß das Einkommen dieser Staaten sich zum großen Teil aus einer Art Steuer oder Grundrente zusammensetzte, und daß der Außenhandel dort im Gegensatz zu Landwirtschaft und Manufaktur vernachlässigt wurde. Er zeigte das Interesse der Mandarine und der anderen Steuereintreiber am Fortbestehen eines Systems, das ihnen erlaubte, die Bauern zu unterdrücken und gleichzeitig die Zentralgewalt zu betrügen. James Mill ging auf die Unterschiede zwischen »asiatischer Regierungsform« und dem europäischen Feudalismus ein. Auch Richard Jones und James Stuart Mill zeigten einige Eigentümlichkeiten der »orientalischen Gesellschaft« auf, wie etwa die Tatsache, daß der Herrscher der alleinige Eigentümer des gesamten Grund und Bodens war (Jones), oder den »bürokratischen« Charakter des »orientalischen Despotismus« (J. S. Mill).

Während Marx sich mit diesen Werken beschäftigte, fanden in Asien sehr wichtige Ereignisse statt, die zur Folge hatten, daß dieser Kontinent nach dem Zusammenbruch von 1848-1849 Hauptschauplatz der internationalen Auseinandersetzungen wurde. Im Jahre 1853 gab die Diskussion im englischen Parlament über die endgültige Organisation des britischen Besitzes in Indien Anstoß zu einer Überprüfung der gesamten britischen Indienpolitik und deren Ergebnissen. Vier Jahre später kam es in Indien zur großen Sepoys-Revolte. Das Aufeinanderprallen von alten Reichsstrukturen und westlichen Kanonenbooten und Kaufleuten verursachte in China den Opiumkrieg und innere Unruhe, deren Höhepunkt die T'ai P'ing-Revolte war. Marx und Engels verfolgten diese Ereignisse mit größter Aufmerksamkeit und rückten die orientalischen Gesellschaften und ihre hi-

---

Mode of Production«, »St. Antony's Papers«, n. 14 (»Far Eastern Affairs«, n. 3), hrsg. von G. F. Hudson, London 1963, p. 99 f. Vgl. auch E. J. Hobsbawm, Vorwort zu Marx, *Pre-Capitalist Economic Formations*, a. a. O.; und E. Stokes, *The English Utilitarians*, a. a. O. Zu den folgenden Bemerkungen über A. Smith vgl. A. Smith, *An inquiry into the nature and causes of the wealth of nations*, Works, 2-4, Aalen Zeller 1963.

storische Rolle noch stärker in den Blickpunkt: die Analysen sollten vor allem dazu dienen, konkret die Gründe für die »Unwandelbarkeit« des Orients und die Ursachen seiner geringen Widerstandsfähigkeit gegenüber dem Überfall des Kapitalismus zu klären. Für Marx bestand außerdem die nützliche Möglichkeit, sich kontinuierlich publizistisch zu betätigen, vor allem in der »New York Daily Tribune« seit 1853. Ein glücklicher Umstand für seine neuen Interessen und Studien war zweifelsohne, daß er in London lebte, also der Stadt, in der die besten Informationen über internationale, besonders außereuropäische Fragen zu erhalten waren.

Die Beurteilung asiatischer Gesellschaften durch Marx und Engels, insbesondere Indiens, begann jetzt detaillierter zu werden, ökonomische und soziale Aspekte und Daten zu enthalten, und sie verläßt an manchen Stellen die vorwiegend politisch-kulturelle Terminologie der Hegelschen *Vorlesungen*.

Am 2. Juni 1853 schrieb Marx an Engels:

»Über die orientalische Städtebildung kann man nichts Brillanteres, Anschaulicheres und Schlagenderes lesen als den alten François Bernier ... Bernier findet mit Recht die Grundform für sämtliche Erscheinungen des Orients – er spricht von Türkei, Persien, Hindostan – darin, daß *kein Privatgrundeigentum* existiert. Dies ist der wirkliche clef selbst zum orientalischen Himmel.«[14]

Engels antwortete ihm am 6. Juni:

»Die Abwesenheit des Grundeigentums ist in der Tat der Schlüssel zum ganzen Orient. Darin liegt die politische und religiöse Geschichte. Aber woher kommt es, daß die Orientalen nicht zum Grundeigentum kommen, nicht einmal zum feudalen? Ich glaube, es liegt hauptsächlich am Klima, verbunden mit den Bodenverhältnissen, speziell mit den großen Wüstenstrichen, die sich von der Sahara quer durch Arabien, Persien, Indien und die Tatarei bis ans höchste asiatische Hochland durchziehn. Die künstliche Bewässerung ist hier erste Bedingung des Ackerbaus, und diese ist Sache entweder der Kommunen, Provinzen oder der Zentralregierung. Die Regierung im Orient hatte immer auch nur drei Departements: Finanzen (Plünderung des Inlands), Krieg (Plünderung des Inlands und des Auslands) und travaux publics, Sorge für die Reproduktion. Die britische Re-

---

14 Brief von Marx an Engels am 2. Juni 1853, MEW 28, p. 252 f.

gierung in Indien hat Nr. 1 und 2 etwas philiströser geregelt und Nr. 3 ganz beiseite geworfen, und der indische Ackerbau geht zugrunde.«[15]

Es ist interessant festzuhalten, daß diese Bemerkungen von Engels fast wörtlich von Marx in seinem Artikel vom 10. Juni 1853, *Die britische Herrschaft in Indien*, übernommen wurden, was seine ersten öffentlichen Ausführungen zu den Merkmalen der »asiatischen Gesellschaft« waren. Im Juni und Juli des gleichen Jahres beschäftigte sich Marx noch einmal mit diesem Thema, nämlich in dem am 22. Juli geschriebenen Artikel über *Die künftigen Ergebnisse der britischen Herrschaft in Indien*[16].

Wie schon gesagt, ist für Marx ein Hauptmerkmal der »asiatischen Gesellschaft« das Fehlen von Privateigentum an Grund und Boden. Man muß allerdings hinzufügen, daß, obwohl Marx diesem Element eine primäre Bedeutung beimißt, seine Ansicht dabei eine gewisse Unsicherheit einschließt: in seinen Sätzen finden sich viele »vielleicht« und »es scheint«. Man könnte sagen, daß er sich aufgrund der Kenntnisse, über die er verfügen konnte, überfordert fühlen mußte, ein sicheres und definitives Urteil zu formulieren, zumindest über die geographische und zeitliche Dimension dieser Erscheinung. So schrieb er beispielsweise am 14. Juni an Engels:

»Was die *Eigentumsfrage* betrifft, so bildet sie eine große *Streitfrage* bei den englischen Schriftstellern über Indien. In den kupierten Gebirgsterrains südlich von Crishna scheint allerdings Eigentum an Grund und Boden existiert zu haben. In Java dagegen, bemerkt Sir Stamford Raffles, der ehemalige englische Governor von Java, in seiner ›History of Java‹, auf der ganzen Oberfläche des Landes, ›where rent to any considerable amount was attainable, der sovereign absoluter landlord. Jedenfalls scheinen in ganz Asien die Mahometans die ›Eigentumslosigkeit in Land‹ erst prinzipiell festgestellt zu haben.«[17]

Welche politisch-soziale Struktur hat diese Gesellschaftsform? Ihre Basis ist charakterisiert durch eine Aufsplitterung in Tau-

---

15 Brief von Engels an Marx am 6. Juni 1853, MEW 28, p. 259
16 K. Marx, *Die britische Herrschaft in Indien*, Artikel in der »New York Daily Tribune« vom 25. Juni 1853, MEW 9, p. 127 ff. und K. Marx, *Die künftigen Ergebnisse der britischen Herrschaft in Indien*, Artikel in der »New York Daily Tribune« vom 8 August 1853, MEW 9, p. 220 ff.
17 Brief von Marx an Engels vom 14. Juni 1853, MEW 28, p. 268 f.

sende von wirtschaftlich unabhängigen Dörfern, ihre Spitze durch eine starke Zentralregierung:

»Was den stationären Charakter dieses Teils von Asien, trotz aller zwecklosen Bewegung in der politischen Oberfläche, vollständig erklärt, sind die 2 sich wechselseitig unterstützenden Umstände: 1. Die public works Sache der Zentralregierung. 2. Neben derselben das ganze Reich, die paar größern Städte abgerechnet, aufgelöst in *villages,* die eine vollständig distinkte Organisation besaßen und eine kleine Welt für sich bildeten... Ich glaube, daß man sich keine solidere Grundlage für asiatischen Despotismus und Stagnation denken kann.«[18]

Das Erfordernis ausgedehnter öffentlicher Arbeiten, vor allem der Bewässerungssysteme, bildet die Grundlage der außerordentlichen Macht der Zentralgewalt, des »asiatischen Despotismus«:

»Wie in Ägypten und Indien, werden Überschwemmungen auch in Mesopotamien, Persien und anderen Ländern nutzbar gemacht, um die Fruchtbarkeit des Bodens zu steigern; hoher Wasserstand wird zur Speisung von Bewässerungskanälen ausgenutzt. Die unbedingte Notwendigkeit einer sparsamen und gemeinschaftlichen Verwendung des Wassers, die im Okzident, z. B. in Flandern und Italien, zu freiwilligem Zusammenschluß privater Unternehmungen führte, machte im Orient, wo die Zivilisation zu niedrig und die territoriale Ausdehnung zu groß war, um freiwillige Assoziationen ins Leben zu rufen, das Eingreifen einer zentralisierenden Staatsgewalt erforderlich. Hierdurch wurde allen asiatischen Regierungen eine ökonomische Funktion zugewiesen, die Funktion, für öffentliche Arbeiten zu sorgen...

Die erwähnten beiden Umstände – einerseits, daß der Hindu, wie alle orientalischen Völker, es der Zentralregierung überließ, sich um die großen öffentlichen Arbeiten zu kümmern, die doch die erste Voraussetzung für seinen Ackerbau und Handel sind, andrerseits, daß die Bevölkerung über das ganze Land verstreut lebte und nur dadurch, daß Ackerbau und Handwerk häuslich vereinigt waren, kleine, dichter bevölkerte Zentren bildete –, diese beiden Umstände hatten seit den ältesten Zeiten ein gesellschaftliches System mit besonderen Charakterzügen hervorgebracht, das sogenannte *Dorfsystem,* das jeder dieser kleinen Einheiten ihre unabhängige Organisation und ihr Eigenleben

---

18 Ebd., p. 267.

gab. Ein Urteil über den besonderen Charakter dieses Systems kann man gewinnen an Hand der folgenden Schilderung, die einem alten offiziellen Bericht des britischen Unterhauses über indische Fragen entnommen ist:

›Ein Dorf ist, geographisch betrachtet, ein Stück Land, das einige Hundert oder Tausend Acres urbaren und unbebauten Bodens umfaßt; politisch gesehen, ähnelt es einer Korporation oder Stadtgemeinde. Zu seinem eigentlichen Personal an Amts- und Hilfspersonen gehören: Der *Potail* oder Haupteinwohner, dem gewöhnlich die Oberaufsicht über die Dorfangelegenheiten obliegt. Er schlichtet Streitigkeiten zwischen den Einwohnern, übt Polizeigewalt aus und versieht das Amt des Steuereinnehmers in seinem Dorfe, für welche Aufgabe er durch sein persönliches Ansehen und seine gründliche Vertrautheit mit der Lage und den Verhältnissen der Bevölkerung am besten geeignet ist. Der *Kurnum* führt Rechnung über den Ackerbau und registriert alles darauf Bezügliche. Dann der *Taillier* und der *Totie*; die Aufgabe des ersten besteht in der Untersuchung von Verbrechen und Vergehen sowie im Geleit und Schutz von Personen, die von einem Dorf zum andern ziehen, während der Wirkungskreis des letzteren unmittelbarer auf das Dorf beschränkt zu sein scheint und u. a. darin besteht, die Erträge zu bewachen und bei ihrer Feststellung mitzuwirken. Der *Grenzmann* sorgt für die Erhaltung der Dorfgrenzen und legt über sie in Streitfällen Zeugnis ab. Der Vorsteher der Zisternen und Wasserläufe verteilt das Wasser für landwirtschaftliche Zwecke. Der *Brahmane* verrichtet im Dorfe den religiösen Kultus. Der Schulmeister lehrt die Dorfkinder, im Sande zu lesen und zu schreiben. Ferner der Kalenderbrahmane oder Astrolog usw. Aus diesen Amts- oder Hilfspersonen setzt sich gewöhnlich die Dorfverwaltung zusammen. In einigen Teilen des Landes ist sie jedoch weniger umfangreich, weil dort mehrere der oben geschilderten Funktionen in einer Person vereinigt sind; in anderen Gegenden geht sie über den erwähnten Personenkreis noch hinaus. Unter dieser einfachen Form der Gemeindeverwaltung haben die Einwohner des Landes seit unvordenklichen Zeiten gelebt. Die Grenzen der Dorfgebiete wurden nur selten geändert; und obgleich die Dörfer wiederholt durch Krieg, Hungersnot und Seuchen heimgesucht, ja verwüstet wurden, haben derselbe Name, dieselben Grenzen, dieselben Interessen und selbst dieselben Familien sich durch Generationen fortgesetzt. Die Einwohner lie-

ßen sich durch den Zusammenbruch und die Teilung von Königreichen nicht anfechten; solange das Dorf ungeteilt bleibt, ist es ihnen gleichgültig, an welche Macht es abgetreten wird oder welchem Herrscher es zufällt. Seine innere Wirtschaft bleibt unverändert. Der Potail ist immer noch Haupteinwohner und übt seine Funktion als Bagatell- oder Friedensrichter, als Steuer- oder Pachteinnehmer des Dorfes noch immer aus.‹«[19]
Aber mehr als eine Untersuchung der Besonderheiten der traditionellen indischen Gesellschaft interessierte Marx, welche Auswirkungen sich für jene alte Welt aus der Ankunft der Kanonenboote und des britischen Handels, der Ankunft des Kapitalismus also, ergaben. Das traditionelle Handwerk war zerstört worden: »Es war der britische Eindringling, der den indischen Handwebstuhl zerstörte und das Spinnrad zerbrach.« Durch die Überschwemmung Indiens mit seinen Baumwollfertigprodukten hatte England den Untergang der indischen Weberei bewirkt und die »Bande zwischen Ackerbau und Handwerk« vernichtet, die eines der spezifischen Merkmale des indischen »Dorfsystems« darstellte[20]. Außerdem waren die Grundbesitzverhältnisse vollständig durch die Samindari- und Raiatwari-Systeme verändert worden:

»Das Samindari und das Raiatwari waren beide agrarische Revolutionen, die durch britische Ukase zustande kamen und die ihrem Charakter nach entgegengesetzt sind: das eine aristokratisch, das andere demokratisch; das eine eine Karikatur des englischen großen Grundeigentums, das andere eine Karikatur des französischen Parzelleneigentums; beide verderblich, da beide große innere Widersprüche verbinden – beide sind nicht für das

---

19 *Die britische Herrschaft in Indien*, MEW 9, p. 129 ff. Ähnliche Stellen finden sich im Brief vom 14. Juni 1853 an Engels (vgl. Anm. 17) und im ›Kapital‹, Bd. I, MEW 23, p. 378 f. Zum Beleg für den andauernden Hegelschen Einfluß siehe eine bemerkenswert ähnliche Beschreibung des indischen Dorfes in Hegels *Vorlesungen über die Philosophie der Geschichte*, a. a. O., p. 193 f. Es dürfte ein interessanter Hinweis sein, daß Marx in denselben Jahren die russische Obščina und den schottischen Clan mit dem asiatischen Dorfsystem verglich, zum Beispiel in einem Artikel vom 9. Februar 1853 *Wahlen – Trübe Finanzlage – Die Herzogin von Sutherland und die Sklaverei*, in: »New York Daily Tribune«, MEW 8, p. 499 ff.; ferner schrieb er im September 1854, ebenfalls in der »New York Daily Tribune«: »Daher ist die absolute Monarchie in Spanien eher auf eine Stufe mit asiatischen Herrschaftsformen zu stellen, als mit anderen absolutistischen Monarchien in Europa zu vergleichen, mit denen sie nur geringe Ähnlichkeit aufweist.« (*Das revolutionäre Spanien*, I, 9. September 1854, MEW 10, p. 440.)
20 *Die britische Herrschaft in Indien*, MEW 9, p. 130 f.

Volk, das den Boden bebaut, geschaffen, noch für den Besitzer, dem er gehört, sondern für die Regierung, die sich an den Steuern bereichert.«[21]

Durch das Samindari-System wurden die früheren Steuereintreiber aus Bengala, die Samindari, von den Engländern als Großgrundbesitzer eingesetzt, zum Schaden des traditionellen Gemeineigentums an Grund und Boden. Faktisch handelte es sich allein darum, das Eintreiben der Grundrente in die Kasse der Company zu erleichtern, die Anspruch auf 9/10 des Gesamtertrages der Samindari besaß. An anderen Orten, etwa in den Präsidentschaften Madras und Bombay, »mußten die Steuern direkt in die Hände des Collectors der Ostindischen Kompanie bezahlt werden, und um das Eintreiben zu erleichtern, wurde der Bauer (Raiat) in einen Parzelleneigentümer verwandelt, der schließlich durch die Steuerverpflichtungen an die Kompanie gekettet wurde wie ein Leibeigener«.[22] Nach 1857 aber, als die Engländer eine Legitimation für die Beschlagnahme des gesamten Landes zugunsten der Krone finden mußten, zogen sie es vor, sich auf das Prinzip des Souveräns als einzigem Grundeigentümer zu berufen.

In seinen Artikeln in der »New York Daily Tribune« attackierte Marx die englische Wirtschaftspolitik in Indien, die Raubgier der East Indian Company und der Regierung, und enthüllte das Elend, das die Ausbeutung durch den britischen Kapitalismus Indien, dem »Irland des Ostens«, zufügte. In diesem Angriff deckte sich Marx' Ansicht mit dem antikolonialistischen Engagement dieser amerikanischen Zeitung.[23] Seine Auffassung unterschied sich jedoch im Kern – und bewußt – von derjenigen der Zeitung durch sein letzten Endes positives Urteil, das er über die britische Herrschaft in Indien meinte fällen zu müssen. Denn seine Schriften aus dieser Periode spiegeln zwar einerseits eine tiefe Abneigung gegenüber den Methoden des britischen Kapitalismus wider, andererseits aber auch eine kühle Gering-

---

21 *Die Kriegsfrage – Parlamentsränke – Indien,* Artikel vom 5. August 1853 in der »New York Daily Tribune«, MEW 9, p. 217. Vgl. dazu auch die von M. D. Lewis herausgegebene Anthologie *Gli Inglesi in India,* Bologna 1968 (besonders den Artikel von D. Thorner); außerdem G. Borsa, *La proprietà della terra* sotto il dominio inglese, in: »Nuova rivista storica«, L (1966), III–IV, p. 328–366.
22 B. Maffi in: K. Marx/F. Engels, *India Cina Russia,* Milano 1960, p. 102, Fußnote 6.
23 A. a. O., p. 95, Fußnote 20.

schätzung – noch von Hegelschen Motiven bestimmt – des traditionellen indischen Gemeinwesens. In dem Artikel *Die britische Herrschaft in Indien* liest man unter anderem:
»Sosehr es nun auch dem menschlichen Empfinden widerstreben mag, Zeuge zu sein, wie Myriaden betriebsamer patriarchalischer und harmloser sozialer Organisationen zerrüttet und in ihre Einheiten aufgelöst werden, hineingeschleudert in ein Meer von Leiden, wie zu gleicher Zeit ihre einzelnen Mitglieder ihrer alten Kulturformen und ihrer ererbten Existenzmittel verlustig gehen, so dürfen wir doch darüber nicht vergessen, daß diese idyllischen Dorfgemeinschaften, so harmlos sie auch aussehen mögen, seit jeher die feste Grundlage des orientalischen Despotismus gebildet haben, daß sie den menschlichen Geist auf den denkbar engsten Gesichtskreis beschränkten, ihn zum gefügigen Werkzeug des Aberglaubens, zum unterwürfigen Sklaven traditioneller Regeln machten und ihn jeglicher Größe und geschichtlicher Energien beraubten. Wir dürfen nicht die barbarische Selbstsucht vergessen, die, an einem elenden Stückchen Land klebend, ruhig dem Untergang ganzer Reiche, der Verübung unsäglicher Grausamkeiten, der Niedermetzelung der Einwohnerschaft großer Städte zusah, ohne sich darüber mehr Gedanken zu machen als über Naturereignisse, dabei selbst jedem Angreifer, der sie auch nur eines Blickes zu würdigen geruhte, hilflos als Beute preisgegeben ... Wir dürfen nicht vergessen, daß diese kleinen Gemeinwesen durch Kastenunterschiede und Sklaverei befleckt waren, daß sie den Menschen unter das Joch äußerer Umstände zwangen, statt den Menschen zum Beherrscher der Umstände zu erheben, daß sie einen sich naturwüchsig entwickelnden Gesellschaftszustand in ein unveränderliches, naturgegebnes Schicksal transformierten und so zu jener tierisch rohen Naturanbetung gelangten, deren Entartung zum Ausdruck kam in der Tatsache, daß der Mensch, der Beherrscher der Natur, vor Hanuman, dem Affen, und Sabbala, der Kuh, andächtig in die Knie sank.
Gewiß war schnödester Eigennutz die einzige Triebfeder Englands, als es eine soziale Revolution in Indien auslöste, und die Art, wie es seine Interessen durchsetzte, war stupid. Aber nicht das ist hier die Frage. Die Frage ist, ob die Menschheit ihre Bestimmung erfüllen kann ohne radikale Revolutionierung der sozialen Verhältnisse in Asien. Wenn nicht, so war England, welche Verbrechen es auch begangen haben mag, doch das unbe-

wußte Werkzeug der Geschichte, indem es diese Revolution zuwege brachte.«[24]

Und in einem etwas später verfaßten Artikel lesen wir:

»England hat in Indien eine doppelte Mission zu erfüllen: eine zerstörende und eine erneuernde – die Zerstörung der alten asiatischen Gesellschaftsordnung und die Schaffung der materiellen Grundlagen einer westlichen Gesellschaftsordnung in Asien. ... Selbst so widerwärtige Erscheinungen wie das Samindari und das Raiatwari verkörpern doch immerhin zwei ausgesprochene Formen von Privateigentum an Grund und Boden, nach dem die asiatische Gesellschaft so sehr verlangt. Aus den in Kalkutta widerwillig und in geringer Zahl unter englischer Aufsicht erzogenen indischen Eingeborenen wächst eine neue Klasse heran, welche die zum Regieren erforderlichen Eigenschaften besitzt und europäisches Wissen in sich aufgenommen hat. Die Dampfkraft hat Indien in regelmäßige und rasche Verbindung mit Europa gebracht, sie hat Indiens wichtigste Häfen mit denen des ganzen südöstlichen Ozeans verknüpft und es aus der isolierten Lage befreit, die der Hauptgrund seiner Stagnation war ... Das Eisenbahnwesen (wird) in Indien ganz naturgemäß zum Vorläufer einer modernen Industrie werden ... Die im Gefolge des Eisenbahnsystems entstehende moderne Industrie wird die überkommene Arbeitsteilung und damit die Grundlage der indischen Kasten aufheben, die Indiens Fortschritt und Indiens Machtentfaltung so entscheidend behindert haben.«[25]

Was immer die englische Bourgeoisie in Indien auch tun mag, für lange Zeit wird sie weit davon entfernt sein, die soziale Lage der indischen Massen zu verbessern:

»Die Inder werden die Früchte der neuen Gesellschaftselemente, die die britische Bourgeoisie in ihrem Lande ausgestreut, nicht eher ernten, bis in Großbritannien selbst die heute herrschenden Klassen durch das Industrieproletariat verdrängt oder die In-

---

24 *Die britische Herrschaft in Indien*, MEW 9, p. 132 f.
25 *Die künftigen Ergebnisse der britischen Herrschaft in Indien*, MEW 9, p. 221 ff. Über die Haltung von Marx gegenüber der Kolonialfrage vgl.: H. B. Davis, *Nationalism and Socialism. Marxist and Labor Theories of Nationalism to 1917*, New York and London 1967; D. Boersner, *The Bolsheviks and the National Colonial Question (1917–1928)*, Genève-Paris 1957, p. 1–27; H. Carrère D'Encausse – S. Schram, *Marxism and Asia*, London 1969; J. Woddis, *Marx and Colonialism*, in: »Marxism Today«, Mai 1965, p. 148–153; ders., *Marx and National Liberation*, in: »Marxism Today«, Juni 1965, p. 166–172.

der selbst stark genug geworden sind, um das englische Joch ein für allemal abzuwerfen.«²⁶

Die hier von Marx angedeutete Möglichkeit, daß die Inder eines Tages stark genug sein würden, um die britische Herrschaft abzuschütteln, wird in dem Artikel folgendermaßen präzisiert: Der Kapitalismus erobert Indien, indem er die alten ökonomisch-sozialen Formen (wie das Dorf-System) zerstört, die ein Hindernis für den Fortschritt darstellen. Im Moment ist dieser Prozeß allein für Großbritannien von Nutzen. Aber eines Tages wird der indische Kapitalismus stark genug sein, um sich von dieser Herrschaft zu befreien und sich autonom weiter zu entwickeln. So wird auch in Indien die für eine revolutionäre Aufhebung notwendige Basis geschaffen. Mit anderen Worten: die Revolution in einer Kolonie läßt sich nur vermittels des Kapitalismus realisieren, sei es, daß sie als Reflex auf einen Sieg des europäischen Proletariats entsteht, sei es, daß eine moderne kapitalistische Entwicklung dem Proletariat in der Kolonie erlaubt, eines Tages selbst die eigene Freiheit zu erobern.

In diesen Artikeln scheint Marx also relativ optimistisch zu sein in bezug auf die langfristigen Auswirkungen des Kapitalismus in den kolonialen und halbkolonialen Ländern des Orients. In seinen anderen Schriften aber, und besonders im *Kapital*, kann man andere Ansichten zu diesem Problem finden. Diese stellen den Ausgangspunkt dar für einige neuere Interpretationen der Unterentwicklung; danach ist Unterentwicklung gewisser Länder funktional zur kapitalistischen Entwicklung anderer und von dieser produziert. Im ersten Band des *Kapitals* findet man zum Beispiel:

»Durch den Ruin ihres handwerksmäßigen Produkts verwandelt der Maschinenbetrieb sie [scil: die fremden Märkte] zwangsweise in Produktionsfelder seines Rohmaterials. So wurde Ostindien zur Produktion von Baumwolle, Wolle, Hanf, Jute, Indigo usw. für Großbritannien gezwungen ... Es wird eine neue, den Hauptsitzen des Maschinenbetriebs entsprechende internationale Teilung der Arbeit geschaffen, die einen Teil des Erdballs in vorzugsweis agrikoles Produktionsfeld für den andern als vorzugsweis industrielles Produktionsfeld umwandelt.«²⁷

---

26 *Die künftigen Ergebnisse der britischen Herrschaft in Indien*, MEW 9, p. 224.
27 K. Marx, *Das Kapital*, Band I, MEW 23, p. 475. Zur Weiterentwicklung

Es wurde bereits erwähnt, daß Indien den Hauptgegenstand von Marx' und Engels' Betrachtungen über die asiatische Gesellschaft darstellt. Manchmal erstrecken sie sich auch auf Ägypten, Persien und die Türkei, viel seltener betreffen sie China. Der größte Teil der zwischen 1853 und 1862 von Marx und Engels verfaßten Artikel über China betrifft seine diplomatischen und vor allem seine wirtschaftlichen Beziehungen mit England. Marx maß den asiatischen Märkten für die internationale Entwicklung des Kapitalismus große Bedeutung bei und schenkte daher China als möglichem Ausgangspunkt für eine Wirtschaftskrise große Aufmerksamkeit: die Illusionen der Engländer über die Aufnahmefähigkeit des chinesischen Marktes konnten zu einer Überproduktionskrise führen. Dagegen wird über die Struktur der chinesischen Gesellschaft in diesen Artikeln sehr wenig gesagt.[28]

Das mag seltsam anmuten, wenn man bedenkt, daß der Begriff »orientalischer Despotismus« aus dem im 17. und 18. Jahrhundert entstandenen Kontakt mit China hervorgegangen ist und die Existenz einer starken Zentralgewalt und großer Bewässerungsanlagen in viel stärkerem Maße Merkmale der chinesischen als der indischen Geschichte zu sein scheinen.

Dafür lassen sich aber zahlreiche Gründe finden. Zunächst steht außer Zweifel, daß man in London mehr Informationen über Indien und seine ökonomisch-soziale Struktur erhalten konnte als über China: seit Jahrzehnten richteten englische Gelehrte, Politiker und Reisende ihre größte Aufmerksamkeit auf das Land, das das beste Zeugnis darstellte für das bewundernswerteste und ruhmvollste Unternehmen des britischen Imperiums. Außerdem repräsentierte Indien in den Augen eines aufmerksamen Beobachters ökonomischer und sozialer Phänomene ein unmittelbares und klares Beispiel für den Zusammenstoß von

---

dieses Ansatzes vgl. die Werke von P. A. Baran und P. M. Sweezy (vor allem *Il capitale monopolistico*, Torino 1968 [dtsch. *Monopolkapital*, Ffm. 1967] und A. Gunder Frank, *Capitalism and Underdevelopment in Latinamerica*, New York, 1967 [dtsch. *Kapitalismus und Unterentwicklung in Lateinamerika*, Ffm 1970] ders., *Lo sviluppo del sottosviluppo*, in: Monthly Review, ed. ital., Nr. 5/6 Mai/Juni 1968, pp. 40–45.

28 Zu den Artikeln von Marx über China vgl. D. M. Lowe, *The Function of »China« in Marx, Lenin and Mao*, Berkeley and Los Angeles 1966; K. A. Wittfogel, *The Marxist View of China*, in: »The China Quarterly«, n. 11, 1962, p. 1–20 und n. 12, 1962, p. 154–169; M. Meisner, *The Despotism of Concepts: Wittfogel and Marx on China*, ibid., n. 16, 1963, p. 99–111.

zwei Kulturen, von zwei sozio-ökonomisch grundsätzlich verschiedenen Systemen. Aber es gibt noch einen anderen Grund: Nachdem die enge Beziehung zwischen Sanskrit und den indogermanischen Sprachen entdeckt worden war, erschien Indien in der Mitte des letzten Jahrhunderts als die Wiege aller westlichen Völker. Viele Forscher vertraten die Ansicht, daß in Indien der Ursprung sehr vieler der Sitten, Glaubensformen und Institutionen lag, die später die europäischen Völker kennzeichneten. Man glaubte, daß einige dieser Sitten, Glaubensformen und Institutionen, die in Europa längst verschwunden waren, in Indien noch lebten und sich den Augen des Forschers präsentierten. Zweifellos ist Marx von dieser intellektuellen Atmosphäre beeinflußt worden, wie man im folgenden noch deutlicher sehen wird. Hier mag zum Beweis dafür ein Abschnitt aus einem Artikel von 1853 genügen:

»Auf jeden Fall aber können wir mit aller Bestimmtheit erwarten, in mehr oder weniger naher Zukunft Zeugen einer Erneuerung dieses großen und interessanten Landes zu sein, dessen edler Menschenschlag selbst in den unteren Klassen, um einen Ausdruck des Fürsten Saltykow zu gebrauchen, ›plus fins et plus adroits que les Italiens‹, bei dem sogar noch die Unterwürfigkeit durch eine gewisse ruhige Vornehmheit aufgewogen wird, dessen unerschrockener Mut, ungeachtet seiner angeborenen Trägheit, die britischen Offiziere in Erstaunen gesetzt hat, dessen Land die Wiege unserer Sprachen, unserer Religionen gewesen und der im Dschat den Typus des alten Germanen und im Brahmanen den des alten Griechen verkörpert.«[29]

Das mag erklären helfen, weshalb die Bemerkungen von Marx und Engels über China im Vergleich zu denjenigen über Indien relativ knapp und unvollständig sind. Wie bereits festgestellt, spricht Marx niemals explizit über China als ein von »asiatischer Produktionsweise« bestimmtes Land. Die Verbindung von »kleiner Agrikultur« und »häuslicher Industrie«, die er für die

---

29 *Die künftigen Ergebnisse der britischen Herrschaft in Indien*, MEW 9, p. 224 f. Vgl. auch D. Thorner, *Marx on India and the Asiatic Mode of Production*, in: »Contributions to Indian Sociology«, n. IX, Dezember 1966, p. 33–66. Das Interesse für Indien verließ Marx nie. In den letzten Jahren seines Lebens stellte er eine umfangreiche, kommentierte Zeittafel zur indischen Geschichte zusammen, die bis zur Auflösung der East India Company reichte, wobei er sich vorwiegend auf englische Historiker wie Elphinstone, Sewll, J. Mill stützte. Vgl. K. Marx, *Notes on Indian History*, Moskau o. J. (die erste russische Edition ist aus dem Jahre 1947).

Grundlage der chinesischen Gesellschaft hält, ist eine ziemlich allgemeine Erscheinung, die viele und verschiedene Gesellschaftssysteme kennzeichnet[30]. Diese Ausführungen könnten sich genauso auf Marx' Ansicht über Indien beziehen. Es besteht kein Grund anzunehmen, daß Marx die chinesische Gesellschaft mit *wesentlich* anderen Kategorien betrachtete als die indische. Tatsächlich spricht Marx von China – wenn auch nur in sehr kurzen Hinweisen – als einem stagnierenden, von einem patriarchalischen und bürokratischen, sich durch Steuereintreibung am Leben erhaltenden Despotismus beherrschten Land, dessen ökonomische Struktur »auf der Vereinigung kleiner Agrikultur mit häuslicher Industrie beruht«.[31] Er betont die Verbindung von Landwirtschaft und Heimindustrie besonders in einem Artikel aus dem Jahre 1859, in dem er sehr häufig einen britischen Beamten aus Kanton zitiert:

»Ich machte alle Anstrengungen, wenn auch nur mit unbedeutendem Erfolg, von ihnen genaue Auskünfte über die Größe ihrer Höfe, die Art ihres Grundbesitzes, die Steuern, die sie zu zahlen haben, und dergleichen Dinge mehr zu erhalten. Ich kam zu dem Schluß, daß sie in den meisten Fällen ihr Land, das von sehr begrenztem Ausmaß ist, gegen Entrichtung bestimmter, nicht übermäßiger jährlicher Abgaben als unbeschränkten Besitz von der Krone erhalten und daß diese günstigen Umstände, zu denen noch ihr emsiger Fleiß kommt, ihre einfachen Bedürfnisse sowohl hinsichtlich der Ernährung als auch der Kleidung vollauf befriedigen.«[32]

Wenn man ein wenig zwischen den Zeilen von Marx' Artikel liest, fällt auf, daß er China mit den gleichen Kategorien erfaßt, mit denen er die indische Gesellschaft (diese allerdings detaillierter und differenzierter) beschreibt und erklärt. Außerdem ist aber interessant, daß er die chinesische Gesellschaft für in gewissem Sinn fortgeschrittener, oder zumindest reicher an inneren Widersprüchen und aus diesem Grund Veränderungen gegenüber für weniger resistent hält. Zum Beispiel spricht er in bezug auf China mehrmals von »kleinem Ackerbau« und niemals vom Fehlen des Privatbesitzes. Man darf daraus vielleicht schließen, daß seiner Meinung nach in einer nicht genau be-

---

30 Vgl. Meisner, *The Despotism of Concepts*, op. cit. p. 102.
31 *Der Handel mit China*, Artikel in der »New York Daily Tribune« vom 3. Dezember 1859, MEW 13, p. 540.
32 Ebd., p. 544.

stimmbaren Phase der chinesischen Geschichte ein Entwicklungsprozeß des Privateigentums unter spezifisch »asiatischen« Bedingungen eingesetzt hatte.

Auch in seinen Artikeln über China griff Marx die Verbrechen der »sich christlich drapierenden und mit Zivilisation hausierenden britischen Regierung«[33] an und brandmarkte die Heuchelei und Gewalt, die den erzwungenen Opiumhandel und ganz allgemein das europäische Eindringen in China kennzeichneten. Er bemerkte aber auch, daß der europäische Handel in China nicht die erhofften Resultate brachte und sah die Ursache dafür im Scheitern der Europäer, in China ihre volle politische Herrschaft ebenso durchzusetzen wie in Indien:

»Es ist diese gleiche Einheit von Landwirtschaft und handwerklicher Industrie, die lange Zeit dem Export britischer Waren nach Ostindien widerstand und ihn immer noch hemmt; aber dort beruhte diese Einheit auf den besonderen Grundbesitzverhältnissen, die die Briten in ihrer Machtstellung als oberste Grundherren des Landes unterminieren konnten und auf diese Weise einen Teil der sich selbst erhaltenden hindustanischen Gemeinschaften gewaltsam in bloße Farmen verwandelten, die im Austausch für britische Stoffe Opium, Baumwolle, Indigo, Hanf und andere Rohstoffe produzieren. In China haben die Engländer diese Macht noch nicht ausüben können, und es wird ihnen wahrscheinlich auch niemals gelingen.«[34]

Auch hier unterstrich Marx die progressiven Möglichkeiten, die im Kontakt mit einem gegen dessen Willen revolutionär wirkenden Europa enthalten seien. China verliere durch den Kontakt mit dem Westen langsam seinen Charakter der »Unwandelbarkeit«. Der Anschluß an den Weltmarkt bedeute für China auch die Rückkehr in den Strom der Geschichte und den Fortschritt, eröffne ihm eine kapitalistische Zukunft auf den Trümmern seiner alten Strukturen und bringe es auf den Weg zur Weltrevolution.

In diesen Artikeln über China, die ein Experte nicht zufällig als angefüllt mit mehr moralischer und revolutionärer Kraft als sozio-ökonomische Analysen kennzeichnete[35], läßt sich eine – wenn auch nur geringe – Akzentverschiebung im Vergleich zu

---

[33] *Die Geschichte des Opiumhandels*, Artikel in der »New York Daily Tribune« vom 25. September 1858, MEW 12, p. 555.
[34] *Der Handel mit China*, MEW 13, p. 544.
[35] Vgl. M. Meisner, *The Despotism of Concepts*, a.a.O. p. 111.

jenen über Indien (die überwiegend früher verfaßt worden sind) feststellen. Vor allem unterließ es Marx nicht zu betonen, daß in den durch den Opiumhandel herausgeforderten Konflikten Moral und Kultur eher bei den Chinesen als bei den Europäern zu finden waren:

»Während der Halbbarbar das Prinzip der Moral vertrat, stellte ihm der Zivilisierte das Prinzip des Mammons entgegen. Daß ein Riesenreich, das nahezu ein Drittel der Menschheit umfaßt, das trotz des Fortschreitens der Zeit dahinvegetiert, durch künstliche Abkapselung vom allgemeinen Verkehr isoliert ist und es deshalb zuwege bringt, sich mit Illusionen über seine himmlische Vollkommenheit zu täuschen –, daß solch ein Reich schließlich vom Schicksal ereilt wird in einem tödlichen Zweikampf, in dem der Vertreter einer veralteten Welt aus ethischen Beweggründen zu handeln scheint, während der Vertreter der überlegenen modernen Gesellschaft um das Privileg kämpft, auf den billigsten Märkten zu kaufen und auf den teuersten zu verkaufen – das ist wahrlich ein tragischer Abgesang, wie ihn seltsamer kein Dichter je ersonnen haben könnte.«[36]

Es scheint fast, daß Marx, während seine Feindschaft gegenüber dem, was ihm als Verbrechen des Kapitalismus erschien, wuchs und sich vertiefte, sich zu fragen begann, ob die alte asiatische Gesellschaftsformation nicht auch positive Werte aufzuweisen habe. Außerdem war er wahrscheinlich wie Engels beeindruckt von der Widerstands- und Kampffähigkeit des chinesischen Volkes:

»Kurz, anstatt über die schrecklichen Grausamkeiten der Chinesen zu moralisieren, wie es die ritterliche englische Presse tut, täten wir besser daran, anzuerkennen, daß es sich hier um einen Krieg pro aris et focis handelt, um einen Volkskrieg zur Erhaltung der chinesischen Nation mit all ihrer anmaßenden Voreingenommenheit, ihrer Dummheit, ihrer gelehrten Ignoranz und, wenn man will, ihrem pedantischen Barbarentum, aber dennoch um einen Volkskrieg.«[37]

---

36 *Die Geschichte des Opiumhandels,* Artikel in der »New York Daily Tribune« vom 20. September 1858, MEW 12, p. 552. Man beachte die Sprache dieses Abschnitts, die deutlich an Hegel erinnert.
37 F. Engels, *Persien–China,* Arikel in der »New York Daily Tribune« vom 5. Juni 1857, MEW 12, p. 214. Dieser Artikel ist auf Aufforderung von Marx geschrieben worden, der darauf am 22. Mai 1857 schrieb: »An Deinem Artikel über China–Persien habe ich nur hier und da etwas weggelassen und hier und da eine Wendung geändert.« (MEW 29, p. 139) Meisner übertreibt ein wenig (The Despotism of Concepts, a.a.O., p.

Die »vorkapitalistischen Wirtschaftsformen«

Vom Oktober 1857 bis zum März 1858 schrieb Marx die *Grundrisse der Kritik der politischen Ökonomie*, d. h. den ersten Entwurf des *Kapital*. Es ist bekannt, daß dieser Rohentwurf unveröffentlicht blieb bis 1939/1941. Marx beschränkte sich darauf, daraus 1859 einen bearbeiteten Teil unter dem Titel *Zur Kritik der politischen Ökonomie* zu publizieren. Ein Abschnitt in den *Grundrissen* beschäftigt sich mit den *Formen, die der kapitalistischen Produktion vorhergehn*[38] und trägt den Untertitel *Über den Prozeß, der der Bildung des Kapitalverhältnisses oder der ursprünglichen Akkumulation vorhergeht*. Da diese wichtige Schrift wie gesagt erst 1939/1941 publiziert wurde, mußte sie den Teilnehmern an den 1930 und 1931 in der Sowjetunion abgehaltenen Diskussionen über die Problematik der asiatischen Gesellschaftsformation unbekannt sein. Zudem war sie auch nach ihrer Veröffentlichung mehrmals Gegenstand von Mißverständnissen und meist wenig überzeugenden Interpretationen. Diese Mißverständnisse lassen sich teilweise auf den Charakter der Schrift selbst zurückführen, ein Rohentwurf, der nicht für den Druck bestimmt war. Das hohe Abstraktionsniveau, viele Wiederholungen, Rückverweise, Einschübe und komplexe Passagen machen Lektüre und Verständnis stellenweise äußerst schwierig. Zur weiteren Verwirrung trägt schließlich der Umstand bei, daß die Interpreten sich sehr selten die Mühe gemacht haben, nach der Entstehung dieser Schrift zu fra-

---

106), wenn er in diesem Artikel die erste Theorie einer »nationalen antiimperialistischen Revolution« sieht. H. B. Davies, *Nationalism and Socialism*, a.a.O., p. 63 f., stellt eine Veränderung in Engels Auffassung von Algerien fest, die merkwürdigerweise ähnlich (und gleichzeitig entstanden) ist wie die oben angegebene China gegenüber. In einem Artikel für den »Northern Star« im Jahre 1848 hatte Engels die Verhaftung von Abd el-Kader begrüßt und die Eroberung Algeriens als ein wichtiges und für den Fortschritt der Zivilisation glückliches Ereignis bezeichnet (Briefe an den Redakteur des »Northern Star«, 25. März 1848, MEW 4, p. 531). Später jedoch, in einem Artikel für die *New American Cyclopedia*, huldigte er der Rolle von Abd el-Kader, begrüßte das Entstehen eines algerischen Nationalgefühls und verdammte die Brutalität des französischen Kolonialismus (Engels, *Algerien*, Artikel für »The New American Cyclopedia«, MEW 14, p. 95).

38 K. Marx, *Grundrisse der Kritik der politischen Ökonomie (Rohentwurf) 1857-1858, Anhang 1850-1859*, 2 Bände, Moskau 1939-1941. Dieses Werk wurde dann neu aufgelegt in einem Band Berlin 1953. Auf den Seiten 375-413 findet man die Passage *Formen, die der kapitalistischen Produktion vorhergehn (Über den Prozeß, der der Bildung des Kapitalverhältnisses oder der ursprünglichen Akkumulation vorhergeht)*.

gen, danach, welche Fragestellung ihr zugrunde lag und in welcher Phase der Marxschen Arbeit sie entstanden ist.
Als Marx bei der Arbeit an den *Grundrissen* auf das Problem der Kapitalakkumulation stieß, stellte er sich die Frage, in welcher Weise eine Verbindung zwischen bürgerlicher Ökonomie und vorhergegangenen Produktionsweisen bestehe. Er fügte aber hinzu: »Es ist ... nicht nötig, um die Gesetze der bürgerlichen Ökonomie zu entwickeln, die wirkliche Geschichte der Produktionsverhältnisse zu schreiben«:
»Aber die richtige Anschauung und Deduktion derselben als selbst historisch gewordner Verhältnisse führt immer auf erste Gleichungen – wie die empirischen Zahlen z. B. in der Naturwissenschaft –, die auf eine hinter diesem System liegende Vergangenheit hinweisen. Diese Andeutungen, zugleich mit der richtigen Fassung des Gegenwärtigen, bieten dann auch den Schlüssel für das Verständnis der Vergangenheit – eine Arbeit für sich, an die wir hoffentlich auch noch kommen werden.[39] Ebenso führt diese richtige Betrachtung andrerseits zu Punkten, an denen die Aufhebung der gegenwärtigen Gestalt der Produktionsverhältnisse – und so foreshadowing der Zukunft, werdende Bewegung sich andeutet.«[40]
Diese in aller Knappheit aufschlußreiche Stelle erlaubt, das sehr spezifische Interesse von Marx an der vorbürgerlichen Geschichte zu bestimmen: es ist gewiß kein akademisch historisches und noch viel weniger ein klassifikatorisches. Anders ausgedrückt, Marx ist hier nicht im geringsten daran interessiert, eine Theorie über Stadien der historischen Entwicklung zu konstruieren oder die gesamte vorbürgerliche Geschichte zu periodisieren.
Der Gedankengang von Marx ist dialektisch. Er geht von der Untersuchung des Wesens der kapitalistischen Gesellschaft aus, um daraus einige grundlegende analytische Kategorien abzuleiten: Zusammenhang und Wechselbeziehung von Produktivkräften und Produktionsverhältnissen im Produktionsprozeß;

---

39 In einem Brief an Lassalle vom November 1858 kündigt Marx seine Absicht an, unter anderem eine kurze historische Skizze »der Entwicklung der ökonomischen Verhältnisse oder Kategorien« zu schreiben. Es ist möglich, daß er dabei an die Bemerkungen in *Formen, die der kapitalistischen Produktion vorhergehn* dachte als an einen ersten Entwurf dieser Arbeit, die er nicht mehr zu Ende bringen konnte (vgl. den Brief an Lassalle, zit. in: *Grundrisse*, p. 1012, Anmerkung 364–365).
40 *Grundrisse*, p. 364 f.

das Verhältnis von Arbeiter und Bedingungen seiner Arbeit (Produktionsmittel); das Verhältnis von Arbeitern und Nicht-Arbeitern, Ausbeutern; die Unterscheidung von Eigentums- und realen Aneignungsverhältnissen; die Unterscheidung von Gebrauchswert und Tauschwert, von notwendiger Arbeit und Mehrarbeit. Nachdem Marx in der konkreten Analyse des Kapitals die allgemeinen analytischen Kategorien gewonnen hat, kommt er auf die konkreten vorkapitalistischen Gesellschaftsformationen zurück, indem er in ihnen die Daseinsweise der Kategorien untersucht, die das Kapital ihm geliefert hat. Diese Untersuchung ermöglicht ihm dann, die »Genealogie des Kapitals« aufzudecken. Wie Marx in der *Einleitung* von 1857 schreibt: »In der Anatomie des Menschen ist ein Schlüssel zur Anatomie des Affen. Die Andeutungen auf Höhres in den untergeordneten Tierarten können dagegen nur verstanden werden, wenn das Höhere selbst schon bekannt ist.«[41] Analog dazu gilt, da die bürgerliche Gesellschaft die entwickeltste und komplexeste Organisation der Produktion ist: »Die Kategorien, die ihre Verhältnisse ausdrücken, das Verständnis ihrer Gliederung, gewähren daher zugleich Einsicht in die Gliederung und die Produktionsverhältnisse aller der untergegangenen Gesellschaftsformen, mit deren Trümmern und Elementen sie sich aufgebaut, von denen teils noch unüberwundne Reste sich in ihr fortschleppen, bloße Andeutungen sich zu ausgebildeten Bedeutungen entwickelt haben etc.«[42] Diese Stelle ist eine weitere Bestätigung für den theoretisch-abstrakten und nicht historisch-empirischen Charakter dieser Marxschen Untersuchung. Nebenbei sei bemerkt, daß die *Grundrisse*, die zu den komplexesten der gesamten Marxschen Werke zählen, die in der Vergangenheit vorwiegend (oder ausschließlich) evolutionistische oder rein historizistische Interpretation des Marxschen Denkens heute immer problematischer erscheinen lassen.

In den Aufzeichnungen über *Formen, die der kapitalistischen Produktion vorhergehn* geht Marx davon aus, daß die Existenz der »freien« Arbeitskraft, die zur Ware geworden ist und nunmehr bereitsteht, gegen Geld für die Reproduktion dieses Geldes getauscht zu werden, eine grundlegende historische Voraussetzung für die kapitalistische Gesellschaft ist. Damit sich aber

---

41 *Grundrisse*, Einleitung, p. 26.
42 Ebd., p. 25 f.

diese Prämisse erfüllen kann, müssen sich eine ganze Reihe von ökonomischen Formen aufgelöst haben, in denen der Arbeiter noch nicht getrennt war von den Produktionsmitteln (Arbeitsmittel und -material). Dieser Zustand des Nicht-Getrenntseins des Arbeiters von den Produktionsmitteln findet sich in jeweils verschiedener Ausprägung in allen vorkapitalistischen Gesellschaftsformationen.

Da Marx das Problem vom Kapital her untersucht, ist es verständlich, daß er dazu tendiert, mehr die Berührungspunkte als die spezifischen Unterschiede zwischen den verschiedenen vorbürgerlichen ökonomischen Formationen, die er in erster Linie als »verschieden vom Kapital« bestimmt, zu betonen. Ihre *Geschichte* stellt für Marx nur die *Vorgeschichte* des Kapitals dar. Wie es in der *Einleitung* heißt: »In allen Formen, worin das Grundeigentum herrscht, die Naturbeziehung noch vorherrschend. In denen, wo das Kapital herrscht, das gesellschaftlich, historisch geschaffne Element.«[43] In allen vorbürgerlichen Gesellschaftsformen konstituieren Grundeigentum und Landwirtschaft die Basis der Wirtschaftsordnung, deren Ziel die Produktion von Gebrauchswerten für die eigene Reproduktion ist: »Der Zweck dieser Arbeit ist nicht *Wertschöpfung* – obgleich sie Surplusarbeit tun mögen, um sich *fremde,* i. e. Surplusprodukte, auszutauschen –; sondern ihr Zweck ist Erhaltung des einzelnen Eigentümers und seiner Familie, wie des Gesamtgemeindewesens.«[44] Marx erfaßt den Anfang der Menschheitsgeschichte als ein naives Verhältnis der Menschen zur Natur, zur Erde als »das große Laboratorium, das Arsenal, das sowohl das Arbeitsmittel wie das Arbeitsmaterial liefert«[45], als unorganische Bedingungen ihres Lebens. Aber dieses unmittelbare Aneignungsverhältnis betrifft nicht ein isoliertes Individuum, welches sich die Natur ebensowenig aneignen könnte, wie es allein sprechen könnte. Das Verhältnis des Menschen zur Erde ist vermittelt durch seine Zugehörigkeit zu einer Gemeinschaft, die Voraussetzung für Aneignung und Nutzung des Bodens ist. Dies stellt die erste der drei von Marx unterschiedenen gemeinen Formen des Grundeigentums dar, die er unter dem Namen »Gemeindeeigentum« folgendermaßen beschreibt:

»Diese Form, wo dasselbe Grundverhältnis zugrunde liegt, kann

---

[43] Ebd., p. 27.
[44] *Grundrisse*, p. 375.
[45] Ebd., p. 375.

sich selbst sehr verschieden realisieren. Z. B. es widerspricht ihr durchaus nicht, daß, wie in den meisten *asiatischen* Grundformen, die *zusammenfassende Einheit*, die über allen diesen kleinen Gemeinwesen steht, als der *höhere* Eigentümer oder als der *einzige Eigentümer* erscheint, die wirklichen Gemeinden daher nur als *erblicher* Besitzer.«[46]

Die »asiatische« Form ist für Marx also trotz ihrer komplexeren Erscheinung – die in der Tat Resultat einer ersten historischen Differenzierung ist – eine der Realisierungsformen des »Gemeindeeigentums«. Mit anderen Worten, die Existenz einer relativ hoch entwickelten Staatsform (des »orientalischen Despotismus«), in der der Staat Eigentümer des gesamten Grund und Bodens ist, schien ihm nicht so sehr der Tatsache zu widersprechen, daß die Basis dieses Gesellschaftssystems im Kollektiveigentum der Stämme bestand. Im Verlauf seiner Analyse wird die »asiatische« oder »indische« Form beinahe zum Synonym für die erste Form des Grundbesitzes, für jene also, die gerade auf dem Gemeindeeigentum beruhte. Marx glaubte nämlich, in Indien die Überreste, die noch lebendigen Zeugnisse dessen zu sehen, was er als erste Formation der menschlichen Gesellschaft betrachtete, wenn auch durch bestimmte historische Prozesse komplexer geworden.

Marx setzt die Beschreibung der asiatischen Form fort, indem er feststellt, daß die »Einheit«, die über den einzelnen Gemeinwesen steht und der wirkliche Eigentümer des Bodens ist, »selbst als ein *Besondres* über den vielen wirklich besondren Gemeinwesen erscheinen« kann, »wo der Einzelne dann in fact Eigentumslos ist, oder das Eigentum ... für ihn vermittelt erscheint durch das Ablassen der Gesamteinheit – die im Despoten realisiert ist als dem Vater der vielen Gemeinwesen – an dem Einzelnen durch die Vermittlung der besondren Gemeinde«.[47] Dieser höchsten Einheit, dem »orientalischen Despoten«, gehört das überschüssige Produkt, der Surplus der verschiedenen Gemeinwesen:

»Mitten im orientalischen Despotismus und der Eigentumslosigkeit, die juristisch in ihm zu existieren scheint, existiert daher in der Tat als Grundlage dieses Stamm- oder Gemeindeeigentum, erzeugt meist durch eine Kombination von Manufaktur

---

46 Ebd., p. 376.
47 Ebd., p. 376 f.

und Agrikultur innerhalb der kleinen Gemeinde, die so durchaus *selfsustaining* wird und alle Bedingungen der Reproduktion und Mehrproduktion in sich selbst enthält. Ein Teil ihrer Surplusarbeit gehört der höheren Gemeinschaft, die zuletzt als *Person* existiert, und diese Surplusarbeit macht sich geltend sowohl im Tribut etc., wie in gemeinsamen Arbeiten zur Verherrlichung der Einheit, teils des wirklichen Despoten, teils des gedachten Stammwesens, des Gottes. Diese Art Gemeindeeigentum kann nun, soweit es nun wirklich in der Arbeit sich realisiert, entweder so erscheinen, daß die kleinen Gemeinden unabhängig nebeneinander vegetieren und in sich selbst der Einzelne auf dem ihm angewiesnen Los unabhängig mit seiner Familie arbeitet; (eine bestimmte Arbeit für *gemeinschaftlichen Vorrat, Insurance* sozusagen, einerseits, und für *Bestreitung der Kosten des Gemeinwesens als solchen,* also für Kriege, Gottesdienst etc.; das herrschaftliche dominium im ursprünglichsten Sinn findet sich erst hier, z. B. in den slawischen Gemeinden, in den rumänischen etc. Hierin liegt der Übergang in Frondienst etc.); oder die Einheit kann auf die Gemeinschaftlichkeit in der Arbeit selbst sich erstrecken, die ein förmliches System sein kann, wie in Mexico, Peru besonders, bei den alten Celten, einigen indischen Stämmen. Es kann ferner die Gemeinschaftlichkeit innerhalb des Stammwesens mehr so erscheinen, daß die Einheit in einem Haupt der Stammfamilie repräsentiert ist, oder als die Beziehung der Familienväter aufeinander. Danach dann entweder mehr despotische oder demokratische Form dieses Gemeinwesens. Die gemeinschaftlichen Bedingungen der wirklichen Aneignung durch die Arbeit, *Wasserleitungen,* sehr wichtig bei den asiatischen Völkern, Kommunikationsmittel etc. erscheinen dann als Werk der höheren Einheit – der über den kleinen Gemeinden schwebenden despotischen Regierung. Die eigentlichen Städte bilden sich hier neben diesen Dörfern bloß da, wo besonders günstiger Punkt für auswärtigen Handel; oder wo das Staatsoberhaupt und seine Satrapen ihre Revenu (Surplusprodukt) austauschen gegen Arbeit, sie als labour-funds verausgaben.«[48]
Andere Stellen dieser Schrift enthalten interessante Hinweise auf Besonderheiten, die Marx in den asiatischen Gesellschaften feststellte. Zum Beispiel: »Die asiatische Geschichte ist eine Art indifferenter Einheit von Stadt und Land; (die eigent-

---

[48] Ebd., p. 377.

lich großen Städte sind bloß als fürstliche Lager hier zu betrachten, als Superfötation über die eigentlich ökonomische Konstruktion).«[49] Marx spricht auch – und hier lehnt er sich noch an Hegel an – von »allgemeiner Sklaverei des Orients«[50], die aber nicht gleichzusetzen ist mit Sklaverei oder Leibeigenschaft.

Die zweite Form ist die *antike* oder *klassische*. Marx bezieht sich auf die griechischen Städte und auf Rom vor der Entwicklung zu einer Sklavenhaltergesellschaft in weitem Ausmaß. Man darf dabei den grundsätzlich theoretisch-abstrakten Charakter seiner Betrachtungen nicht vergessen: auch wenn er hier und da Beispiele anführt, so sperrt er sich doch dagegen, diese »Formen« tout court mit historisch und geographisch bestimmten Wesenheiten zu identifizieren. Die antike Form, die »das Produkt mehr bewegten, historischen Lebens« ist, »unterstellt auch das *Gemeinwesen* als erste Voraussetzung, aber nicht wie im ersten Fall als Substanz, von der die Individuen bloß Akzidenzen sind, oder von der sie rein naturwüchsig Bestandteile bilden –, sie unterstellt nicht das Land als die Basis, sondern die Stadt als schon geschaffnen Sitz (Zentrum) der Landleute (Grundeigentümer)«.[51]

Das Privateigentum nimmt hier neben dem Gemeineigentum eine bemerkenswerte Entwicklung:

»Das Gemeindeeigentum – als Staatseigentum, ager publicus – hier getrennt von dem Privateigentum ... Hier ist der Boden okkupiert von der Gemeinde, römischer Boden; ein Teil bleibt der Gemeinde als solcher im Unterschied von den Gemeindegliedern, ager publicus in seinen verschiednen Formen; der andre Teil wird verteilt und jede Parzelle des Bodens ist dadurch römisch, daß sie das Privateigentum, die Domäne eines Römers, sein ihm gehöriger Anteil an dem Laboratorium ist; er ist aber auch nur Römer, insofern er dies souveräne Recht über einen Teil der römischen Erde besitzt.«[52]

Auf Grund der Notwendigkeit, Land zu erobern oder Eroberungen zu schützen, ist der Krieg »die große Gesamtaufgabe« des Gemeinwesens[52a], das sich daher militärisch organisiert und die Wohnsitze in der Stadt konzentriert: »Das Stammwesen an sich führt zu höheren und niederen Geschlechtern, ein Unter-

---

49 Ebd., p. 382.
50 Ebd., p. 395.
51 Ebd., p. 378.
52 Ebd., p. 378 und 380 f.
52a Vgl. dazu auch: R. Banfi, *Abbozzo di una ricerca attorno al valore d'uso nel pensiero die Marx*, in: »Critica marxista«, IV (1966), I, p. 144–145.

schied, der noch mehr entwickelt durch Mischung mit unterjochten Stämmen etc.«[53] In diese Sozialordnung kann die Sklaverei integriert werden und sich dort entfalten, wie es bei den Römern geschah, was dann wiederum eine bemerkenswerte Entwicklung der antiken Form ermöglicht. Aber im »Sklaven- und Leibeigenschaftsverhältnis«[54] existiert keine Trennung zwischen freier Arbeit und objektiven Bedingungen ihrer Realisierung – eine Trennung, wie sie erst gesetzt ist im Verhältnis von Lohnarbeit und Kapital. Im Gegenteil:

»... ein Teil der Gesellschaft wird von dem andren selbst als bloß *unorganische und natürliche* Bedingung seiner eignen Reproduktion behandelt. Der Sklave steht in gar keinem Verhältnis zu den objektiven Bedingungen seiner Arbeit; sondern die *Arbeit* selbst, sowohl in der Form des Sklaven, wie der des Leibeignen, wird als *unorganische Bedingung* der Produktion in die Reihe der andren Naturwesen gestellt, neben das Vieh oder als Anhängsel der Erde.«[55]

Die dritte Eigentumsform ist die *germanische*. Hier erscheint der ager publicus »nur als Ergänzung des individuellen Eigentums«.[56] Das heißt, daß jeder einzelne Eigentümer zusammen mit den anderen das Gemeinde- oder Volksland als Jagdgrund, Weidegrund, Holzungsgrund, etc. benutzen kann. »Das Eigentum des Einzelnen erscheint nicht vermittelt durch die Gemeinde«, und diese besteht nur als »Vereinigung« der sie bildenden Privateigentümer, die sich aus gemeinsamer Abstammung, Sprache und Geschichte ergibt. Zumindest potentiell besteht hier ein größerer Individualismus. Die wirtschaftliche Einheit bildet weder das Dorf noch die Stadt, sondern *jedes einzelne Haus,* »das für sich ein selbständiges Zentrum der Produktion bildet (Manufaktur rein als häusliche Nebenarbeit der Weiber etc.)«.[57] Diese einzelnen ökonomischen Einheiten kommen nur gelegentlich zusammen, »für Krieg, Religion, Rechtsschlichtung etc.«[58]

Was für ein Zusammenhang besteht nun zwischen diesen drei Formen? In *Zur Kritik der politischen Ökonomie* aus dem Jahre 1859, also einem Werk, das in die gleiche Phase der Marxschen

---

53 *Grundrisse*, p. 378.
54 Ebd., p. 389.
55 Ebd., p. 389.
56 Ebd., p. 383.
57 Ebd., p. 383.
58 Ebd., p. 384

Arbeit gehört wie die *Grundrisse,* findet sich folgender Hinweis:
»Es ist ein lächerliches Vorurteil, in neuester Zeit verbreitet, daß die Form des *naturwüchsigen* Gemeineigentums spezifisch slawisch oder gar ausschließlich russische Form sei. Sie ist die Urform, die wir bei Römern, Germanen, Kelten nachweisen können, von der aber eine ganze Musterkarte mit mannigfaltigen Proben sich noch immer, wenn auch zum Teil ruinenweise, bei den Indern vorfindet. Ein genaueres Studium der asiatischen, speziell der indischen, Gemeineigentumsformen würde nachweisen, wie aus den verschiedenen Formen des naturwüchsigen Gemeineigentums sich verschiedene Formen seiner Auflösung ergeben. So lassen sich z. B. die verschiedenen Originaltypen von römischem und germanischem Privateigentum aus verschiedenen Formen von indischem Gemeineigentum ableiten.«[59]
Diese Anmerkung verknüpft sich ganz deutlich mit dem Text *Formen, die der kapitalistischen Produktion vorhergehn* in den *Grundrissen.* Aber in welcher Hinsicht stammen für Marx die naturwüchsigen römischen und germanischen Eigentumsformen ab von »verschiedenen Formen von indischem Gemeineigentum«? Die scheinbare Unklarheit hängt damit zusammen, daß Marx die Adjektive »asiatisch« und »indisch« oft äquivok verwendet: zum einen bezeichnen sie einen speziellen, detailliert beschriebenen und analysierten Typus der ersten Eigentumsform; zum andern neigte Marx wie gesagt dazu, die »asiatische« oder »indische« Form *tout court* mit dem »Gemeindeeigentum« schlechthin zu identifizieren, da er in Indien das naturwüchsige Gemeineigentum, wenn auch mit besonderen Kennzeichen, überleben zu sehen glaubte. Nur in dieser zweiten Bedeutung erscheint die »asiatische Form« als Ursprung sowohl der »antiken« wie der »germanischen Form«. Es liegt daher auf der Hand, daß der Gebrauch der Adjektive »asiatisch« und »indisch« keinerlei geographische Bedeutung besitzt und sie keine Assoziation an den orientalischen Despotismus, die großen öffentlichen Arbeiten, die Stagnation usw. hervorrufen, sondern sich einzig und allein auf das Gemeineigentum an Boden beziehen können. In der gleichen Schrift wird die »asiatische Form« als eine besondere, selbständige Gesellschaftsformation dargestellt. Zweifels-

---

[59] K. Marx, *Zur Kritik der politischen Ökonomie,* MEW 13, p. 21, Fußnote. [s. a. MEW Bd. 23, p. 92]

ohne liegt jedoch für Marx die »asiatische Form« näher beim naturwüchsigen Gemeinwesen als die »fortschrittlichere« antike und germanische Form. Innere Strukturmerkmale und bestimmte historisch-geographische Faktoren machen jene zur widerstandsfähigeren und länger überlebenden Form. Das bedeutet aber nur, daß sich eine autonome Entwicklung hier langsamer vollzieht, nicht aber, daß eine solche ausgeschlossen ist. Nach Marx enthält auch die asiatische Form »die Sklaverei als Möglichkeit und daher als ihre eigne Aufhebung in sich«.[60] Auch die asiatische Gesellschaftsformation, deren typische und dominierende Form er untersucht und in großen Zügen beschreibt, kannte historisch und geographisch bedingte Veränderungen – auch wenn Marx sehr wenig davon spricht. Nur vollzog sich diese Entwicklung langsamer, da ihr größere innere und äußere Schwierigkeiten entgegenstanden. Daher fand der europäische Kapitalismus, der zuerst die asiatischen Märkte eroberte, dort eine Gesellschaft vor, die Marx in ethnologischer Hinsicht gewiß nie für »primitiv« gehalten hat, die im Verhältnis zu anderen aber trotzdem Merkmale von sozio-ökonomischer Rückständigkeit und Unwandelbarkeit aufwies. (Die Problematik kulturell und politisch so komplexer Zivilisationen wie in den asiatischen Gesellschaftsformationen ist eine der schwierigsten!)

Sowohl die der Ausbreitung der Sklavenhaltergesellschaft vorhergehende »klassisch-antike Form«, wie auch die von Marx »germanisch« genannte, jedoch ohne Beziehung auf ein bestimmtes Volk, haben ihre Wurzeln in dem auf Stammgemeinschaft beruhenden »Gemeineigentum« (»*orientalische Form,* modifiziert im slawischen; bis zum Gegensatz entwickelt, aber doch noch als die geheime, wenn auch gegensätzliche, Grundlage im antiken und germanischen Eigentum«[61]). Sie differenzierten sich jedoch schon sehr früh auf Grund verschiedener, historisch und geographisch bedingter Entwicklungs-, Auflösungs- oder Transformationsprozesse. Marx zeigt die Komplexität dieser Prozesse sehr deutlich:

»Diese verschiednen Formen des Verhaltens [asiatische, antike, germanische] der Gemeinde- oder Stammglieder zum Grund und Boden des Stammes – der Erde, worauf er sich niederge-

---

60 *Grundrisse*, p. 399.
61 Ebd., p. 396 f.

lassen hat – hängen ab teils von den Naturanlagen des Stammes, teils von den ökonomischen Bedingungen, unter denen er nun wirklich sich als Eigentümer zum Grund und Boden verhält, d. h. sich seine Früchte durch Arbeit aneignet, und dies wird selbst abhängen von Klima, physischer Beschaffenheit des Grund und Bodens, der physisch bedingten Weise seiner Exploitation, dem Verhalten zu feindlichen Stämmen oder Nachbarstämmen, und den Veränderungen, die Wanderungen, historische Erlebnisse etc. hineinbringen. Damit die Gemeinde fortexistiere in der alten Weise, als solche, ist die Reproduktion ihrer Glieder unter den vorausgesetzten objektiven Bedingungen nötig. Die Produktion selbst, Fortschritt der Bevölkerung (auch dieser gehört zur Produktion) hebt notwendig nach und nach diese Bedingungen auf; zerstört sie statt sie zu reproduzieren etc., und damit geht das Gemeinwesen unter mit den Eigentumsverhältnissen, auf denen es gegründet war. Am zähsten und längsten hält sich notwendig die asiatische Form. Es liegt dies in ihrer Voraussetzung; daß der Einzelne nicht der Gemeinde gegenüber selbständig wird; daß self-sustaining Kreis der Produktion, Einheit von Agrikultur und Handmanufaktur etc.«[62]
Sowohl die antike wie auch die germanische Form sind im Vergleich zur asiatischen also durch größere Dynamik charakterisiert. In dem Moment, wo sie uns in der Geschichte mit spezifischen Strukturen entgegentreten, haben sie bereits einen langen Prozeß durchlaufen. Dieser Prozeß wird sich noch beschleunigen mit ihrer Entwicklung zu Formen der Versklavung des Menschen, mit dem Übergang zu Sklavenhalterei und Leibeigenschaft also. Dabei wird der Kontrast zu »orientalischer Unwandelbarkeit« sich noch verdeutlichen. Diese Entwicklung spielt sich in der »orientalischen Form« weit unbestimmter und verwickelter ab:
»Die Grundbedingung des auf dem Stammwesen (worein sich das Gemeinwesen ursprünglich auflöst) ruhenden Eigentums – Mitglied des Stammes sein – macht den vom Stamm eroberten fremden Stamm, den unterworfnen, *eigentumslos* und wirft ihn selbst unter die *unorganischen Bedingungen* seiner Reproduktion, wozu sich das Gemeinwesen als den seinen verhält. Sklaverei und Leibeigenschaft sind daher nur weitere Entwicklungen des auf dem Stammwesen beruhenden Eigentums. Sie modifizie-

---

62 Ebd., p. 385 f.

ren notwendig alle Formen desselben. Am wenigsten können sie dies in der asiatischen Form. In der self-sustaining Einheit von Manufaktur und Agrikultur, worauf diese Form beruht, die Eroberung nicht so notwendige Bedingung als da, wo das *Grundeigentum, Agrikultur* ausschließlich vorherrschend. Andererseits, da der Einzelne nie zum Eigentümer, sondern nur zum Besitzer in dieser Form wird, ist er au fond selbst das Eigentum, der Sklave dessen, [in] dem die Einheit der Gemeinde existiert, und Sklaverei hebt hier weder die Bedingungen der Arbeit auf, noch modifiziert sie das wesentliche Verhältnis.«[63]

Es ist nicht ganz eindeutig, ob Marx die drei ursprünglichen Formen als Klassengesellschaften betrachtet hat, auch wenn die wahrscheinlichste Interpretation die folgende zu sein scheint: die drei Formen, asiatische, antike und germanische, dürfen nicht als statische Größen betrachtet werden, gerade weil Marx bei ihrer Beschreibung sehr stark abstrahiert. Sie repräsentieren vielmehr drei verschiedene Arten des Übergangs vom naturwüchsigen, klassenlosen Gemeinwesen zur Klassengesellschaft. Gerade auch in der »asiatischen Form« verwandelt sich die ursprünglich im Dienste der gemeinsamen Interessen stehende, funktionale Macht sehr schnell in eine Ausbeutungsform (Abschöpfung des vom Gemeinwesen erzeugten Mehrprodukts).

Ein Mißverständnis, das ziemlich häufig auftaucht (zumindest dort, wo eine »orthodoxe« Theorie der Entwicklungsstadien unter Einschluß *sogar* der »asiatischen Produktionsweise« angestrebt wird), besteht in der Identifikation von »antiker Form« mit Sklavenhaltergesellschaft einerseits, von »germanischer Form« mit Feudalgesellschaft andererseits. In Wirklichkeit ist die Fragestellung von Marx eine ganz andere. Zusammenfassend läßt sich sagen, daß er die vorkapitalistischen Gesellschaftsformationen in zwei große Gruppen teilt. Die erste umfaßt die einfachsten Formen, die, wenn auch bereits merklich qualitativ und quantitativ differenziert, in irgendeiner Weise noch durch das Fortbestehen des naturwüchsigen Gemeinwesens gekennzeichnet sind. Dazu gehören die »asiatische Form« mit ihren verschiedenen Ausprägungen (slawische, keltische, usw.), die »antike« und »germanische« Form. Eine zweite Gruppe enthält die durch die Versklavung des Menschen charakterisierten Formen, handle es sich dabei um Leibeigenschaft oder um die eigentliche Sklaverei.

---

63 Ebd., p. 392 f.

Obwohl Marx das nicht weiter ausgeführt hat, ist anzunehmen, daß sich die Sklaverei in der »antiken«, die Leibeigenschaft in der »germanischen« Form entwickelt hat. Nichts dagegen berechtigt zur Annahme, daß nach Marx ein Verhältnis von logisch-historischer Aufeinanderfolge, von »vorher und nachher«, zwischen Gesellschaften mit Sklaverei und auf Leibeigenschaft basierenden Gesellschaften besteht. Was den Kapitalismus anbelangt, kann man sagen, daß er eine Gesellschaftsform für sich darstellt insofern, als alle ihm vorhergehenden Formen die Vorgeschichte des Kapitals bilden. Er entsteht aus der Auflösung aller vorhergehenden Formen, historisch im besonderen aus den auf Versklavung basierenden.

Dieser Interpretation scheint ein kurzer Hinweis von Marx im *Vorwort* von *Zur Kritik der politischen Ökonomie* zu widersprechen: es handelt sich um drei Zeilen, die in zahlreichen Diskussionen im Mittelpunkt standen und über die unzählige Seiten geschrieben wurden von Wissenschaftlern, die sich mit der »asiatischen Produktionsweise« beschäftigten. Marx schreibt: »In großen Umrissen können asiatische, antike, feudale und modern bürgerliche Produktionsweisen als progressive Epochen der ökonomischen Gesellschaftsformation bezeichnet werden.«[64]

Es ist offensichtlich, daß der Terminus »asiatisch« hier für »einfaches Gemeinwesen« steht. Muß diese Aufzählung von Produktionsweisen nicht den Verdacht eines »unilinearen« Marx erwecken? Eine derartige Aufzählung verwirrt unweigerlich, wenn man bedenkt, daß die angeführte Stelle in der gleichen Zeit wie die *Grundrisse* und im besonderen das Manuskript über die *Formen, die der kapitalistischen Produktion vorhergehn* geschrieben wurde. Wie wir gesehen haben, scheint aber eine aufmerksame Prüfung dieser Schrift eine »unilineare« Interpretation des oben zitierten Satzes auszuschließen, eine Interpretation also, die man kurz folgendermaßen umreißen könnte: die Geschichte *aller Völker* ist *notwendigerweise* durch *vier* (vier – nicht mehr und nicht weniger) Phasen gegangen, wobei jede aus der jeweils vorhergehenden entstanden ist und sich entwickelt hat. Unter anderem ist eindeutig, daß für Marx »progressive Epochen der ökonomischen Gesellschaftsformation« nicht Epochen bedeuten, die chronologisch aufeinanderfolgen, sondern Epochen, deren Strukturen eine mehr oder weniger enge Beziehung zum Kapital

---

64 *Zur Kritik der politischen Ökonomie*, Vorwort, MEW 13, p. 9.

haben. Der Terminus »progressiv« bezeichnet keineswegs etwas, was historisch später folgt, sondern etwas, was reicher an Potentialität und Entwicklungsfähigkeit ist. Und das Kriterium dieses Urteils, der Gesichtspunkt, von dem aus dies formuliert wird, bleibt immer die kapitalistische Gesellschaft – die Anatomie des Menschen erlaubt, die Anatomie des Affen zu verstehen. In diesem Sinn muß auch das Marxsche Urteil über die vier Epochen im Lichte einiger Bemerkungen in den *Formen, die der kapitalistischen Produktion vorhergehn* interpretiert werden, etwa der Stelle, wo er auf den in der »germanischen« Gesellschaftsformation möglichen größeren Individualismus[65] hinweist.

Trotzdem bleiben einige Zweifel. Im *Vorwort* von *Zur Kritik der politischen Ökonomie* legt Marx sehr verkürzt einige wesentliche Punkte materialistischer Geschichtsauffassung dar:

»In der gesellschaftlichen Produktion ihres Lebens gehen die Menschen bestimmte, notwendige, von ihrem Willen unabhängige Verhältnisse ein, Produktionsverhältnisse, die einer bestimmten Entwicklungsstufe ihrer materiellen Produktivkräfte entsprechen. Die Gesamtheit dieser Produktionsverhältnisse bildet die ökonomische Struktur der Gesellschaft, die reale Basis, worauf sich ein juristischer und politischer Überbau erhebt, und welcher bestimmte gesellschaftliche Bewußtseinsformen entsprechen ... Auf einer gewissen Stufe ihrer Entwicklung geraten die materiellen Produktivkräfte der Gesellschaft in Widerspruch mit den vorhandenen Produktionsverhältnissen oder, was nur ein juristischer Ausdruck dafür ist, mit den Eigentumsverhältnissen, innerhalb deren sie sich bisher bewegt hatten. Aus Entwicklungsformen der Produktivkräfte schlagen diese Verhältnisse in Fesseln derselben um. Es tritt dann eine Epoche sozialer Revolution ein.«[66]

Wenig später findet sich die bereits erwähnte Stelle über die vier Formen, an die sich unmittelbar folgende Bemerkungen anschließen:

»Die bürgerlichen Produktionsverhältnisse sind die letzte antagonistische Form des gesellschaftlichen Produktionsprozesses, ... aber die im Schoß der bürgerlichen Gesellschaft sich entwickeln-

---

65 Vgl. G. Lichtheim, *Marx and the »Asiatic Mode of Production,* a. a. O., p. 106 f.; D. M. Lowe, *The Function of »China«,* a. a. O., p. 9; E. J. Hobsbawm, Einleitung zu K. Marx, *Pre-Capitalist Economic Formations,* a. a. O.
66 *Zur Kritik der politischen Ökonomie,* Vorwort, MEW 13, p. 8 f.

den Produktivkräfte schaffen zugleich die materiellen Bedingungen zur Lösung dieses Antagonismus.«[67]
In diesem Vorwort will Marx also unterstreichen, daß die Geschichte bestimmt ist von der Entwicklung der Produktionsverhältnisse und der Produktivkräfte. Dies trifft für die bürgerliche Gesellschaft zu, die letzte Klassengesellschaft, die in sich bereits die Voraussetzungen für eine höhere Gesellschaftsform enthält. Dies trifft auch für die Vergangenheit zu. In diesem Zusammenhang besitzt der Hinweis auf drei vorhergegangene Gesellschaftsformen wie schon mehrmals den Charakter einer Exemplifikation, die durch ihre Kürze eine schematische und, zumindest scheinbar, definitorische Form erhält. Man könnte beinahe sagen, daß Marx hier malgré lui schematisch und definitorisch geworden ist: die Notwendigkeit der Kürze hat ihn daran gehindert, die ganze Komplexität seines Gedankengangs über diese Frage darzulegen, wie er es im Manuskript *Formen, die der bürgerlichen Produktion vorhergehn* getan hat. Er selbst mußte sich dessen wohl bewußt gewesen sein, wenn er bei der Formulierung des oben zitierten Satzes meinte, sich einschränkender Ausdrücke, wie »in großen Umrissen« und »können bezeichnet werden«, bedienen zu müssen. Man kann auch ohne weiteres annehmen, daß bei Marx hier ein Bedürfnis nach allgemeiner Klassifikation der vorbürgerlichen Formen sichtbar wird, dem jedoch durch sein tiefes Bewußtsein von der Komplexität dieses Problems äußerst enge Grenzen gesetzt waren. Auf jeden Fall ist sicher, daß der angeführte Satz aus dem Vorwort in einer buchstabengetreuen, »unilinearen« Interpretation – die zweifelsohne möglich ist – kein genaues Bild des Marxschen Denkens über die vorbürgerliche Gesellschaft gibt und schon gar nicht als eine Zusammenfassung endgültiger Resultate seiner Studien über dieses Problem betrachtet werden darf.

ÜBER ASIEN IM ERSTEN BAND DES »KAPITALS«

Der erste Band des *Kapitals*, der einzige, der noch zu Marx' Lebzeiten erschien, wurde bekanntlich 1866-1867 in seiner endgültigen Fassung fertiggestellt. Er enthält keine einzige ausführliche Erörterung der vorkapitalistischen Formen. Diese werden

---

67 Ebd., p. 9.

nur gelegentlich herangezogen, um historisch-logische Alternativen zu liefern, um als Vergleiche zu dienen, um eine These oder ein Konzept zu erläutern, um einen spezifischen Unterschied zum Kapitalismus bestimmen zu helfen. Unabhängig davon, ob Marx das Verhältnis von gesellschaftlicher Arbeitsteilung und Warenproduktion, die einfache Kooperation oder den Akkumulationsprozeß des Kapitals darstellen will, immer besitzen die sich auf die vorkapitalistischen Formen und insbesondere auf die asiatische Gesellschaft beziehenden Hinweise diese Funktion (dasselbe gilt für die anderen Bände des *Kapitals*, auf die im nächsten Kapitel kurz eingegangen werden soll).

Von allen vorkapitalistischen Formen hat Marx der europäischen Gesellschaft des Mittelalters die größte Aufmerksamkeit geschenkt, weniger deshalb, weil sie feudal war, als vielmehr deshalb, weil sie dem Kapitalismus unmittelbar vorausgeht und er in ihrem Schoß entsteht. Diese sehr verständliche historische Aufmerksamkeit berechtigt aber niemals dazu, daraus generelle Folgerungen über die Aufeinanderfolge der ökonomischen Formen abzuleiten. Es gibt zum Beispiel keine Stelle, aus der hervorgeht, daß nach Marx einzig der Feudalismus imstande ist, den Kapitalismus hervorzubringen. Marx läßt im Gegenteil auch hier große Vorsicht walten in bezug auf solche Verallgemeinerungen und ist sich der Komplexität historischer Ereignisse wohl bewußt. Das läßt sich sowohl aus dem berühmten 24. Kapitel über die ursprüngliche Akkumulation – vielleicht das Glanzstück Marxens als »Historiker« –, wie auch aus expliziten Aussagen wie etwa der folgenden ableiten:

»Es handelt sich hier nur um große, allgemeine Charakterzüge, denn abstrakt strenge Grenzlinien scheiden ebensowenig die Epochen der Gesellschafts- wie die der Erdgeschichte.«[68]

Im ersten Band des *Kapitals* ist also nicht irgendeine Theorie der historischen Periodisierung zu finden. Marx stellt im Gegenteil auch hier die vorkapitalistischen Formen nebeneinander, um ihre gemeinsame Gegenposition zur kapitalistischen Produktionsweise hervorzuheben, was selbstverständlich nicht heißt, daß jene für Marx unterschiedslos sind. Hier einige Beispiele:

»Das Kapital hat die Mehrarbeit nicht erfunden. Überall, wo ein Teil der Gesellschaft das Monopol der Produktionsmittel besitzt, muß der Arbeiter, frei oder unfrei, der zu seiner Selbst-

---

68 *Kapital* I, a.a.O., p. 391.

erhaltung notwendigen Arbeitszeit überschüssige Arbeitszeit zusetzen, um die Lebensmittel für den Eigner der Produktionsmittel zu produzieren, sei dieser Eigentümer nun atheniensischer καλὸς κ'ἀγαθόός, etruskischer Theokrat, civis romanus, normännischer Baron, amerikanischer Sklavenhalter, walachischer Bojar, moderner Landlord oder Kapitalist.«[69]

»In den altasiatischen, antiken usw. Produktionsweisen spielt die Verwandlung des Produkts in Ware, und daher das Dasein der Menschen als Warenproduzenten, eine untergeordnete Rolle ...«[70]

»Die kleine Bauernwirtschaft und der unabhängige Handwerksbetrieb, die beide teils die Basis der feudalen Produktionsweise bilden, teils nach deren Auflösung neben dem kapitalistischen Betrieb erscheinen, bilden zugleich die ökonomische Grundlage der klassischen Gemeinwesen zu ihrer besten Zeit, nachdem sich das ursprünglich orientalische Gemeineigentum aufgelöst und bevor sich die Sklaverei der Produktion ernsthaft bemächtigt hat.«[71]

»Wenn die Anarchie der gesellschaftlichen und die Despotie der manufakturmäßigen Arbeitsteilung einander in der Gesellschaft der kapitalistischen Produktionsweise bedingen, bieten dagegen frühere Gesellschaftsformen, worin die Besonderung der Gewerbe sich naturwüchsig entwickelt, dann kristallisiert und endlich gesetzlich befestigt ist, einerseits das Bild einer plan- und autoritätsmäßigen Organisation der gesellschaftlichen Arbeit, während sie anderseits die Teilung der Arbeit innerhalb der Werkstatt ganz ausschließen, oder nur auf einem Zwergmaßstab, oder nur sporadisch und zufällig entwickeln.«[72]

»In den verschiedensten ökonomischen Gesellschaftsformationen findet nicht nur einfache Reproduktion statt, sondern, obgleich auf verschiedenem Maßstab, Reproduktion auf erweiterter Stufenleiter. Es wird progressiv mehr produziert und mehr konsumiert, also auch mehr Produkt in Produktionsmittel verwandelt. Dieser Prozeß erscheint aber nicht als Akkumulation von Kapital und daher auch nicht als Funktion des Kapitalisten, solange dem Arbeiter seine Produktionsmittel, daher auch sein

---

69 Ebd., p. 249 f.
70 Ebd., p. 93.
71 Ebd., p. 354, Fußnote 24.
72 Ebd., p. 377.

Produkt und seine Lebensmittel, noch nicht in der Form von Kapital gegenüberstehn.«⁷³

Aber es gilt, zur asiatischen Gesellschaftsformation, wie sie im ersten Band des *Kapitals* dargestellt ist, zurückzukommen. Sie wird hier und da in mehr oder weniger kurzen Hinweisen erwähnt, auf deren Basis eine Rekonstruktion versucht werden soll. Dabei ist jedoch eine grundsätzliche Warnung anzubringen: Marx' Bemerkungen über die asiatische Gesellschaft, die sich in diesem Werk finden, sind, so beiläufig wie auch immer, bedeutsam; aber was offen bleibt, darf nicht zu definitiven Schlußfolgerungen verführen. Dieser Umstand kann nicht oft genug betont werden. Auf jeden Fall stellt man sofort fest, daß Marx hier das Schwergewicht vor allem auf die selbstgenügenden Dorfgemeinschaften legt, das beruht »auf gemeinschaftlichem Besitz des Grund und Bodens, auf unmittelbarer Verbindung von Agrikultur und Handwerk und auf einer festen Teilung der Arbeit, die bei Anlage neuer Gemeinwesen als gegebner Plan und Grundriß dient. Sie bilden sich selbst genügende Produktionsganze, deren Produktionsgebiet von 100 bis auf einige 1000 Acres wechselt. Die Hauptmasse der Produkte wird für den unmittelbaren Selbstbedarf der Gemeinde produziert, nicht als Ware, und die Produktion selbst ist daher unabhängig von der durch Warenaustausch vermittelten Teilung der Arbeit im großen und ganzen der indischen Gesellschaft. Nur der Überschuß der Produkte verwandelt sich in Ware, zum Teil selbst wieder erst in der Hand des Staats, dem ein bestimmtes Quantum seit undenklichen Zeiten als Naturalrente zufließt.«⁷⁴

Das self-sustaining, die Isolierung und eine seit Jahrtausenden durch unveränderte Normen festgelegte Arbeitsteilung führen dazu, daß diese Gemeinwesen wie auch die Produktionsverhältnisse, die sie charakterisieren, sich »mit der unverbrüchlichen Autorität eines Naturgesetzes« ständig reproduzieren:

»Der einfache produktive Organismus dieser selbstgenügenden Gemeinwesen, die sich beständig in derselben Form reproduzieren und, wenn zufällig zerstört, an demselben Ort, mit demselben Namen, wieder aufbauen, liefert den Schlüssel zum Geheimnis der Unveränderlichkeit asiatischer Gesellschaften, so auf-

---

73 Ebd., p. 624.
74 Ebd., p. 378.

fallend kontrastiert durch die beständige Auflösung und Neubildung asiatischer Staaten und rastlosen Dynastenwechsel. Die Struktur der ökonomischen Grundelemente der Gesellschaft bleibt von den Stürmen der politischen Wolkenregion unberührt.«[75]

Woraus resultiert die »Unveränderlichkeit« dieser uralten Gemeinwesen? Marx nimmt an, daß kollektiver Besitz und kollektive Bearbeitung des Bodens ursprünglich bei jedem zivilisierten Volk festzustellen sind, sie stellen die unmittelbare, naturwüchsige Form dar, »welche uns an der Geschichtsschwelle aller Kulturvölker begegnet«[76]. In Asien hat sich diese Form länger erhalten auf Grund der »Unreife des individuellen Menschen, der sich von der Nabelschnur des natürlichen Gattungszuammenhangs mit andren noch nicht losgerissen hat«.[77] Diese wiederum ist »bedingt durch eine niedrige Entwicklungsstufe der Produktivkräfte der Arbeit und entsprechend befangene Verhältnisse der Menschen innerhalb ihres materiellen Lebensprozesses, daher zueinander und zur Natur«.[78]

Marx hält sich nicht dabei auf, die Klassenstruktur dieser Gesellschaftsformation näher zu erforschen. Das erstaunt weiter nicht, wenn man bedenkt, daß der dritte Band des *Kapitals* gerade beim Kapitel *Die Klassen* unterbrochen wurde, von dem er vor seinem Tode nur noch die erste Seite fertigstellen konnte. Man kann annehmen, daß Marx nach seinem gewohnten Vorgehen in diesem Kapitel zumindest einige Hinweise auf die vorkapitalistischen Gesellschaftsformen gegeben hätte. Das hilft uns aber nicht viel weiter. Marx schreibt, daß »ein Dutzend Personen« auf Kosten der Dorfgemeinschaft lebte, die die verschiedenen Funktionen des gemeinsamen Interesses wahrnahmen: Buchhalter, Wasseraufseher, Brahmane, etc.[79] Aber das Mehrprodukt des Gemeinwesens geht noch andere Wege: in Form der Grundrentensteuer fließt es in die Staatskasse. Im Kapitel über die Kooperation schreibt Marx in offensichtlicher Übereinstimmung mit Richard Jones:

»Kolossal zeigt sich die Wirkung der einfachen Kooperation in

---

75 Ebd., p. 379.
76 Ebd., p. 92
77 Ebd., p. 93
78 Ebd., p. 93.
79 Hier nimmt Marx die Beschreibung eines indischen Dorfes wieder auf, die er schon in dem Artikel von 1853 über *Die britische Herrschaft in Indien* (vgl. Anmerkung 19) gegeben hatte.

den Riesenwerken der alten Asiaten, Ägypter, Etrusker usw. ›Es geschah in vergangnen Zeiten, daß diese asiatischen Staaten nach Bestreitung ihrer Zivil- und Militärausgaben sich im Besitz eines Überschusses von Lebensmitteln befanden, die sie für Werke der Pracht und des Nutzens verausgaben konnten. Ihr Kommando über die Hände und Arme fast der ganzen nicht ackerbauenden Bevölkerung und die ausschließliche Verfügung des Monarchen und der Priesterschaft über jenen Überschuß boten ihnen die Mittel zur Errichtung jener mächtigen Monumente, womit sie das Land erfüllten ... In der Bewegung der kolossalen Statuen und der enormen Massen, deren Transport Staunen erregt, wurde fast nur menschliche Arbeit verschwenderisch angewandt ... die Macht der Direktion über diese Massen gab jenen Riesenwerken den Ursprung. Es war die Konzentration der Revenuen, wovon die Arbeiter leben, in einer Hand oder wenigen Händen, welche solche Unternehmungen möglich machte.‹ [Soweit R. Jones]. Diese Macht asiatischer und ägyptischer Könige oder etruskischer Theokraten usw. ist in der modernen Gesellschaft auf den Kapitalisten übergegangen ...«[80]

Wie über die Klassen findet sich im *Kapital* auch über die Entstehung und das Wesen des Staates im Orient keine umfassende und ausführliche Analyse. Jedoch schreibt Marx, daß »eine der materiellen Grundlagen der Staatsmacht über die zusammenhangslosen kleinen Produktionsorganismen Indiens ... Regelung der Wasserzufuhr« war.[81]

Alle diese Bemerkungen im *Kapital* beziehen sich hauptsächlich auf Indien, von wo Marx auch den größten Teil der Beispiele nimmt. Aber neben den Indern werden häufig auch die alten Ägypter und Etrusker erwähnt, während hier kaum von China gesprochen wird.[82] Außerdem verwendet Marx die Adjektive »indisch« und »asiatisch« auch hier häufig als Synonyma. Zum

---

80 *Kapital* I, MEW 23, a. a. O., p. 353. Auch diese Stelle zeigt sehr deutlich wie Marx auf die vorkapitalistischen Gesellschaftsordnungen immer hinweist, um deren Übereinstimmung oder Nichtübereinstimmung mit der kapitalistischen Gesellschaft festzustellen.
81 *Kapital* I, MEW 23, a. a. O., p. 537, Fußnote 6.
82 Ein berühmter Hinweis auf Japan scheint dieses Land von der Zahl der »asiatischen« Gesellschaften auszuschließen: »Japan, mit seiner rein feudalen Organisation des Grundeigentums und seiner entwickelten Kleinbauernwirtschaft, liefert ein viel treueres Bild des europäischen Mittelalters als unsre sämtlichen, meist von bürgerlichen Vorurteilen diktierten Geschichtsbücher. Es ist gar zu bequem, auf Kosten des »Mittelalters ›liberal‹ zu sein«. (*Kapital* I, a. a. O., p. 745, Fußnote 192)

anderen besteht kein Grund anzunehmen, daß die oben zusammengefaßten oder zitierten Ausführungen von Marx wesentlich abweichen von seinen uns bereits bekannten Ansichten über Asien, die asiatische Gesellschaft und die »asiatische Produktionsweise«. Allenfalls könnte die Häufigkeit und die Ausführlichkeit der Betrachtungen über die Merkmale der Dorfgemeinschaft auffallen; der Grund dafür scheint aber nur in den Themen zu liegen, die das *Kapital* zum Gegenstand der Untersuchung hat, und die jeweils Anlaß zu Hinweisen auf Asien bieten.

Die späteren Werke

In den Jahren um 1860 hielt Marx, wie gezeigt wurde, die asiatische Gesellschaft im wesentlichen für eine der Realisierungsformen (die komplexeste und ihm am besten bekannte, da Teile davon noch zu seinen Lebzeiten erhalten waren) der naturwüchsigen Agrargesellschaft, und er neigte häufig dazu, die Termini »Gemeineigentum« und »asiatische« bzw. »indische Eigentumsform« nicht zu unterscheiden. Die bereits in seinen bisher behandelten Schriften vertretene These, daß die Agrargemeinschaft eine ursprüngliche Form der sozialen Organisation aller Völker sei, wurde nachträglich nicht nur durch eine umfangreiche Literatur über die Geschichte und die soziale Lage Rußlands bestätigt, sondern auch durch Forschungen von Rechtshistorikern und Ethnologen wie Georg Ludwig von Maurer, Lewis H. Morgan und Maxim Kovalevskij.[83] In Asien hat diese Form im

---

83 Die wichtigsten Untersuchungen von Maurer über die Geschichte der alten germanischen Institutionen erschienen zwischen 1856 und 1871; das Werk von Morgan *[Ancient Society or Researches in the Lines of Human Progress from Savagery, through Barbarism to Civilization.* Neudruck 1964, ed. L. A. White, Cambridge.] *[Die Urgesellschaft. Untersuchungen über den Fortschritt der Menschheit aus der Wildheit durch die Barbarei zur Zivilisation,* Stuttgart, Dietz 1891] wurde 1877 publiziert; das Buch von Kovalevskij über den Auflösungsprozeß der Dorfgemeinschaften, besonders der indischen, erschien im Jahre 1879. Über den Einfluß dieser Autoren auf Marx vgl. N. B. Ter-Akopjan, Razvitie vzgljadov K. Marksa i F. Engel'sa na azijatsii sposob proizvodstva i zemledel'českuju obščinu (Die Entwicklung der Ansichten von Marx und Engels über die asiatische Produktionsweise und die Agrargemeinde), in: »Narody Azii i Afriki«, 1965, 2, p. 74–88 und 3, p. 70–85, besonders 3, p. 77 ff. (der Artikel von Ter-Akopjan ist auch ins Italienische übersetzt worden: in der

Lauf der Geschichte weniger Veränderungen erfahren als in Europa. Marx verwandte daher immer seltener Termini wie »asiatisch«, »orientalisch«, »indisch« und sprach stattdessen vom naturwüchsigen Agrargemeinwesen – ohne dabei jedoch die Ansicht von der historisch-sozialen Eigentümlichkeit Asiens aufzugeben. Als 1888 eine englische Ausgabe des *Kommunistischen Manifests* erschien, hatte Engels folgende Anmerkung hinzugefügt:

»1847 war die Vorgeschichte der Gesellschaft, die gesellschaftliche Organisation, die aller niedergeschriebenen Geschichte vorausging, noch so gut wie unbekannt. Seitdem hat Haxthausen das Gemeineigentum am Boden in Rußland entdeckt, Maurer hat es nachgewiesen als die gesellschaftliche Grundlage, wovon alle deutschen Stämme geschichtlich ausgingen, und allmählich fand man, daß Dorfgemeinden mit gemeinsamem Bodenbesitz die Urform der Gesellschaft waren von Indien bis Irland. Schließlich wurde die innere Organisation dieser urwüchsigen kommunistischen Gesellschaft in ihrer typischen Form bloßgelegt durch Morgans krönende Entdeckung der wahren Natur der Gens und ihrer Stellung im Stamm. Mit der Auflösung dieser ursprünglichen Gemeinwesen beginnt die Spaltung der Gesellschaft in besondre und schließlich einander entgegengesetzte Klassen.«[84]

Während Marx im Jahre 1868 Maurer las, schrieb er an Engels: »Die von mir aufgestellte Ansicht, daß überall die asiatischen, resp. indischen Eigentumsformen in Europa den Anfang bilden, erhält hier (obgleich Maurer nichts davon weiß) neuen Beweis.«[85] Im *Anti-Dühring*, dessen vollständiges Manuskript Marx gelesen hatte, bemerkte Engels, daß die »epochemachenden Schriften Maurers über die ursprüngliche deutsche Mark-

---

Nummer 2 der Zeitschrift »Classe e Stato«, Herbst 1966); D. Thorner, *Marx on India*, a.a.O., p. 60–63; E. J. Hobsbawm in der Einleitung zu K. Marx, *Pre-Capitalist Economic Formations*, a.a.O.,; vgl. ferner die zwei Essays von E. Lucas, *Die Rezeption Lewis H. Morgan's durch Marx und Engels* und *Marx' Studien zur Frühgeschichte und Ethnologie, 1880–1882, Nach unveröffentlichten Exzerpten*, in »Saeculum«, 15 (1964), 2, p. 153–176 und 4, p. 327–343. Vgl. auch das Buch von E. Teray, *Le marxisme devant les asociétés »primitives«*, das eine längere Studie zu Morgan enthalten soll [erschienen Paris 1972]

84 *Manifest der Kommunistischen Partei*, Bücherei des Marxismus-Leninismus, Dietz-Verlag, Berlin 1967, p. 42 (Anmerkung von Engels zur englischen Ausgabe von 1888 und zur deutschen Ausgabe von 1890).

85 Brief von Marx an Engels vom 14. März 1868, MEW 32, p. 42.

verfassung die Grundlage des gesamten deutschen Rechts«[86] bildeten und daß die an ihn anknüpfende Literatur sich beschäftigte »mit dem Nachweis der ursprünglichen Gemeinschaftlichkeit des Grundbesitzes bei allen europäischen und asiatischen Kulturvölkern und mit der Darstellung seiner verschiedenen Daseins- und Auflösungsformen«.[87] Die hier von Engels vertretene Ansicht über die asiatische Gesellschaft ist derjenigen von Marx in den *Grundrissen* und im *Kapital* sehr ähnlich. Auch hier wird die Auffassung vertreten, daß im ganzen Orient »die Gemeinde oder der Staat Grundeigentümer ist«, während »erst die Türken ... im Orient in den von ihnen eroberten Ländern eine Art grundherrlichen Feudalismus eingeführt (haben).«[88] Engels schreibt unter anderem:

»Wie viele Despotien auch über Persien und Indien auf- oder untergegangen sind, jede wußte ganz genau, daß sie vor allem die Gesamtunternehmerin der Berieselung der Flußtäler war, ohne die dort kein Ackerbau möglich ... Die alten Gemeinwesen, wo sie fortbestanden, bilden seit Jahrtausenden die Grundlage der rohesten Staatsform, der orientalischen Despotie, von Indien bis Rußland. Nur wo sie sich auflösten, sind die Völker aus sich selbst weiter vorangeschritten, und ihr nächster ökonomischer Fortschritt bestand in der Steigerung und Fortbildung der Produktion vermittelst der Sklavenarbeit.«[89]

Im Zusammenhang mit dem *Anti-Dühring* verdient ein Umstand besonders, erwähnt zu werden: nämlich, daß sich Engels in diesem Werk – sei es auch nur durch Hinweise – bemüht, das Problem des Ursprungs der Klassen und des Staates in den urwüchsigen Gesellschaften und insbesondere in den asiatischen aufzugreifen. In den ursprünglichen Agrargemeinschaften existieren von Anfang an gemeinsame Interessen: »Entscheidung von Streitigkeiten; Repression von Übergriffen einzelner über ihre Berechtigung hinaus; Aufsicht über Gewässer, besonders in heißen Ländern; endlich, bei der Waldursprünglichkeit der Zustände, religiöse Funktionen.«[90] Die Aufgabe, diese gemeinsamen Interessen wahrzunehmen und zu beschützen, wird an ein-

---

86 F. Engels, *Herrn Eugen Dührings Umwälzung der Wissenschaft (»Anti-Dühring«)*, MEW 20, p. 163.
87 Ebd., p. 163.
88 Ebd., p. 164.
89 Ebd., p. 167 f.
90 Ebd., p. 166

zelne Individuen delegiert, die der Kontrolle des Kollektivs unterstehen. Aber mit der Zeit verselbständigt sich die Ausübung dieser Aufgaben, und es entsteht eine herrschende Klasse. Auf diese Weise verwandelt sich der »ursprüngliche Diener« »allmählich in den Herrn« und erscheint einmal »als orientalischer Despot oder Satrap, als griechischer Stammesfürst, als keltischer Clanchef usw.«[91]

In dieser Schrift wie auch in der späteren *Der Ursprung der Familie, des Privateigentums und des Staats* (hier noch eindeutiger) besteht bei Engels die Tendenz, den außerordentlich komplexen Gedankengang von Marx über diese Fragen zu simplifizieren, mechanisch zu verflachen oder manchmal zu banalisieren. Es ist bekannt, daß das Werk des amerikanischen Ethnologen Lewis H. Morgan großen Eindruck auf Marx gemacht hatte. Die 98 Seiten, die er im Winter 1880-1881 daraus exzerpierte, wurden 1941 in russischer Sprache publiziert. Marx hatte beabsichtigt, sie noch zu überarbeiten, um »die Resultate der Morganschen Forschungen im Zusammenhang mit den Ergebnissen seiner ... materialistischen Geschichtsuntersuchung darzustellen und dadurch erst ihre ganze Bedeutung klarzumachen«.[92] Da er starb, übernahm Engels diese Aufgabe und verwendete 1884 in *Der Ursprung der Familie, des Privateigentums und des Staates* auch Marxens Aufzeichnungen.

Beim Versuch, die Phasen einer typischen Entwicklung der Menschheit von der Wildheit über die Barbarei zur Zivilisation zu bestimmen, hat Engels in diesem Werk bekanntlich eine Terminologie und eine Reihe von Forschungsergebnissen verwendet, die im wesentlichen von Morgan übernommen wurden. Der in dieser Schrift unternommene Versuch war zweifelsohne dazu prädestiniert, einen Ausgangspunkt und eine Stütze für alle jene »unilinearen« Konzeptionen zu liefern, die sich später innerhalb des marxistischen Denkens entwickelten. Zudem findet man hier keinen Beweis auf die besondere Entwicklung der asiatischen Geschichte und Gesellschaft. Jedoch berücksichtigt die Kritik an diesem Werk – das, unter anderen Gesichtspunkten allerdings, oft als originell und wertvoll bezeichnet worden ist – den Stand der archäologischen und ethnologischen Forschungen nicht genügend,

---

91 Ebd., p. 166 f.
92 F. Engels, *Der Ursprung der Familie, des Privateigentums und des Staats*, Vorwort zur ersten Auflage 1884, MEW 21, p. 27.

der zur Zeit seiner Entstehung gegeben war[93]; zum anderen wurde die scheinbare Abweichung von Marxschen Intentionen – von einigen gar als »Verrat« verschrien – gewiß überbewertet.[94] Übrigens hat Engels selbst die geographischen Grenzen seines Werkes präzisiert, das im wesentlichen nur das Ziel hatte, die Hypothesen von Morgan an der Prähistorie und der alten Geschichte Europas zu belegen:

»Der Raum verbietet uns, auf die noch jetzt bei den verschiedensten wilden und barbarischen Völkern in reinerer oder getrübter Form bestehenden Gentilinstitutionen einzugehen oder auf die Spuren davon in der älteren Geschichte asiatischer Kulturvölker.«[95]

Wer aus dem Fehlen von Hinweisen auf Asien in *Der Ursprung der Familie, des Privateigentums und des Staats* ableitet, daß Marx und Engels ihre frühere Auffassung über die asiatische Gesellschaft aufgegeben hätten, gerät nicht nur in Widerspruch zu den besonderen und begrenzten Zielen dieser Schrift, sondern widerspricht auch dem, was beide in anderen, zur selben Zeit

---

93 Vgl. M. Godelier, *La notion de »mode de production asiatique«*, in: »Les temps modernes«, 20. Jg., Nr. 228, Mai 1965, p. 2016 ff. und vor allem E. J. Hobsbawm, Einleitung zu K. Marx, *Pre-Capitalist Economic Formations*, a. a. O., der eine vollständige und dokumentierte Übersicht über die historischen und ethnologischen Kenntnisse von Marx und Engels gibt. Siehe auch die Einleitung von F. Codino in die italienische Ausgabe von *Der Ursprung der Familie: L'origine della famiglia, della proprietà privata e dello Stato*, Roma 1963.

94 Vgl. K. A. Wittfogel, *Die orientalische Despotie*, a. a. O.; M. Godelier, *La notion de »mode de production asiatique«*, a. a. O., p. 2013 ff.; F. Tökei, *Le Mode de production asiatique* pp. 26 ff. a. a. O., Die letzten beiden polemisieren von verschiedenen Standpunkten aus gegen Wittfogel. Das Gewicht dieser Schrift von Engels ist in der Vergangenheit entschieden überschätzt worden: ein typisches Beispiel dafür findet sich in einer Sondernummer von »La pensée« (Nr. 66, März/April 1956), wo die Berichte eines »Kolloquiums« veröffentlicht wurden, das im Mai 1955 über den *Ursprung der Familie* abgehalten wurde und an dem unter anderen M. Rodinson, J. Varloos, A. Handricourt (der einen der weniger »orthodoxen« Diskussionsbeiträge lieferte) und C. Perain teilgenommen hatten. In einer Fußnote zu einer seiner neueren Arbeiten *Islame Capitalismo Torino*, 1968 p. 286 [*Islam und Kapitalismus*, Ffm. 1971, Kap. III, Anm. 86] hat Rodinson seinen eigenen Beitrag an diesem Kolloquium als »stalinistisch« bezeichnet. Zu einer Neubewertung dieses Werkes von Engels (und insbesondere des Versuchs, der von Engels hier gemacht wird, die Verbindung von Naturgeschichte und Menschheitsgeschichte zu finden und zu untersuchen, vgl. S. Timpanaro, *Considerazioni sul materialismo*, in: »Quaderni Piacentini«, V, 28. September 1966, p. 86–87. In den folgenden Nummern derselben Zeitschrift sind einige Beiträge von anderen Autoren zu den von Timpanaro aufgeworfenen Problemen erschienen.

95 Engels, *Ursprung der Familie*, MEW, p. 21, 127.

entstandenen Werken geäußert haben. Beispielsweise kritisierte Marx in seinen Notizen aus den Jahren 1879-1880, daß M. Kovalevskij in seinem Werk über das Gemeineigentum an Grund und Boden auf Indien die Kategorie »Feudalismus« anwendete.[96] Noch wichtiger und bedeutender sind die lange Zeit unveröffentlicht gebliebenen Entwürfe zu einem Brief an Vera Sassulitsch aus dem Jahre 1881, von denen noch zu sprechen sein wird.

Was die letzten drei Teile des *Kapitals* betrifft, so arbeitete Marx daran bekanntlich, mit Unterbrechungen allerdings, ungefähr zwanzig Jahre, ohne sie zu Ende führen zu können: sie wurden erst posthum von Engels und (der letzte) von Kautsky herausgegeben. Aber auch in diesen drei Teilen kann man keine Anzeichen dafür finden, daß sie ihre Ansichten über die hier interessierenden Probleme geändert hätten.

Die entschiedene Gegenüberstellung von Kapitalismus auf der einen und allen vorkapitalistischen Gesellschaftsformationen auf der anderen Seite findet sich auch hier. Wie wir schon gesehen haben, ist sie äußerst charakteristisch für das Marxsche Vorgehen: Marx spricht häufig von »früheren ökonomischen Epochen der Gesellschaftsstruktur«, die er gegen den Kapitalismus abgrenzt: »aber erst die kapitalistische Warenproduktion wird zu einer epochemachenden Ausbeutungsweise, die ... alle früheren Epochen unvergleichbar übergipfelt.«[97] Auch hier also, wie bereits in den *Grundrissen*, die Abgrenzung zu »Hörigkeitssystemen« und der Form »mehr oder weniger primitiver Gemeinwesen, ob diese nun mit Hörigkeits- oder Sklavereiverhältnissen versetzt seien oder nicht«.[98] Hier ist es aber nicht angebracht, weiter auf diese Aspekte einzugehen.

Marx schreibt, daß der juristische Begriff »freies Privateigentum« erst von den Europäern nach Asien importiert wurde, wo kein Privateigentum an Boden existierte, sondern nur »sowohl Privat- wie gemeinschaftlicher Besitz und Nutznießung des Bodens«.[99] Der Staat, der orientalische Despot, ist der »oberste Grundherr« und besitzt als solcher Anspruch auf das Mehrprodukt. Hier fallen Rente und Steuer zusammen und ihre vor-

---

96 Vgl. D. Thorner, *Marx on India*, a. a. O., p. 61 f.; Ter-Akopjan, Razvitie, a. a. O., in: »Narody Azii i Afriki«, 3, p. 81 f.
97 *Kapital* II, MEW 24, p. 42.
98 Ebd., p. 474.
99 *Kapital* III, MEW 25, p. 799.

wiegende Form ist die Naturalrente, die »ganz geeignet (ist), die Basis stationärer Gesellschaftszustände abzugeben«[100]. Die Einheit von kleiner Agrikultur und häuslicher Industrie und das Gemeineigentum an Boden bilden die ursprüngliche Basis der in Indien und China vorherrschenden Produktionsweise:

»Die Hindernisse, die die innere Festigkeit und Gliederung vorkapitalistischer, nationaler Produktionsweisen der auflösenden Wirkung des Handels entgegensetzt, zeigt sich schlagend im Verkehr der Engländer mit Indien und China. Die breite Basis der Produktionsweise ist hier gebildet durch die Einheit kleiner Agrikultur und häuslicher Industrie, wobei noch in Indien die Form der auf Gemeineigentum am Boden beruhenden Dorfgemeinden hinzukommt, die übrigens auch in China die ursprüngliche Form war. In Indien wandten die Engländer zugleich ihre unmittelbare politische und ökonomische Macht, als Herrscher und Grundrentner, an, um diese kleinen ökonomischen Gemeinwesen zu sprengen. Soweit ihr Handel hier revolutionierend auf die Produktionsweise wirkt, ist es nur, soweit sie durch den niedrigen Preis ihrer Waren die Spinnerei und Weberei, die einen uralt-integrierenden Teil dieser Einheit der industriell-agrikolen Produktion bildet, vernichten und so die Gemeinwesen zerreißen. Selbst hier gelingt ihnen dies Auflösungswerk nur sehr allmählich. Noch weniger in China, wo die unmittelbare politische Macht nicht zu Hilfe kommt.«[101]

In den *Theorien über den Mehrwert* zitiert Marx Jones und Bernier, wenn er von den asiatischen Städten als »Feldlagern« des Souveräns spricht, oder von Orten, in denen die Regierung das Mehrprodukt für den eigenen Unterhalt ausgibt. In offensichtlicher Zustimmung zitiert er einen Passus von Jones, in dem dieser die Ansicht vertritt, daß in den ländlichen Bezirken Indiens die Handwerker dadurch erhalten werden, »daß ihnen ein Teil der gemeinsamen Revenue aller Dorfbewohner zugewiesen wird, und daß das »Mehrprodukt vom Boden« in Asien »durch den Staat und seine Beamten verteilt«[102] wurde.

---

100 Ebd., p. 804.
101 Ebd., p. 346.
102 K. Marx, *Das Kapital. Kritik der politischen Ökonomie. Vierter Band: Theorien über den Mehrwert*, MEW 26. 3, p. 427 f. (vgl. ebd., p. 392, 406 und 412). Hinweise auf Asien auch im ersten und zweiten Teil der *Theorien über den Mehrwert. Theorien über den Mehrwert*, MEW 26. 3, p. 428.

Ein letztes, aber nicht weniger interessantes Kapitel in der Entwicklung des Denkens von Marx und Engels über die asiatischen Gesellschaften stellt ihre Haltung gegenüber Rußland dar. Lange Zeit identifizierten sie Rußland im wesentlichen mit grausamstem Despotismus und hielten es für die Festung der europäischen Konterrevolution. Daher begrüßten sie mit großem Interesse alles, was zur Zerstörung oder auch nur zur Schwächung der Basis des zaristischen Imperiums beitrug: revolutionäre Kriege, Kriege zwischen Staaten, Bewegungen der unterdrückten Nationen. Darüber hinaus ließen sie sich keine Gelegenheit entgehen, alles das anzugreifen, was ihnen als reaktionärer Hintergrund des Panslawismus erschien. Aber bis zum Anfang der 60er Jahre kann man gewiß nicht behaupten, daß die innere Lage Rußlands und die in ihr enthaltenen Möglichkeiten im Zentrum ihres Interesses standen. Eine neue Haltung wurde aber verursacht einmal durch die Bauernaufstände in den Jahren 1858-1862 und die sich anschließenden Reformen, die eine neue Periode in der russischen Sozialgeschichte zu eröffnen schienen, zum andern durch die fortschreitende Verbreitung des Volkstümlertums und später durch das Entstehen der ersten russischen Gruppen mit marxistischem Anspruch.

Wenn sie auch polemisch gegen die Volkstümler und den von ihnen verbreiteten Mythos von Obščina und Artel' auftraten, so mußten Marx und Engels doch die zunehmende Bedeutung der revolutionären Ansätze der Narodniki im Auge behalten. Diese veranlaßten Marx und Engels zu einem eingehenderen Studium der sozialen Lage Rußlands und der revolutionären Perspektiven, die dort möglich schienen. Ihre Position in den Jahren nach 1860 kann folgendermaßen zusammengefaßt werden: ein Fortbestehen von urkommunistischen Institutionen in Rußland kann nicht geleugnet werden; es ist auch möglich, daß Rußland sich dank dieser Institutionen in eine kommunistische Gesellschaft transformieren kann, ohne dieselben Etappen wie die Länder des Westens zu durchlaufen, d. h. ohne Freuden und Leiden des Kapitalismus kennenzulernen. Diese Möglichkeit setzt jedoch zwei Bedingungen voraus: erstens daß sich die Revolution innerhalb kurzer Zeit vollzieht und dadurch das zerstörerische Werk des sich entwickelnden Kapitalismus auf dem Lande unterbrechen kann; zweitens daß diese Revolution von der des

Proletariats in den fortgeschritteneren Ländern des Westens begleitet ist. Werden diese Bedingungen nicht erfüllt, dann wird sich die russische Agrarkommune auflösen und das Schicksal aller primitiven Agrarkommunen erleiden, und auch das von den Panslawisten idealisierte Heilige Rußland wird den Triumph des Kapitalismus wie alle anderen »profanen Nationen« kennenlernen.[103]

Als er 1875 gegen Tkačëv polemisierte, beschrieb Engels das zaristische Rußland als einen »orientalischen Despotismus«, gegen den sich der wachsende Protest der Bauernmassen und »der aufgeklärten Klassen und namentlich ... der rasch wachsenden hauptstädtischen Bourgeoisie«[104] erhob. Er behauptete, daß die Aufhebung der Leibeigenschaft »dem Gemein-Eigentum den schwersten Stoß versetzt«[105], fügte aber hinzu, daß dieses gerettet werden könne, wenn in Westeuropa eine proletarische Revolution siegen würde, und daß diese dann den russischen Bauern die nötige Hilfe leisten würde, um ihnen zu ermöglichen, das Stadium des parzellierten bürgerlichen Eigentums zu umgehen.[106] Zwei Jahre später zeigte Marx in einem Brief an die Redaktion der »Otečestvennye zapiski« zahlreiche Symptome dafür auf, daß Rußland seit 1861 dabei war, denselben Weg wie die kapitalistischen Nationen Westeuropas zu beschreiten: »Fährt Rußland fort, den Weg zu verfolgen, den es seit 1861 eingeschlagen hat, so wird es die schönste Chance verlieren, die die Geschichte jemals einem Volk dargeboten hat, um dafür alle verhängnisvollen Wechselfälle des kapitalistischen Systems durchzumachen.«[107] An einer sehr wichtigen Stelle dieses Briefes lehnte er eine Interpretation ab, die dazu neigt, aus der im

---

103 Vgl. zu diesen Problemen auch K. A. Wittfogel, *The Marxist View of Russian Society*, in: »World Politics«, XII, Juli 1960, p. 487–508; F. Venturi, *Il populismo russo*, 2 Bände, Turin 1952, [englisch: *Roots of Revolution. A History of the Populist and Socialist Movements in Nineteenth Century Russia*, 850 S., London 1960]; V. Zilli, *La rivoluzione russa del 1905*, I, *La formazione dei partiti politici (1881–1904)*, Napoli 1963; E. H. Carr, *A History of Soviet Russia*, 1–3: *The Bolshevik Revolution*, London 1950–1953.
104 *India Cina Russia* a. a. O., pp. 216–230, [F. Engels, *Flüchtlingsliteratur. I. Soziales aus Rußland*, in: »Der Volksstaat«, 21. April 1875, MEW 18, p. 563.]
105 Ebd., p. 567.
106 Ebd., p. 654.
107 K. Marx, Brief an die Redaktion der »Otečestvennye zapiski« (etwa November 1877), MEW 19, p. 108.

Kapital beschriebenen Entwicklung eine Art von verbindlichem Weg für die Geschichte aller Völker zu machen:

»Das Kapitel über die ursprüngliche Akkumulation will nur den Weg schildern, auf dem im westlichen Europa die kapitalistische Wirtschaftsordnung aus dem Schoß der feudalen Wirtschaftsordnung hervorgegangen ist. Es stellt also die geschichtliche Bewegung dar, die, indem sie die Produzenten von ihren Produktionsmitteln trennte, die ersteren in Lohnarbeiter (Proletarier im modernen Sinne des Wortes) und die Besitzer der letzteren in Kapitalisten verwandelte ... Aber das ist meinem Kritiker[108] zu wenig. Er muß durchaus meine historische Skizze von der Entstehung des Kapitalismus in Westeuropa in eine geschichtsphilosophische Theorie des allgemeinen Entwicklungsganges verwandeln, der allen Völkern schicksalsmäßig vorgeschrieben ist, was immer die geschichtlichen Umstände sein mögen, in denen sie sich befinden, um schließlich zu jener ökonomischen Formation zu gelangen, die mit dem größten Aufschwung der Produktivkräfte der gesellschaftlichen Arbeit die allseitigste Entwicklung des Menschen sichert. Aber ich bitte ihn um Verzeihung. (Das heißt mir zugleich zu viel Ehre und zu viel Schimpf antun.)«[109]

Im März 1881 schrieb Marx einen Brief an Vera Zasulič, die ihn, auch im Namen anderer russischer Emigranten in Genf (u. a. Plechanov und Axelrod) nach seiner Meinung über die Aussichten der russischen Landkommune gefragt hatte:

»Die im ›Kapital‹ gegebene Analyse enthält also keinerlei Beweise – weder für noch gegen die Lebensfähigkeit der Dorfgemeinde, aber das Spezialstudium, das ich darüber getrieben und wofür ich mir Material aus Originalquellen beschafft habe, hat mich davon überzeugt, daß diese Dorfgemeinde der Stützpunkt der sozialen Wiedergeburt Rußlands ist; damit sie aber in diesem Sinne wirken kann, müßte man zuerst die zerstörenden Einflüsse, die von allen Seiten auf sie einstürmen, beseitigen und ihr sodann die normalen Bedingungen einer natürlichen Entwicklung sichern.«[110]

Der Brief war sehr kurz und im Grunde zweideutig, obwohl ihm

---

108 Der Volkstümler Nikolaj Konstantinovič Michajlovskij (1842–1894). vgl. a. B. Maffi in: *India Cina Russia*, a. a. O., p. 294, Anmerkung 45.
109 Brief an die Redaktion der »Otečestvennye zapiski«, MEW 19, p. 108 und 111.
110 Brief von Marx an Vera Ivanovna Zasulič am 8. März 1881, MEW 35, p. 167.

viele ausführliche und reflektierte Entwürfe[111] vorausgegangen waren, die zur Genüge Marxens Verlegenheit gegenüber der Bitte von Vera Zasulič bezeugen. Es konkurrierten für ihn wahrscheinlich zwei Motive: einerseits die Befürchtung, daß seine Position als den Narodniki zu nahestehend interpretiert werden könnte; andererseits die Absicht, eine mechanische Übertragung der Entwicklung, wie sie im *Manifest* oder anders im *Kapital* umrissen war, auf die gesellschaftliche Lage Rußlands zu verhindern: eine Tendenz, die in der Gruppe um Vera Zasulič bereits vorhanden war, die darüber hinaus bei den Menschewiki viel Erfolg gehabt haben würde. Die Zweideutigkeit von Marx erhält so die Bedeutung einer Aufforderung, sich nicht mit Formeln und Schemata zu begnügen, sondern aufmerksam die verschiedenen konkreten Situationen und Aktionsmöglichkeiten zu untersuchen. Die Entwürfe zu diesem Brief enthalten jedenfalls eine Reihe von außerordentlich interessanten Betrachtungen:
»Wenn man sehr weit zurückblickt, findet man überall in Westeuropa das Gemeineigentum eines mehr oder weniger archaischen Typus'; es ist mit dem gesellschaftlichen Fortschritt überall verschwunden. Warum sollte es demselben Schicksal allein in Rußland entgehen? Ich antworte: Weil in Rußland, dank eines einzigartigen Zusammentreffens von Umständen, die noch in nationalem Maßstab vorhandene Dorfgemeinde sich nach und nach von ihren primitiven Wesenszügen befreien und sich unmittelbar als Element der kollektiven Produktion in nationalem Maßstab entwickeln kann. Gerade auf Grund ihrer Gleichzeitigkeit mit der kapitalistischen Produktion kann sie sich deren positive Errungenschaften aneignen, ohne ihre furchtbaren Wechselfälle durchzumachen. Rußland lebt nicht isoliert von der modernen Welt, noch weniger ist es die Beute eines fremden Eroberers wie Ostindien.«[112]
»Dort – in Ostindien – begegnen wir ihr [sc. der Dorfgemeinde] auch und immer als der *letzten Stufe* oder letzten Periode der archaischen Formation.«[113]
»Deshalb stellt die ›Ackerbaugemeinde‹ überall *den jüngsten Typus* der archaischen Gesellschaftsformation dar, und deshalb erscheint in der historischen Entwicklung des alten und des mo-

---

111 Entwürfe zum Brief an Vera I. Zasulič, vgl. MEW 19, p. 384–406.
112 Ebd., p. 384 f.
113 Ebd., p. 387

dernen Westeuropas die Periode der Ackerbaugemeinde als Übergangsperiode vom Gemeineigentum zum Privateigentum, als Übergangsperiode von der primären zur sekundären Formation. Aber heißt das, daß unter allen Umständen die Entwicklung der ›Ackerbaugemeinde‹ diesen Weg nehmen muß? Keineswegs. Ihre Grundform läßt diese Alternative zu: entweder wird das in ihr enthaltene Element des Privateigentums über das kollektive Element, oder dieses über jenes siegen. Alles hängt von dem historischen Milieu ab, in dem sie sich befindet ... diese beiden Lösungen sind a priori möglich.«[114]
»Um die russische Gemeinde zu retten, ist eine russische Revolution nötig ... Wenn die Revolution zur rechten Zeit erfolgt, wenn sie alle ihre Kräfte konzentriert, um den freien Aufschwung der Dorfgemeinde zu sichern, wird diese sich bald als ein Element der Regeneration der russischen Gesellschaft und als ein Element der Überlegenheit über die vom kapitalistischen Regime versklavten Länder entwickeln.«[115]
Ein Jahr später, 1882, schrieben Marx und Engels gemeinsam die Einleitung zur zweiten russischen Ausgabe des *Manifests*, die mit folgenden Worten schloß: »Wird die russische Revolution das Signal einer proletarischen Revolution im Westen, so daß beide einander ergänzen, so kann das jetzige russische Gemeineigentum am Boden zum Ausgangspunkt einer kommunistischen Entwicklung dienen.«[116]
Als er fast 30 Jahre zuvor die historischen Prozesse in Indien untersuchte, hatte Marx implizit die Möglichkeit eines autonomen Fortschritts in einer orientalischen Gesellschaft ausgeschlossen und im Kapitalismus die wahre und einzige revolutionäre Kraft gesehen. Der bereits einige Jahre später einsetzende größere Widerstand Chinas gegen den Angriff des Kapitalismus löste bei ihm neue Überlegungen aus. In den letzten Jahren seines Lebens kam er durch das Studium der sozialen Lage Rußlands dazu, zuzugestehen, daß unter gewissen Bedingungen der Übergang zu einer höheren Form des Kommunismus möglich sei, ohne die kapitalistische Phase zu durchlaufen. Wenn man sich auch vergegenwärtigt, daß Rußland Marx damals als ein »halb-

---

114 Ebd., p. 388 f.
115 Ebd., p. 395.
116 Vorrede zur zweiten russischen Ausgabe des *Manifests der Kommunistischen Partei*, MEW 19, p. 296.

barbarisches«, Indien und China gegenüber fortgeschrittenes Land erschien, so ist doch eine graduelle Entwicklung des Marxschen Denkens in diesem Punkt unbestreitbar. Eine – wenn auch kaum wahrnehmbare – unterschiedliche Position kann man dagegen in den Schriften von Engels über Rußland finden. Engels stand den Möglichkeiten eines Fortschritts in der Agrarkommune skeptischer gegenüber und neigte eher dazu, in der kapitalistischen Entwicklung die letzte und notwendige Etappe des Prozesses zur Errichtung des Sozialismus zu sehen. Nach 1890 wurde für Engels, der die täglichen Fortschritte des Kapitalismus in Rußland verfolgte, die Möglichkeit immer unwahrscheinlicher, aus der Agrarkommune die Basis für eine Regeneration der russischen Gesellschaft zu schaffen. In seinen Schriften zwischen 1892 und 1894 kann man leicht verfolgen, wie sich diese Überzeugung nach und nach entwickelt hat:

»Und es scheint mir offensichtlich zu sein, daß la grande industrie en Russie tuera la coummune agricole, wenn nicht andere große Veränderungen vor sich gehen, die die οδμνχα erhalten könnten.«[117]

»Ich kann nun nicht einsehen, inwiefern die Resultate der industriellen Revolution, die sich in Rußland vor unseren Augen abspielt, in irgendeiner Beziehung von denen verschieden sind, die sich in England, Deutschland, Amerika zeigen oder gezeigt haben.«[118]

»Wären wir im Westen in unserer eigenen ökonomischen Entwicklung schneller gewesen, hätten wir das kapitalistische System vor zehn oder zwanzig Jahren stürzen können, dann hätte Rußland vielleicht noch Zeit gehabt, die Tendenz seiner eigenen Entwicklung zum Kapitalismus zu umgehen.«[119]

»Nur wenn die kapitalistische Wirtschaft in ihrer Heimat und in den Ländern ihrer Blüte überwunden ist, nur wenn die zurückgebliebenen Länder an diesem Beispiel sehn, ›wie man's macht‹, wie man die modernen industriellen Produktivkräfte als gesellschaftliches Eigentum in den Dienst der Gesamtheit stellt, nur dann können sie diesen abgekürzten Entwicklungsprozeß in Angriff nehmen. Dann aber auch mit sicherm Erfolg.

---

[117] Engels an Nikolai Franzewitsch Danielson am 18. Juni 1892, MEW 38, p. 366.
[118] Engels an Nikolai Franzewitsch Danielson am 22. September 1892, MEW 38, p. 468.
[119] Engels an N. F. Danielson am 24. Februar 1893, MEW 39, p. 37.

Und dies gilt von allen Ländern vorkapitalistischer Stufe, nicht nur von Rußland.«[120]

Abschliessende Bemerkungen

In einigen seiner Schriften, insbesondere in der *Deutschen Ideologie* und im *Vorwort* zur *Kritik der politischen Ökonomie* entfaltete Marx in Grundzügen eine materialistische Geschichtsauffassung. In anderen Werken – beispielsweise *Die Klassenkämpfe in Frankreich 1848 bis 1850*, *Der achtzehnte Brumaire des Louis Bonaparte*, die Schrift über die *Formen, die der kapitalistischen Produktion vorhergehn*, das berühmte 24. Kapitel des *Kapitals* über die *ursprüngliche Akkumulation* und dasjenige, das *Geschichtliches über das Kaufmannskapital* enthält – versuchte er, bestimmte historische Ereignisse zu erfassen.
Es läßt sich nicht leugnen, daß im Denken von Marx das Bestreben angelegt ist, allgemeine Gesetze der historischen Entwicklung zu bestimmen. Trotzdem ergibt sich daraus bei Marx keineswegs eine in jeder Hinsicht abgeschlossene und definitive Theorie. Auf den vorausgegangenen Seiten wurde bereits zur Genüge betont, wie komplex Marxens Denken über die vorbürgerlichen sozio-ökonomischen Formationen ist. Aber auch wenn Marx allgemeine Gesetze der historischen Dynamik formuliert, ist sein Vorgehen sehr vorsichtig und komplex. Eine schematische und banalisierende Interpretation eines berühmten Abschnittes aus dem *Vorwort* von *Zur Kritik der politischen Ökonomie* hat die Marxsche Geschichtsauffassung zumindest tendenziell reduziert auf eine Art Verfolgungsrennen zwischen Produktivkräften und Produktionsverhältnissen, bei dem der Klassenkampf nichts als eine reine Erscheinungsform sein soll. Wenn die Produktivkräfte die Produktionsverhältnisse überholen, wäre automatisch der revolutionäre Sprung und mit ihm der Übergang zu einer neuen und höheren Produktionsweise geschaffen. In Wirklichkeit hat Marx' Auffassung von dem Verhältnis zwischen Produktivkräften und Produktionsverhältnissen nichts mit dem Schematismus gemein, den sie in der Fassung von einigen seiner Epigonen erhalten hat. Man kann Marx keine idealistische Dialektik imputieren, denn er orientiert sich am realen

---

[120] Nachwort zu *Soziales aus Rußland*, MEW 22, p. 428 f.

Prozeß der Gesellschaftsformationen in sehr differenzierter Art, die einen großen Komplex historisch-geographischer Elemente berücksichtigt. Das Entstehen des Kapitalismus oder des Feudalismus wird nie einfach dadurch erklärt, daß sich die Widersprüche der vorhergegangenen Gesellschaftsformationen aufheben.[121] Wer davon nicht überzeugt ist, sollte das Manuskript über die *Formen, die der kapitalistischen Produktion vorhergehn* oder die »historischen« Kapitel des *Kapitals* wieder lesen.

Marx' Interessen waren in keiner Weise historisch im professionell-traditionellen Sinn des Wortes. Seine Studien wollten das Wesen und die Charakterzüge des Kapitalismus sowie die Möglichkeiten und die Arten seiner revolutionären Umwälzung erhellen. Wenn er sich mit den vorkapitalistischen Gesellschaftsformationen beschäftigte, tat er es im allgemeinen nur im Rahmen der oben genannten Perspektive – in Abschnitten von überlegener Klarsichtigkeit. Er bemühte sich, verschiedene sozio-ökonomische Formationen der Vergangenheit mit Hilfe der Kategorien zu erfassen, die sich durch Darstellung und Analyse des *Kapitals* ergeben hatten: Kategorien, die man in gewisser Hinsicht als »Invarianten« jeder Produktionsweise betrachten kann.

Marx schreibt dazu im zweiten Band des *Kapitals:*

»Welches immer die gesellschaftlichen Formen der Produktion, Arbeiter und Produktionsmittel bleiben stets ihre Faktoren. Aber die einen und die andern sind dies nur der Möglichkeit nach im Zustand ihrer Trennung voneinander. Damit überhaupt

---

[121] In diesem Sinn – entgegen den Ansichten von G. Procacci (*Dal feudalesimo al capitalismo: una discussione storica,* in: »Società, XI, 1955, I, p. 123–138) – scheint es mir, daß P. M. Sweezy von den Wissenschaftlern, die an der bekannten Debatte, die zwischen 1950 und 1953 in »Science and Society« geführt wurde, teilnahmen, Marx am nächsten ist. (Diese Debatte ist in Buchform erschienen: *The Transition from Feudalism to Capitalism,* London o. J., mit Beiträgen von P. M. Sweezy, M. Dobb, H. K. Takahashi, R. H. Hilton, C. Hill.) Es muß hinzugefügt werden, daß eine genaue Untersuchung über das Konzept des »Feudalismus« und den Gebrauch dieses Terminus bei Marx noch fehlt. Unzureichend, weil zu verkürzt, ist: Boutruche, *Seigneurie et féodalité,* I, *Le premier âge des liens d'homme à homme,* Paris 1959, p 18. Interessante Bemerkungen bei: M. Rodinson, *Islam und Kapitalismus,* a. a. O.; Hobsbawm, Vorwort, a. a. O.; O. Lattimore, *Feudalism in History,* in: »Past and Present«, 12. November 1957, p. 47–57, jetzt in *Studies in Frontier History,* London 1962, p. 542–551; C. Cahen, *Réflexions sur l'usage du mot de féodalité. A props d'un livre récent,* in: »Journal of the Economic and Social History of the Orient«, III (1960), I, p. 4–20. Vgl. auch L. Krieger, *Marx and Engels as Historians,* in: »Journal of the History of Ideas«, XIV (1953), p. 381–403.

produziert werde, müssen sie sich verbinden. Die besondere Art und Weise, worin diese Verbindung bewerkstelligt wird, unterscheidet die verschiednen ökonomischen Epochen der Gesellschaftsstruktur.«[122]

Der französische Theoretiker Balibar, der von ähnlichen Voraussetzungen ausgeht, wie sie hier dargelegt worden sind, gelangt zu einer »strukturalistischen« Interpretation des historischen Materialismus.[123] Er vertritt die These, daß der Unterschied der verschiedenen Produktionsweisen darin besteht, daß die Relationen zwischen einer kleinen Zahl von gleichbleibenden Elementen jeweils variiert werden. Jedes dieser Elemente ist in seinem Ursprung sowie in seiner Geschichte unabhängig und unterschiedlich. Diese Interpretation läuft einerseits darauf hinaus, die Einheit des historischen Prozesses in tausend besondere Bewegungen der Geschichte aufzulösen, während sie andererseits den Übergang von einer Produktionsweise zu einer anderen einer Art mysteriöser Alchimie überläßt (der »Variation der Relationen«), die keine wirkliche Erklärung sein kann. Tatsächlich begreift Balibar den dialektischen Charakter nicht, den die Marxschen Definitionen der verschiedenen Produktionsweisen haben: diese werden als widersprüchliche statische Bestimmungen dargestellt. Zudem, wie Korsch zu Recht bemerkte, erhalten diese fundamentalen Kategorien der marxistischen Theorie der Gesellschaft ihre volle Gültigkeit nur im Bereich der Produktionsweise, an der sie erkannt worden sind (d. h. der kapitalistischen), während sie in den verschiedenen Epochen der Menschheitsgeschichte unterschiedliche Bedeutungen annehmen. Jede Produktionsweise besitzt eine besondere Form der Vermittlung zwischen materieller Basis und politischem und juristischem Überbau und sogar eigene, spezifische Entwicklungsgesetze.[124] Um diese Probleme zu vertiefen, muß die Theorie noch einen langen Weg zurücklegen.

Keineswegs gibt es irgendeine *Notwendigkeit* in der geschichtlichen Entwicklung. Diese vollzieht sich entsprechend ihren spezifischen Voraussetzungen in verschiedenen Weisen und kann auch Verzögerungen und Rückschläge erfahren. In Europa entsteht

---

122 *Kapital* II, a a O., p. 42.
123 E. Balibar, *Sur les concepts fondamentaux du matérialisme historique*, in: L. Althusser, E. Balibar, R. Establet, *Lire le capital*, II, Paris 1965, p. 279, 288 und passim.
124 Karl Korsch, *Karl Marx*, Ffm. 1967.

beispielsweise der Kapitalismus aus vielfältigen historischen Gründen, zu denen neben dem Charakter der alten Produktionsweise »bekanntlich Eroberung, Unterjochung, Raubmord, kurz Gewalt«[125] zählen. Der Kapitalismus modifiziert schließlich auf Grund seines eigenen Wesens, das ihn zu seiner Expansion auf Weltebene zwingt, die Entwicklungsbedingungen und -rhythmen aller Völker. Man kann aber bei Marx über die »Vorgeschichte« des Kapitals keine »unilineare« Theorie finden. Höchstens kann man sagen, daß Sklaverei, Feudalismus und Kapitalismus tatsächlich in Europa historisch aufeinandergefolgt sind. Im übrigen schreibt Marx niemals, daß der Feudalismus notwendig den Kapitalismus hervorbringen muß, oder umgekehrt, daß der Kapitalismus aus dem Feudalismus entstehen muß; er schreibt nur, daß diese Entwicklung in Europa in der Neuzeit eingetreten ist. Es ist schwierig, strukturelle Gründe dafür zu finden, daß die Trennung des Arbeiters von den Arbeitsmitteln, die primäre Voraussetzung des Kapitalismus, nicht auch anderswo stattfinden konnte.

Aus den bereits genannten Gründen kann man einer »dogmatischen« Interpretation der Marxschen Theorie über die vorbürgerlichen Produktionsweisen nicht dadurch entgehen, daß man das traditionelle Schema einfach durch das Einfügen einer oder mehrerer neuer Produktionsweisen erweitert, oder daß man zwei oder drei abweichende Entwicklungslinien konzediert. Daraus würde nichts anderes als ein neuer, modernisierter und subtiler gewordener Dogmatismus resultieren, der aber ebensowenig auf Marx sich berufen könnte. Der Dogmatismus kann einzig und allein überwunden werden durch eine breitere Analyse des Marxschen Vorgehens und durch eine neue, kritische Wendung der Konzeption des historischen Materialismus, vor allem des Begriffs der »Produktionsweise«, deren Interpretation gewiß große Schwierigkeiten bereitet. Was Marx genau meint, wenn er von »Produktionsweisen«, von »ökonomischen Formationen«, von »Epochen« der Menschheitsgeschichte spricht, ist ein in der marxistischen Theorie noch weitgehend offenes Problem. Die vorausgegangenen Kapitel beabsichtigen nur, mit Hilfe einer in gewissem Sinne philologischen Bestandsaufnahme eines speziellen Problems Material zu liefern, das für dieses erneute Überdenken nützlich sein kann.

---

[125] *Kapital* I, a. a. O., p. 742.

Bei der Betrachtung asiatischer Gesellschaftsformationen stellen wir fest, daß das Denken von Marx sich auch hier – wie auf anderen Gebieten – entwickelt hat, was zum einen beruht auf der Erweiterung seiner spezifischen Kenntnisse – vom ursprünglichen Einfluß Hegels über das Studium von Ökonomen, Historikern und Reisenden bis hin zu dem von Rechtshistorikern und Ethnologen wie Maurer und Morgan –, zum andern auf der direkten Auseinandersetzung mit zeitgenössischen Ereignissen. Sein Gedankengang ist nicht immer durchsichtig und kohärent. Aber auch hier darf man nicht vergessen, daß Marx nicht nur ein »Stubengelehrter«, sondern vielmehr ein Mann war, der ein leidenschaftliches Interesse daran hatte, die Entwicklung des konkreten Geschichtsablaufs zu verfolgen und an auftretenden revolutionären Möglichkeiten festzuhalten. Es ist sehr schwierig, aus Marx' Werken eine genaue Definition der »asiatischen Produktionsweise« herauszuschälen; wir haben es nicht zufällig vorgezogen, diesen Terminus so wenig wie möglich zu gebrauchen und stattdessen konkret der Entwicklung der Marxschen Auffassung von asiatischen Gesellschaftsformationen nachzugehen. Darüber hinaus haben wir soweit wie möglich versucht, das scheinbare Mißverständnis, das im äquivoken Gebrauch des Adjektivs »asiatisch« liegt, zu beseitigen. Wie wir gesehen haben, benutzt Marx dieses Adjektiv einerseits als Synonym für »naturwüchsiges Gemeinwesen«, andererseits, um damit bestimmte Merkmale der asiatischen Gesellschaft zu charakterisieren (besonders in historisch-geographischer Beziehung, wenn auch nicht auf Asien beschränkt, man denke an das alte Ägypten, an die Etrusker, an Mexiko, Peru, usw.).

Prinzipiell kann man sagen, daß asiatische Gesellschaftsformationen für Marx charakterisiert wurden durch das Fortbestehen (auf Grund historischer und geographischer Elemente) einer archaischen Form der Sozialstruktur, der Eigentumsorganisation und der Arbeitsteilung[126]: diese Form ist gegenüber dem schnel-

---

126 Zu Recht hat E. Collotti-Pischel unterstrichen, daß »Marx die ›asiatische Produktionsweise‹ gewiß für sehr rückständig hielt«. Dagegen stimme ich mit ihr nicht überein – aus Gründen, die wie ich hoffe klar genug geworden sind – wenn sie schreibt: »In seiner ›Hierarchisierung‹ der Produktionsweisen ist er wahrscheinlich (... die verstreuten Schriften von Marx über die asiatische Produktionsweise widerspiegeln seine Ansichten der letzten Jahre) vom Positivismus beeinflußt worden, dem es gelungen ist, vor allem in der außereuropäischen Frage die romantisch-humanistische Komponente des revolutionären Voluntarismus bei Marx zu neutralisieren.« Richtig dagegen ist, und wir werden im folgenden ausführlicher darauf

leren Fortschritt des Westens im wesentlichen unwandelbar und nur in beschränktem Maße zu einer autonomen Entwicklung zu höheren Formen fähig. Aber auch Marxens Ansicht zu diesem Problem war, wie wir gesehen haben, Schwankungen ausgesetzt, die hauptsächlich durch die in China und Rußland stattfindenden Ereignisse verursacht wurden.

Es ist ferner interessant, daß bei Marx eine Akzent- und Interessenverschiebung stattfindet gegenüber einer langen Tradition, die in Hegels *Vorlesungen* gipfelt: von der Spitze der Pyramide, dem »orientalischen Despotismus«, zu ihrer Basis, der naturwüchsigen Agrargemeinschaft. Marx dachte jedenfalls nie daran, daß die asiatischen Gesellschaften die »Phasen« einer »Sklavenhalter«- oder »Feudalgesellschaft« durchlaufen müßten.

Schließlich soll noch ausdrücklich darauf hingewiesen werden, daß Marx, der mit anderen Problemen beschäftigt war, seine Untersuchung über die zeitgenössischen asiatischen Gesellschaften nicht hinreichend vertiefte. Es wäre aber falsch anzunehmen, daß er das Indien oder China seiner Zeit für konkrete und lebendige Beispiele des *Modells* der »asiatischen Produktionsweise« hielt: er war vielmehr der Ansicht, daß Spuren und Überreste jenes Modells, »wenn auch zum Teil ruinenweise«, in der ökonomischen und sozialen Struktur der asiatischen Länder noch sichtbar seien.

Die konsequente Marxsche Analyse der ökonomischen Prozesse fiel andererseits zusammen mit einem – soweit es das historische und ethnographische Wissen seiner Zeit erlaubte – fundierten Begreifen der nichteuropäischen Kulturen, der in ihnen enthaltenen Werte, der Möglichkeiten, daß diese eines Tages aktiv zur allgemeinen Befreiung der Menschheit beitragen können; vor allem aber mit einer leidenschaftlichen Anteilnahme am tragischen Schicksal jener Völker, die vor seinen Augen Opfer des Kolonialismus und des kapitalistischen Akkumulationsprozesses in den Ländern des Westens wurden.

---

eingehen, daß »die Urteile von Marx über Asien leicht mißbraucht werden können zu einer Polemik gegen die antikoloniale Revolution«. (Su alcune interpretazioni della figura di Mao Tse-tung, »Studi storici«, VI, 1965, 4, p. 781.)

II. Wendepunkte in der Kontroverse über »asiatische Produktionsweise«

Die II. Internationale und Asien

Die Komplexität, von der die Marxsche Behandlung der asiatischen Gesellschaftsformation gekennzeichnet ist – und die gewiß auch einigen der repräsentativsten Vertreter der II. Internationale wie Kautsky und Rosa Luxemburg bekannt war[1] – mußte bald das Feld räumen und zugunsten einer fast allgemein akzeptierten Identifikation von »asiatischer Produktionsweise« (gleichgültig, ob man diesen Terminus verwendet oder nicht) mit »primitiver Wirtschaft«, »ökonomischer Rückständigkeit«, »Barbarei«, »Stagnation« und »Unfähigkeit zu autonomer Entwicklung«. Am Ende des 19. Jahrhunderts hatten sich in der Tat die historischen Bedingungen tiefgreifend verändert. Jener Prozeß, dessen Beginn Marx aufgegriffen und analysiert hatte, das Aufeinanderprallen von Asien und dem Kapitalismus nämlich, war dabei, immer größere Ausmaße anzunehmen. Die ihrem Höhepunkt zutreibende Expansion des Imperialismus in Asien und Afrika konfrontierte die europäischen Sozialisten mit neuen politischen Problemen, die immer schwerwiegender und belastender wurden.[2] Die ersten Reaktionen auf den imperialistischen Ansturm der letzten Jahrzehnte des 19. Jahrhunderts waren im we-

---

1 Von Kautsky vgl. vor allem *Die materialistische Geschichtsauffassung*, II, *Der Staat und die Entwicklung der Menschheit*, Berlin 1927, p. 94 ff., 204 ff., 226–227, 247 ff. R. Luxemburg, *L'Accumulazione del Capitale*, introd. di P. M. Sweezy, trad. di B. Maffi, Torino 1960, pp. 359 ff., 434. [Einleitung von P. M. Sweezy] [Rosa Luxemburg *Die Akkumulation des Kapitals. Ein Beitrag zur ökonomischen Erklärung des Imperialismus*, Berlin 1913].

2 Hier stützen wir uns vor allem auf folgende Arbeiten: H. Carrère d'Encausse – S. Schram, *Marxism and Asia*, a. a. O.; *La Deuxième Internationale et l'Orient*, hrsg. von G. Haupt und M. Rébérioux, Paris 1968 (dieser Band enthält auch einige Beiträge über *Le socialisme et la question coloniale avant 1914*, die bereits in einem Sonderheft von »Le Mouvement social« veröffentlicht worden sind, N. 45, Oktober–Dezember 1963); H.

sentlichen ablehnend, gleichgültig ob sie aus einem moralischen Protest gegen die die Eroberung begleitenden Grausamkeiten oder aus der Überlegung heraus entstanden, daß der Imperialismus einzig der Bourgeoisie unmittelbare ökonomische Vorteile verschaffe. Gerade die allmähliche Aufgabe dieser Haltung eröffnete eine neue Phase mit der Auffassung, die Ausbeutung der Kolonien sei allen, auch dem Proletariat in Europa und letzten Endes sogar den unterdrückten Völkern selber nützlich.
In einem Brief an Kautsky aus dem Jahre 1882 zeigt sich Engels betroffen darüber, feststellen zu müssen, daß die englischen Arbeiter anscheinend immer mehr dazu neigen, »flott mit von dem Weltmarkts- und Kolonialmonopol Englands (zu zehren)«.[3]
Bald darauf setzte sich in »revisionistischen« Kreisen die Auffassung durch, daß die alten Prinzipien zugunsten einer »sozialistischen Kolonialpolitik« aufgegeben werden müßten.
Bereits 1896 schrieb Bernstein in der »Neuen Zeit«[4]:
»Nicht jeder Kampf beherrschter Völkerschaften gegen ihre Oberherren ist jedoch in gleicher Weise ein Emanzipationskampf. ... Kulturfeindliche und kulturunfähige Völker haben keinen Anspruch auf unsere Symphatie, wo sie sich gegen die Kultur erheben ... Wir werden bestimmte Methoden der Unterwerfung von Wilden verurtheilen und bekämpfen, aber nicht, daß man Wilde unterwirft und ihnen gegenüber das Recht der höheren Kultur geltend macht.«
Ähnliche Auffassungen vertraten unter anderen Vandervelde, Jaurès, der Holländer Van Kol und der Deutsche David. In Italien fand diese Haltung Widerhall bei Claudio Treves zur Zeit des Boxeraufstandes. In der »Critica sociale« lehnte er entschieden den alten Grundsatz von Costa, »weder Mann noch Geld« ab, der die Parole bei den vorausgegangenen antiimperialistischen Kampagnen des italienischen Sozialismus gewesen war. Treves schrieb, daß sich die sozialistische Partei nicht von der kapitalistischen Eroberung Asiens distanzieren solle und sehen müsse, daß, je friedlicher und rein ökonomischer motiviert eine solche Eroberung verlaufe, um so mehr die bisher vermißte Sicher-

---

B. Davis, *Nationalism and Socialism*, a. a. O.; D. Boersner, *The Bolsheviks and the National and Colonial Question*, a. a. O.
3 Brief von Engels an Kautsky am 12. September 1882, MEW 35, p. 357.
4 E. Bernstein, Bernsteins Artikel ist zitiert nach: L. Amodio, Einleitung zu *Scritti scelti di R. Luxemburg*, Milano 1963, p. 27 [dtsch: *Die deutsche Sozialdemokratie und die türkischen Wirren*, in: Neue Zeit, 1896/97, Stuttgart 1897, p. 109]

heit des Kapitals, der Kapitalisten und der dorthin ausgewanderten Arbeiter gewährleistet sei. Bei diesem Unternehmen müsse das ganze zivilisierte Europa solidarisch handeln.⁵
Auf dem Amsterdamer Kongreß 1904 drückte sich Van Kol folgendermaßen aus:
»Können wir die Hälfte des Erdballs der Willkür von Völkern überlassen, die sich noch in ihrem Kindheitsstadium befinden, die die enormen Bodenschätze unberührt und die fruchtbarsten Teile unseres Planeten unbebaut läßt? Oder sollen wir im Interesse der gesamten Menschheit intervenieren, damit die Erde, die der ganzen menschlichen Gattung gehört, all ihren Bewohnern die Existenzmittel liefert?«⁶
Selbstverständlich entschied sich Van Kol, der von Bernstein unterstützt wurde, für die zweite Haltung. Die Kolonisation war die unumgängliche Folge der natürlichen, expansiven Bedürfnisse der fortgeschrittenen Industriegesellschaften. Vielleicht würden die gelben und schwarzen Völker eines Tages nicht mehr auf die »Vormundschaft« der Weißen angewiesen sein. Aber dieser Tag lag noch in weiter Ferne. Bis dahin hätten auch eine sozialistische Partei oder gar eine zukünftige sozialistische Gesellschaft eine eigene Kolonialpolitik zu verfolgen, die die Beziehung der ökonomisch weiter entwickelten Länder zu den rückständigen Völkern regelt. Marx' Hypothese, nach der einige Länder eine kapitalistische Phase hätten umgehen können, habe sich nicht als richtig erwiesen:
»Die primitiven Völker werden die Zivilisation nur auf diesem Leidensweg erreichen. Deshalb ist es unsere Pflicht, die Entwicklung des Kapitalismus nicht zu verhindern, die eine unerläßliche Kette in der Geschichte der Menschheit darstellt; wir können vielmehr dessen Aufbrechen begünstigen, auch wenn wir uns bemühen, die Schmerzen der Niederkunft zu mildern...«⁷

---

5 Zit. in G. Licata, *Notabili della Terza Italia*, Roma 1968, p. 147, Anmerkung. Über die Haltung der italienischen Sozialisten dem Kolonialismus gegenüber (ein Problem, das man einmal gründlicher untersuchen sollte) vgl. G. Arfé, *Italie; Les socialistes, l'Ethiopie et la Libye*, in: *La Deuxième Internationale et l'Orient*, a. a. O., p. 193–211; R. Battaglia, *Le tradizioni anticolonialiste della classe operaia italiana*, in: »Rinascita«, N. 11–12, November–Dezember 1958. Hinweise auch in E. Santarelli, *Le socialisme national en Italie*, »Le mouvement social«, n. 50, Januar–März 1965.
6 Zit. bei H. Carrère d'Encausse – S. Schram, Marxismo e l'Asia, a.a.O., p. 126.
7 Ebd., p. 126.

In einer mit der Klärung dieser Fragen beauftragten Kommission wandte sich der Engländer Hyndman, Anhänger einer entschiedenen Verurteilung des Imperialismus, gegen Van Kol. Aus dieser Auseinandersetzung ging ein Kompromißantrag hervor, der die »kapitalistische Kolonialpolitik ablehnte und dafür plädierte, daß die sozialistischen Abgeordneten verpflichtet werden, auf Reformen zu bestehen, welche dazu angetan sind, die Lebensbedingungen der Kolonialvölker zu verbessern: Schule, Hygiene, öffentliche Arbeiten.[8]

Die entscheidende Auseinandersetzung fand jedoch erst drei Jahre später auf dem Kongreß von Stuttgart statt. Dort vertrat Bernstein die Ansicht, daß man nicht länger auf einer utopistischen und unfruchtbaren Ablehnung beharren könne, sondern die neue Realität konkret in Angriff nehmen müsse. Der Franzose Rouanet behauptete gar, daß die Kolonisation »keine kapitalistische, sondern eine historische Erscheinung«[9] sei. Van Kol vertrat seine bekannten Thesen und meinte, die Kolonialpolitik an sich, im Sinne der Eroberung und Ausbeutung von Kolonien, sei nicht zu verurteilen. David, der von anderen deutschen Sozialisten – unter ihnen Noske – unterstützt wurde, stellte einen Abänderungsantrag, der die Idee der Kolonisation als »ein wichtiges Element im universalen Ziel der Zivilisation, das von der sozialistischen Bewegung verfolgt wird«[10], bezeichnete.

Kautsky trat mit einer Argumentation gegen die Revisionisten auf, die auf der traditionellen sozialistisch-humanitären Haltung beruhte. Er erklärte, mit Bernstein darin übereinzustimmen, daß man Erzieher und Ratgeber der unterentwickelten Völker werden solle, betonte aber, daß man dazu die Länder nicht erobern und beherrschen müsse. Kolonialismus und zivilisatorische Politik seien nicht identisch, sondern schließen einander im Gegenteil aus: wie die Erfahrung gezeigt habe,
»sind die Wilden überall dort, wo man sich ihnen gegenüber wohlwollend zeigt, willig, die Instrumente und Hilfe einer höheren Zivilisation anzunehmen«.[11]

Van Kol, der in seiner Antwort Kautsky lächerlich machen wollte, rief bei den Zuhörern Heiterkeit und Zustimmung her-

---
8 Ebd., p. 129
9 Ebd., p. 128
10 Ebd., p. 128.
11 Ebd., p. 132.

vor. Wenn man, wie Kautsky vorschlug, Maschinen nach Afrika schicke, würden die Eingeborenen Kriegstänze um sie herum veranstalten und sie möglicherweise in die Zahl ihrer Gottheiten einreihen. Van Kol malte dann aus, was geschehen würde, wenn Europäer wie beispielsweise Kautsky und er selbst nach Afrika reisten, um die Eingeborenen in der Bedienung dieser Maschinen zu unterrichten:
»Es könnte sogar sein, daß sie uns bei lebendigem Leib die Haut abziehen oder gar, daß sie uns fressen, und dann ... (seinen Bauch reibend) habe ich große Angst davor, daß ich deshalb, weil ich körperlich ein bißchen besser entwickelt bin als Kautsky, von meinen schwarzen Freunden vorgezogen würde. (Heiterkeit) Wenn wir Europäer mit unseren europäischen Maschinen nach Afrika gingen, würden wir Opfer unserer Expedition werden. Wir müssen im Gegenteil die Waffen in den Händen behalten, um uns gegebenenfalls verteidigen zu können – auch wenn Kautsky das Imperialismus nennt. (»Sehr gut« von einigen Bänken).«[12]
Nach dieser tiefsinnigen Diskussion wurde die von Van Kol eingebrachte Resolution über die Kolonialpolitik mit 128 gegen 108 Stimmen (mit 10 Enthaltungen) knapp abgelehnt.[13]
Daß die kolonialen Eroberungen ein gewaltiges Mittel zur Korrumpierung der Arbeiterklasse in den Metropolen waren, wurde damals einstimmig von Sozialisten wie Hilferding, von Liberalen wie Hobson und sogar von Imperialisten wie Cecil Rhodes betont. Dieser sagte 1895 mit unmißverständlicher Deutlichkeit zu einem Freund:
»Ich war gestern im Ostende von London (Arbeiterviertel) und besuchte eine Arbeitslosenversammlung. Und als ich nach den dort gehörten Reden, die nur ein Schrei nach Brot waren, nach Hause ging, da war ich von der Wichtigkeit des Imperialismus mehr denn je überzeugt ... Meine große Idee ist die Lösung des sozialen Problems, d. h., um die vierzig Millionen Einwohner des Vereinigten Königreichs vor einem mörderischen Bürgerkrieg zu schützen, müssen wir Kolonialpolitiker neue Ländereien erschließen, um den Überschuß an Bevölkerung aufzunehmen, und neue Absatzgebiete schaffen für die Waren, die sie in ihren Fabriken und Minen erzeugen. Das Empire, das habe ich stets

---

[12] Ebd., p. 132.
[13] *La Deuxième Internationale et l'Orient*, a. a. O., p. 25-35; vgl. auch H. Carrère d'Encausse – S. Schram, a.a.O.

gesagt, ist eine Magenfrage. Wenn Sie den Bürgerkrieg nicht wollen, müssen Sie Imperialisten werden.«[14]

Die europäischen Sozialisten, welche die revisionistische Haltung Van Kols und Bernsteins nicht teilten, waren jedoch nicht in der Lage, aus der Kritik des Kolonialismus und seiner gefährlichen Auswirkungen auf die Arbeiterklasse in den Industrieländern eine Konzeption zu entwickeln, die auch dem Kampf in den Kolonien einen Stellenwert in der globalen antiimperialistischen Strategie zuwies. Wie man bereits gesehen hat, hielt Kautsky an seiner humanitären, teilweise von Paternalismus und Hypokrisie angehauchten Haltung gegenüber den armen »Wilden« fest. Etwa wenn er schreibt:

»Es ist eine ebenso reaktionäre Utopie, wie die Erhaltung des Handwerks und der Bauernschaft, wenn man die Sozialdemokratie auffordert, den Widerstand der Eingeborenen der Kolonialländer gegen ihre Expropriierung zu unterstützen; aber es hieße den Interessen des Proletariats ins Gesicht schlagen, wollte man es auffordern, die Kapitalisten dabei zu unterstützen, indem es ihnen dazu die Staatsmacht zur Verfügung stellt. Nein, diese Arbeit ist zu schmutzig, als daß das Proletariat sich zum Mitschuldigen davon hergeben dürfte. Dies niederträchtige Geschäft zu verrichten gehört zu den historischen Aufgaben der Bourgeoisie, und das Proletariat muß sich glücklich schätzen, daß es seine Hände nicht damit zu besudeln braucht. Es darf nicht fürchten, daß deswegen die Bourgeoisie ihre Aufgabe vernachlässigt und die ökonomische Entwicklung ins Stocken bringt. *Dieser* historischen Aufgabe wird sie nicht untreu werden, so lange sie noch soziale und politische Macht besitzt, denn diese Aufgabe heißt nichts anderes, als Vermehrung des Profits.«[15]

Übrigens entsprachen Kautskys »Wilde« den »aufgrund ihres Instinktes servilen« Eingeborenen Labriolas, der nicht so banal humanitär argumentierte und, wenn überhaupt, zu den Vorläu-

---

14 Cecil Rhodes, zit. bei Lenin, *Der Imperialismus als höchstes Stadium des Kapitalismus*, Werke Bd. 22, p. 261.
15 K. Kautsky, *La questione agraria*, introd. di G. Procacci, Milano 1959, p. 365. ders., *Socialismo e colonie*, Città di Castello 1922. [*Die Agrarfrage – Eine Übersicht über die Tendenzen der modernen Landwirtschaft und die Agrarpolitik der Sozialdemokratie*, Neuauflage Hannover 1966, p. 323 f. Vgl. auch Kautsky, *Sozialismus und Kolonialpolitik. Eine Auseinandersetzung* (1907), in: *Koloniale Schriften*, Bd. 40, *Kolonialpolitik*, o. Orts- und Jahresangabe.] Vgl. dazu auch I. Petit, in *La Deuxième Internationale et l'Orient*, a. a. O., p. 79–104 und H. B. Davis, *Nationalism and Socialism*, a. a. O., p. 93 ff.

fern einer »sozialistischen Kolonialpolitik« gezählt werden müßte.[16] Der Gebrauch einer solchen Terminologie muß zumindest teilweise darauf zurückgeführt werden, daß man sich damals in den Diskussionen über den Kolonialismus mehr auf Afrika als auf Asien bezog. Allerdings war die Ansicht weit verbreitet, daß die Länder Asiens und Afrikas eine – eigene und minderwertige – Welt für sich darstellten: für diese »Verschiedenheit« wurden einzig Rückständigkeit und Minderwertigkeit angeführt. Das Problem der Abhängigkeit jener Völker hätte sich nach dem Sieg des Sozialismus durch eine lange Erziehungsarbeit von selbst gelöst. Im Moment war es undenkbar, daß sie in der Lage waren, am notwendigen Kampf für diesen Sieg teilzunehmen. Einige Repräsentanten der II. Internationale, wie etwa Van Kol, gingen soweit, in den Kolonien Fron- und Nachtarbeit (da es sich um Länder mit heißem Klima handelte! ...) für unumgänglich anzusehen und die Einführung demokratischer Institutionen für undenkbar zu halten. Kautsky, der in der Beurteilung der Kolonisation als Mittel des Fortschritts vorsichtiger und weniger zuversichtlich war, bemerkte, daß die Eroberer zur Erreichung ihrer eigenen Ziele die primitivsten Produktions- und Akkumulationsmethoden anwandten. Aber über seine Kritik an den Anhängern einer »positiven Kolonialpolitik« kam er nicht hinaus; er war nicht in der Lage, eine konstruktivere Haltung auszuarbeiten, sondern beschränkte sich, wie bereits angedeutet, auf die traditionelle moralische Verdammung der kolonialistischen Ausbeutung. Für die II. Internationale galt es als ausgemacht, daß so etwas wie selbständige Entwicklung für rückständige außereuropäische Völker gar nicht in Frage komme. Diese Überzeugung findet man sogar noch bei Rosa Luxemburg, die die Verbrechen des Imperialismus in den Kolonien mit leidenschaftlicher Empörung und weitaus engagierter geißelte, als es der schamhafte und paternalistische Antiimperialismus anderer europäischer Sozialisten zuließ. In ihrer Schrift von 1916 über *Die Krise der Sozialdemokratie* stellte Rosa Luxemburg fest:

»Nur aus Europa, nur aus den ältesten kapitalistischen Ländern kann, wenn die Stunde reif ist, das Signal zur menschenbefreienden sozialen Revolution ausgehen. Nur die englischen, franzö-

---

16 A. Labriola, *Democrazia e socialismo in Italia*, hrsg. von L. Cafagna, Milano 1954, p. 16. Vgl. ebd., p. 111 ff. das berühmte Interview vom April 1902 im »Giornale d'Italia«.

sischen, belgischen, deutschen, russischen, italienischen Arbeiter gemeinsam können die Armee der Ausgebeuteten und Geknechteten der fünf Weltteile voranführen. Nur sie können, wenn die Zeit kommt, für die jahrhundertealten Verbrechen des Kapitalismus an allen primitiven Völkern, für sein Vernichtungswerk auf dem Erdenrund Rechenschaft fordern und Vergeltung üben.«[17]

Zweifellos lag 1916 das Hauptinteresse Rosa Luxemburgs darin, den »Verrat« der sozialdemokratischen Führer zu denunzieren und das Proletariat der europäischen Länder zum gemeinsamen Kampf gegen den imperialistischen Krieg aufzurufen. Wenn sie auch den vom Kapitalismus unterworfenen Völkern tiefe Sympathie entgegenbrachte – die wir von anderen nicht kennen –, so erkannte doch auch Rosa Luxemburg das revolutionäre Potential nicht: die Völker des Orients erscheinen in ihren Überlegungen niemals als mögliche aktive Kräfte. Bei den Mitgliedern und Parteien der II. Internationale hatte ein absoluter Eurozentrismus die differenzierten und komplexen Untersuchungen von Marx ersetzt.

Erst Lenin leitete aus der scharfen und vehementen Kritik am korrumpierenden Einfluß, den der Imperialismus auf gewisse Schichten der europäischen Arbeiterklasse ausübte, die Notwendigkeit ab, eine neue revolutionäre Globalstrategie zu entwickeln, in der auch die Völker Asiens dazu aufgerufen wurden, eine aktive Rolle zu übernehmen. Das Hauptproblem Lenins war das der Revolution in einem Land, das im Vergleich zu den westeuropäischen Staaten rückständig und aufgrund seiner geographischen Lage halb europäisch und halb asiatisch strukturiert war. Dazu kommt, daß er in einem Vielvölkerstaat lebte, was ihn dazu prädestinierte, sich der Bedeutung, die in bestimmten historischen Situationen ethnische und nationale Faktoren erhalten konnten, bewußt zu werden. In seiner Polemik gegen den undifferenzierten Internationalismus Rosa Luxemburgs – deren Haltung in gewisser Hinsicht derjenigen Bucharins, Pjatakovs und Radeks nahekam – stellte Lenin fest, daß unter gewissen Bedingungen die Unterstützung nationaler Forderungen die Sozialrevolution beschleunigen kann. Lenin konnte sich auf Marx berufen, wenn er behauptete, daß die Bourgeoisie in Län-

---

17 vgl. z. B. R. Luxemburg, *Scritti scelti*, a. a. O., pp. 457–59, [Rosa Luxemburg, *Die Krise der Sozialdemokratie*, in: Politische Schriften, Bd. 2, Ffm. 1966, pp. 148/150].

dern, in denen sich der Kapitalismus noch nicht vollständig durchgesetzt hatte, bei ihrer Substitution der alten Feudalklassen insofern begünstigt war, als sie innerhalb eines unabhängigen Nationalstaates handeln konnte. Gewiß waren nationale Forderungen eine mit der bürgerlich-demokratischen Revolution verbundene Erscheinung; aber jene zu erfüllen hieß, der großen zukünftigen Völkervereinigung den Weg zu bahnen.

Das interessanteste und originellste Verdienst Lenins aber war, den Zusammenhang von National- und Kolonialfrage gesehen und entwickelt zu haben. Er wies die Auffassung zurück, daß jegliche Initiative der unterdrückten Völker illusionär sei und das Heil einzig und allein vom europäischen Proletariat zu erwarten sei. Sicher blieb Lenin immer davon überzeugt, daß die Arbeiterklasse der fortgeschrittensten Länder die Avantgarde der Revolution bildet. Aber in der antiimperialistischen Globalstrategie haben auch die Befreiungsbewegungen der asiatischen Länder ihren Raum. Der Kampf in den Kolonien, von Bauern und entstehender Bourgeoisie für die Befreiung vom europäischen Eroberer geführt, durfte nicht getrennt verlaufen vom Kampf des europäischen Proletariats für die Weltrevolution.

In den Jahren, die zwischen dem Tod von Marx und Engels und der bolschewistischen Revolution lagen, vollzogen sich die interessantesten Entwicklungen der marxistischen Theorie also nicht am Schreibtisch der Intellektuellen, sondern im aktiven politischen Kampf. Sie betrafen nicht die Theorie, sondern die Strategie der Weltrevolution. Niemand stellte die Marxschen Betrachtungen über die Struktur der asiatischen Gesellschaften und ihre Beziehung zu den anderen Gesellschaftsformationen in Frage. Einige ignorierten sie oder beschränkten sich darauf, sie zu wiederholen; andere – vielleicht die Mehrzahl – identifizierten die asiatische Produktionsweise undifferenziert mit Naturalwirtschaft (oder mit einer ihrer Formen). Lenin selbst gehörte wahrscheinlich zu diesen, bis ihn dann einige Ereignisse in Asien – vor allem die chinesische Revolution von 1911 – und seine unmittelbare Erfahrung mit einem »rückständigen« Land wie Rußland aber dazu brachten, den verbreiteten Pessimismus über die revolutionären Perspektiven der Völker des Ostens abzuweisen, der eine Folge der Vorstellung von der »asiatischen Stagnation« war.[18]

---

[18] Über die Auseinandersetzungen von Lenin mit Luxemburg, mit Bucharin und Radek, seine Stellungnahmen zur Kolonialfrage vgl. D. Boers-

Zur Zeit der II. Internationale gab es allerdings auch Intellektuelle, die sich mit der Überprüfung und Vertiefung der Marxschen Ausführungen über die asiatische Produktionsweise beschäftigten. Einer der wichtigsten von ihnen war wohl Plechanov. In seinen *Grundproblemen des Marxismus* vertrat Plechanov die Ansicht, daß die Auflösung der alten Gentilorganisation unter dem Einfluß verschiedener geographischer Bedingungen – diesen Aspekt hob er besonders hervor – zwei verschiedene Entwicklungslinien hervorgebracht hatte. In einigen Ländern war auf die antike die feudale, auf diese die kapitalistische Produktionsweise gefolgt; in anderen überwog die asiatische.[19] Plechanov beschrieb die Charakteristika der asiatischen Produktionsweise, ohne sich dabei im wesentlichen von Marx zu entfernen, und betonte ihre Unveränderlichkeit und ihre Unfähigkeit zu einer Höherentwicklung, die nur von außen, durch die Konfrontation mit dem Kapitalismus oder mit der proletarischen Revolution in den kapitalistischen Ländern, verursacht werde. Aber mehr als seine theoretische Arbeit interessiert, wie Plechanov die asiatische Produktionsweise für die russische Geschichte geltend zu machen versuchte. Bekanntlich war er erst Narodnik gewesen; als er dann nach 1880 »Westler« wurde, vertrat er weiterhin die Auffassung, daß die Geschichte und die Institutionen Rußlands gegenüber den Ländern Mitteleuropas eigene, besondere Merkmale besaßen. Im Unterschied zu den Volkstümlern schätzte er diese Besonderheiten aber negativ ein. Nach Plechanov war Rußland vor der Revolution eine Art China in Europa, ein »asiatisches«, bzw. »halbasiatisches« Land. Wenn Rußland auch gekennzeichnet war durch »asiatische Produktions-

---

ner, *The Bolsheviks and the National and Colonial Question*, a.a.O., p. 32 ff.; H. Carrère d'Encausse – S. Schram, *Marxism and Asia*, a. a. O., (wo auch einige der wichtigsten Schriften von Lenin zu diesen Problemen wiedergegeben sind); R. Schlesinger, *Il Comintern e la questione coloniale*, in: Annali Feltrinelli, IX, 1967, pp. 50–135 [deutsche Ausgabe ist erweitert. R. Schlesinger, *Die Kolonialfrage in der Kommunistischen Internationale*, Ffm. 1970], J. Knief in »Partisans«, 29–30, Mai–Juni 1966, p. 105–115; E. H. Carr, *The Bolshevik Revolution 1917–1923*, a. a. O., p. 398–416; [E. Masi, *Die chinesische Herausforderung. Beiträge zu einer sozialistischen Strategie*, Berlin 1970, pp. 134; die deutsche Ausgabe wurde von der Autorin verändert und ergänzt; ital. Ausgabe:] E. Masi, La contestazione cinese, Torino 1968, S. pp. 179–182.
19 G. V. Plechanov, *Grundprobleme des Marxismus*, Berlin 1958 (Dietz), p. 63 f.

weise« und den »orientalischen Despotismus«, so besaß es doch anderen »historischen Oblomowka« wie dem alten Ägypten oder China gegenüber den Vorteil der Nähe zum Westen. Peter der Große hatte zwar nur europäische Glieder an einen asiatischen Körper anfügen können, der trotzdem asiatisch blieb; und er hatte daher die absolute Vorherrschaft des Staates über die Gesellschaft viel stärker betont. Aber die von ihm eröffnete neue historische Entwicklung gelangte 1861 zu ihrer logischen Konsequenz. Dieses Jahr begrüßte Plechanov als »finis Muscoviae«.

Über den Ursprung des russischen Despotismus zeigte sich Plechanov unsicher. Erst stellte er ihn mit der mongolischen Eroberung in Zusammenhang, später vertrat er die Auffassung, daß der Despotismus entstanden sei aus der Anstrengung, einen Großstaat auf der Basis einer primitiven Agrarwirtschaft zu begründen. Um aus dieser primitiven Wirtschaft die notwendigen Mittel für eine eigene Entwicklung und Expansion gewinnen zu können, hatte sich der moskowitische Staat zum Eigentümer des gesamten Grund und Bodens gemacht. Diese Interpretation nahm Plechanov zum Anlaß, um gegen die Narodniki zu polemisieren: Die russische Landkommune war kein idyllisches Überbleibsel des naturwüchsigen Gemeinwesens, sondern das historische Produkt eines Steuersystems, dem der Staat (d. h. der Autokrat und seine Bürokratie) die Bauern unterworfen hatte: sie wurden zu Sklaven ..., zur Unwissenheit verurteilt und einem wachsenden Entmenschlichungsprozeß ausgesetzt.

Manchmal sprach Plechanov von Rußland als einem feudalen Land. Im Gesamtwerk aber überwiegt die Bezeichnung »asiatisch«. Das moskowitische Rußland war für ihn eine Gesellschaft, die von der »asiatischen Produktionsweise« gekennzeichnet war. Die Reformen Peters des Großen und vor allem die spätere Befreiung der Leibeigenen hatten es auf den Weg der allgemeinen europäischen Entwicklung, der bürgerlich-kapitalistischen, gebracht. Trotz allem war in den Augen von Plechanov in Rußland auch nach 1861 ein gewichtiger Teil der alten Ordnung erhalten geblieben.[20]

---

20 Über Plechanov (in bezug auf die hier behandelten Fragen) vgl. S. H. Baron, *Plechanov's Russia: The Impact of the West upon an ›Oriental‹ Society*, in: »Journal of the History of Ideas«, XIX (1958), p. 388–404 (französische Übersetzung in: »Le Contrat social«, 1959); K. A. Wittfogel, *Die orientalische Despotie*, a. a. O.; ders., *The Marxist View of China*, a. a. O., p. 14; P. Vidal-Naquet in der Einleitung zur französischen Aus-

Lenins Haltung gegenüber dem Problem der »asiatischen Produktionsweise« ist nicht so gründlich untersucht worden, wie sie es wohl verdient hätte, und es bestehen einige Unklarheiten. Seit seinen ersten Schriften taucht als zentrales Argument seiner Analyse auf, daß Rußland definitiv den Weg der kapitalistischen Entwicklung eingeschlagen habe. In diesem Sinn polemisierte er stärker als irgendein anderer gegen die Volkstümler und schloß sich sofort dem extremsten Flügel der Westler an. Das heißt natürlich nicht, daß er sich der Besonderheiten der russischen Geschichte und ihrer komplexen Folgen in der Gegenwart nicht bewußt war. In der *Entwicklung des Kapitalismus in Rußland* zitierte Lenin einen Abschnitt aus dem dritten Band des *Kapitals*, in dem Marx die Ansicht vertrat, daß sich der Kapitalismus sowohl auf feudalem Grundeigentum, wie auf Claneigentum oder auch auf kleinem Bauerneigentum mit Marktgemeinschaft durchsetzen könne. Er fügte hinzu:

»Es ist überhaupt falsch zu glauben, für die Entstehung des landwirtschaftlichen Kapitalismus sei eine bestimmte Form des Grundeigentums erforderlich ... Somit können schon dem Wesen der Sache nach keinerlei Besonderheiten des Grundeigentums ein unüberwindliches Hindernis für den Kapitalismus sein, der je nach den verschiedenen landwirtschaftlichen, juristischen, und durch Brauch und Gewohnheit bestimmten Verhältnissen verschiedene Formen annimmt.«[21]

Diese Stelle ist sehr aufschlußreich, denn sie zeigt, wie sehr sich Lenin der spezifischen historischen Verhältnisse in Rußland bewußt war, aber sein Hauptinteresse auf die zeitgenössische Wirklichkeit richtete, die durch die außergewöhnlich expansive und niederwälzende Kraft des Kapitalismus bestimmt war. Wenn er von der russischen Vergangenheit spricht, gebraucht er oft Termini wie »asiatisch« und »Asiatismus«, häufiger aber noch »feudal« oder »Feudalismus« oder »Krepostničestvo« (Leibeigenschaft). Man könnte ihm Inkohärenz vorwerfen, wie es Wittfogel getan hat, der noch andere Vorwürfe erhob, von denen man nicht sagen kann, ob sie nur plump oder nur lächerlich sind: »sophistische Spiegelfechterei«, »Irreführung«, »schlechtes Ge-

---

gabe von Wittfogel, *Le despotisme oriental*, a. a. O., p. 26–27; R. Risaliti, *G. V. Plechanov da populist a marxista*, in: »Critica Storica«, VII (1968), 4, p. 432–472.
21 Lenin, *Die Entwicklung des Kapitalismus in Rußland*, Werke, Bd. 3, p. 327.

wissen«, »Sünde gegen die Wissenschaft«[22]. Auch wenn man von diesem billigen Moralismus absieht, bleibt der Vorwurf der Inkohärenz selbst dann viel zu oberflächlich, wenn man mit Wittfogels Methode operiert, d. h. wenn man in den mehr als vierzig Bänden (mit Briefen) von Lenins *Gesammelten Werken* auf die Suche geht nach sämtlichen Stellen, Zitaten und Anspielungen auf die russische Vergangenheit und allgemeiner auf die vorkapitalistischen Produktionsweisen (Wittfogel gibt sich in der Tat stellenweise zufrieden mit einer pedantischen Jagd auf Adjektive: so oft »asiatisch«, so oft »feudal«...). Mit anderen Worten: man macht es sich etwas zu leicht, wenn man Lenin als Soziologen und nicht als Revolutionär begreift. Für Wittfogel gelten Lenins Worte von 1917: »Die Theorie, mein Freund, ist grau, während grün der unsterbliche Baum des Lebens ist.«[23]

Im Abstand von zwanzig Jahren zitierte Lenin zweimal zustimmend den Abschnitt aus dem *Vorwort* von *Zur Kritik der politischen Ökonomie*, in dem Marx »asiatische, antike, feudale und modern bürgerliche Produktionsweisen« als »progressive Epochen der ökonomischen Gesellschaftsformation« begreift.[24] Nur einmal scheint er der »unilinearen« Versuchung erlegen zu sein, als er von einer »allgemeinen Gesetzmäßigkeit« der Entwicklung von patriarchalischer Urgesellschaft über Sklavenhaltergesellschaft zur Leibeigenschaft und zum Feudalismus bis schließlich hin zum Kapitalismus sprach. Diese Verallgemeinerung machte er jedoch auf einer nichtöffentlichen Konferenz und es wäre falsch, deren Bedeutung überzubewerten. Und selbst bei dieser Gelegenheit legte Lenin Wert darauf, die »allgemeine Gesetzmäßigkeit« einzuschränken auf die »übergroße Mehrzahl der Länder«[25]. Immer wieder muß aber betont werden, daß sich Lenin niemals mit dem schlecht abstrakten Interesse auf die vorkapitalistischen Gesellschaftsformationen bezog, wie es in gewissem Maße Plechanov getan hatte, sondern immer mit dem des

---

22 K. A. Wittfogel, *Die orientalische Despotie*, a. a. O.
23 Zit. nach E. H. Carr, *The Bolshevik Revolution 1917–1923*, Bd. 1, London 1954, p. 24.
24 Marx, *Zur Kritik der politischen Ökonomie*, Vorwort, MEW 13, p. 9. Lenin zitiert diese Stelle in *Was tun die »Volksfreunde« und wie kämpfen sie gegen die Sozialdemokraten?* (Werke Bd. 1, p. 129) und in *Karl Marx* (Werke Bd. 21, p. 44).
25 Lenin, *Über den Staat*, Vorlesung an der Sverdlov-Universität am 11. Juli 1919, zuerst veröffentlicht in der »Prawda« am 18. Januar 1929, Werke Bd. 29, p. 465 f.

Politikers und Revolutionärs, der die Vergangenheit nur in bezug auf ihre Relevanz für die Gegenwart betrachtet.
Wenn man die von Wittfogel gewissenhaft zusammengetragenen Zitate, Adjektive wie »asiatisch« oder »halbasiatisch« in ihrem Kontext betrachtet, so stehen sie eindeutig als Synonyma für zurückgeblieben, barbarisch, vorkapitalistisch, unterdrückerisch, stagnierend. Das Problem war für Lenin keines der Lehre, sondern er benutzte diese Adjektive, um mit Haß und Verachtung all das zu beschreiben und zu erfassen, was in der russischen Geschichte eine Entwicklung im Umfang der modernen kapitalistischen Länder verhindert hatte. Es galt, das »verfluchte Erbe der Leibeigenschaft, des Asiatentums und der Schändung des Menschen«[26] zu bekämpfen und »alle asiatischen Wesenszüge ... auszumerzen.«[27]
Die Lenin unterstellten theoretischen Inkohärenzen müssen so eingeordnet werden, wenn sie nicht beziehungslos bleiben sollen. In einer Schrift von 1901 vertritt Lenin die Ansicht: »Die asiatische Regierung braucht eine Stütze im asiatischen Großgrundbesitz, in dem feudalen System der ›Vergebung von Ländereien‹,« wodurch sie eine Klasse von »asiatischen Satrapen« schafft.[28] Einige Monate früher hatte er geschrieben: »Das chinesische Volk leidet unter denselben Übeln, unter denen auch das russische Volk schmachtet – unter einer asiatischen Regierung, die aus den hungernden Bauern Steuern herauspreßt und jedes Streben nach Freiheit mit Waffengewalt unterdrückt –, unter dem Joch des Kapitals, das seinen Weg auch ins Reich der Mitte gefunden hat –.«[29] Lenin leugnete nie die Existenz eines »asiatischen« Erbes im gegenwärtigen Rußland, obwohl er sich nicht allzu sehr mit einer präzisen Definition der vorkapitalistischen Produktionsweisen und deren Bedeutung für die russische Geschichte beschäftigte. Als er beispielsweise 1914 gegen die Träume der Volkstümler vom »russischen« Weg zum Sozialismus polemisierte, bemerkte er: »Die ökonomische Entwicklung Rußlands, wie die der ganzen Welt, geht von der Leibeigenschaft zum Kapitalismus und über den maschinellen Großkapitalismus zum Sozialismus.«[30] Im gleichen Artikel sprach er aber auch von der

---

26 Lenin, *Zwei Taktiken der Sozialdemokratie in der demokratischen Revolution*, Werke Bd. 9, p. 47.
27 Lenin, ebd., p. 44.
28 Lenin, *Die Fronherren an der Arbeit*, Werke Bd. 5, p. 92.
29 Lenin, *Der China-Krieg*, Werke Bd. 4, p. 375.
30 Lenin, *Die linken Volkstümler und der Marxismus*, Werke Bd. 20, p. 374.

Leibeigenschaft, die die Bauern bis ins letzte Jahrhundert hinein verroht hatte, wie es auch in China festzustellen war. Im Jahre 1912 schrieb er: »Wieviel Altchinesisches weist doch das russische Leben auf! Wieviel Altchinesisches weist doch unser Zarismus ...«[31] und ferner: »Der Unterschied zwischen ›Europa‹ und Rußland ergibt sich aus der außerordentlichen Rückständigkeit Rußlands.«[32]
Alle diese Zitate können Wittfogels Kritik zur Genüge widerlegen und deutlich machen, daß Lenin keine willkürliche oder gar machiavellistische Wahl getroffen hat für eine »feudale« anstelle einer »asiatischen« Interpretation der russischen Geschichte, sondern eine Überzeugung gewonnen hatte, die man kurz so umschreiben kann: dem in Rußland zu führenden Kampf steht als Hauptgegner der sich stabilisierende Kapitalismus gegenüber; allerdings ist Rußland gekennzeichnet durch eine große Rückständigkeit, durch das Fortbestehen vorkapitalistischer (»feudaler«, »asiatischer«, etc.) Elemente, die den Kampf zusätzlich erschweren.
Auf dem Einigungskongreß der sozialdemokratischen Arbeiterpartei Rußlands von 1906 war es allerdings gerade die Frage der asiatischen Produktionsweise, die in einem gewissen Sinn den Kern einer heftigen Auseinandersetzung zwischen Plechanov und Lenin darstellte. Das Jahr 1905 hatte unter anderem gezeigt, daß eine Revolution in Rußland, die von den Bauern nicht unterstützt wurde, unmöglich erfolgreich sein konnte. Nach Trotzki hatte sich die proletarische Revolution »an den Bajonetten des Bauernheeres zersplittert«. In Lenins Augen war es notwendig, daß das Proletariat die Aufgabe übernahm, die die Bourgeoisie nicht erfüllen konnte und wollte, nämlich die demokratisch-bürgerliche Revolution zu Ende zu führen. Dieses Ziel konnte aber nur unter zwei Bedingungen erreicht werden: Die erste Bedingung sei eine Allianz zwischen Proletariat und Bauernschaft. Die Bauern, obwohl sie nicht revolutionär in dem Sinne seien, wie es die Narodniki geglaubt haben, seien im gegenwärtigen Zeitpunkt weniger an der bedingungslosen Verteidigung des Privateigentums interessiert, als vielmehr daran, sich der Ländereien der Landbesitzer zu bemächtigen. Deshalb könne das Prole-

---

[31] Lenin, *Die Plattform der Reformisten und die Plattform der revolutionären Sozialdemokraten*, Werke Bd. 18, p. 378.
[32] Lenin, *Das Wesen der »Agrarfrage in Rußland«*, Werke Bd. 18, p. 60 ff.

tariat in dieser Phase einen Verbündeten in den Bauern finden, was ihm dann erlaube, die Autokratie zu stürzen und die demokratisch-bürgerliche Revolution zu Ende zu treiben, trotz Lauheit und Opposition der Bourgeoisie. Die Konsequenz dieses Sieges sei nicht nur die Diktatur des Proletariats, sondern die »revolutionäre demokratische Diktatur des Proletariats und der Bauernschaft«. Lenin war jedoch darauf vorbereitet, noch weiter zu gehen. Nachdem die bürgerliche Revolution durch diese beiden Verbündeten einmal vollbracht sei, könnte die Bauernschaft insgesamt nicht mehr länger revolutionär sein und würde das Proletariat nicht weiter unterstützen auf seinem Weg zur sozialistischen Revolution. Dann werde es für das Proletariat notwendig, die Führung ein weiteres Mal zu übernehmen und die Einheit der Bauernschaft zu zerschlagen, um sich mit Unterstützung der halbproletarischen Elemente, d. h. der armen und landlosen Bauern, gegen die reichen Bauern zu wenden.[33] Die zweite Bedingung sei »die Ausweitung des revolutionären Umsturzes auf Europa«.

Im Rahmen dieser Politik schlug Lenin auf dem Stockholmer Kongreß von 1906 vor, in das Agrarprogramm der Sozialdemokratischen Arbeiterpartei Rußlands die »Konfiskation der Gutsbesitzerländereien und *unter bestimmten politischen Voraussetzungen* Nationalisierung des Grund und Bodens«[34] aufzunehmen. Nach Lenin (in gewissem Maße Kautsky folgend[35]) hat der Marxismus »mit vollster Bestimmtheit festgestellt ..., daß die Nationalisierung des Grund und Bodens auch in der bürgerlichen Gesellschaft möglich und denkbar ist, daß sie die Entwicklung des Kapitalismus nicht aufhalten, sondern verstärken wird, daß sie das *Maximum* bürgerlich-demokratischer Reformen auf dem Gebiet der Agrarverhältnisse darstellt«.[36] Der – später abgelehnte – Antrag stieß auf heftigsten Widerstand bei den Menschewiki und vor allem bei Plechanov, der statt dessen für eine Programmerweiterung eintrat, nach der das Land der Großgrundbesitzer an die Bauern verteilt werden sollte, um da-

---

33 E. H. Carr, *The Bolshevik Revolution*, a. a. O., p. 52 ff.
34 Lenin, *Die Revision des Agrarprogramms der Arbeiterpartei*, Werke Bd. 10, p. 169.
35 Kautsky, *Die Agrarfrage*, a. a. O.; vgl. auch die Einleitung von G. Proccaci zu Kautsky, *La questione agraria*, Milano 1959, p. LXXIX und LXXXVI–XC.
36 Lenin, *Die Revision des Agrarprogramms der Arbeiterpartei*, Werke Bd. 10, p. 173.

durch gegen die Überreste der Leibeigenschaft vorgehen zu können. Wie bekannt, war Plechanov der Meinung, daß der zaristische Despotismus entstanden sei, als der moskowitische Staat sich sukzessive zum Eigentümer vom Grund und Boden gemacht hatte, um aus der rückständigen Landwirtschaft die für seine Expansion notwendigen Mittel zu gewinnen, wobei er die Bauern schließlich versklavt habe. Auf dem Kongreß von Stockholm widersetzte er sich der Konzeption der Nationalisierung, die ihm gefährliche Keime einer »asiatischen Restauration« zu enthalten schien. Plechanov nannte als Beispiel die Reformen des chinesischen Politikers Wang An-Schih, durch die der Staat zum ausschließlichen Grundherrn gemacht werden sollte und betonte, daß von den Wang An-Schih-Russen nur Katastrophen zu erwarten seien und er deshalb ähnliche Projekte ökonomisch und politisch bekämpfen werde.

Lenin antwortete Plechanov, der Garantien gegen eine eventuelle Restauration verlangte:

»Die einzige Garantie gegen eine Restauration ist die sozialistische Umwälzung im Westen; eine andere Garantie, im wahren und vollen Sinn dieses Wortes, kann es nicht geben. Ohne diese Bedingung ist bei jeder anderen Lösung der Frage (Munizipalisierung, Aufteilung usw.) eine Restauration nicht nur möglich, sondern geradezu unvermeidlich. Ich möchte diesen Satz so formulieren: Die russische Revolution kann mit ihren eigenen Kräften siegen, aber sie kann ihre Errungenschaften auf keinen Fall mit ihren eigenen Händen behaupten und festigen. Sie kann das nicht erreichen, wenn es im Westen nicht zur sozialistischen Umwälzung kommt; ohne diese Bedingung ist eine Restauration sowohl bei der Munizipalisierung als auch bei der Nationalisierung und bei der Aufteilung unvermeidlich, denn der Kleinbesitzer wird bei all und jeder Besitz- und Eigentumsform eine Stütze der Restauration sein ... Eine bedingte und relative Garantie gegen eine Restauration besteht einzig darin, daß die Revolution so entschlossen wie möglich verwirklicht wird, daß sie unmittelbar von der revolutionären Klasse unter möglichst geringer Beteiligung von Mittelsmännern, Vereinbarern und allerlei Versöhnern durchgeführt wird, ...«[37]

---

[37] Lenin, *Schlußwort zur Agrarfrage* auf dem Vereinigungsparteitag der Sozialdemokratischen Arbeiterpartei Rußlands vom 10. (23.) April bis 25. April (8. Mai) 1906, Werke Bd. 10, p. 280 ff.

Der Argumentation Plechanovs, daß die Nationalisierung des Bodens das ökonomische Fundament des moskowitischen Rußlands gewesen sei, entgegnete Lenin mit dem Hinweis auf die Änderung der gesellschaftlichen Bedingungen:
»Nehmen wir für einen Augenblick an, im Moskauer Reich vor Peter, im 17. Jahrhundert, wäre der Grund und Boden wirklich nationalisiert gewesen. Was folgt daraus? Nach Plechanovs Logik folgt daraus, daß die Durchführung der Nationalisierung bedeuten würde, die Restauration des Moskauer Reichs zu erleichtern. Aber eine solche Logik ist eben Sophismus und nicht Logik, sie ist ein Spiel mit Worten ohne jede Analyse der ökonomischen Grundlage der Erscheinungen oder des ökonomischen Inhalts der Begriffe. Insofern es im Moskauer Reich (oder: wenn es im Moskauer Reich) eine Nationalisierung des Grund und Bodens gab, war ihre ökonomische Grundlage die *asiatische Produktionsweise*. Indessen hat sich in Rußland seit der zweiten Hälfte des 19. Jahrhunderts die *kapitalistische Produktionsweise* gefestigt, und im 20. Jahrhundert ist sie zur unbedingt vorherrschenden geworden ... Wegen der Identität der Worte übersah er (Plechanov) den grundlegenden Unterschied der ökonomischen Verhältnisse, nämlich der Produktionsverhältnisse. Während er seine Argumentation auf der Restauration des Moskauer Reiches (d. h. der angeblichen Restauration asiatischer Produktionsweisen) aufbaute, sprach er in Wirklichkeit von einer politischen Restauration nach Art der Restauration der Bourbonen (auf die er sich berief), d. h. von der Restauration einer antirepublikanischen Regierungsform auf dem Boden kapitalistischer Produktionsverhältnisse.«[38]

In Wirklichkeit war die Diskussion über die »asiatische Produktionsweise« nur ein vorgeschobenes Problem, an dem sich im Grunde eine wesentlich tiefere und radikalere Meinungsverschiedenheit manifestierte. Plechanov und die Menschewiki hielten es für unmöglich, daß der notwendige Ablauf der Geschichte vorangetrieben und vorweggenommen werden könne. Sie meinten,

---

38 Lenin, *Bericht über den Vereinigungsparteitag der SDAPR*, Werke Bd. 10, p. 332. Zum Kongreß von Stockholm und zur Auseinandersetzung zwischen Lenin und Plechanov vgl. auch G. Migliardi, *Il Partito operaio social-democratico russo*, II, *1905–1917*, in: »Annali Feltrinelli«, V (1962), p. 899–900; B. D. Wolfe, *Lenin Trotzkij Stalin. Drei, die eine Revolution machten*, Ffm. 1965; K. A. Wittfogel, *Die orientalische Despotie*, a. a. O. und ders., *The Marxist View of Russian Society and Revolution*, a. a. O.

daß man in alte volkstümlerische Ketzereien zurückfalle, wenn man die im wesentlichen antirevolutionären Bauern in den Kampf miteinbeziehe. Ihre Haltung war gekennzeichnet durch Immobilismus, durch mehr oder weniger pessimistische Resignation, durch ein fatalistisches Warten auf eine bürgerliche Revolution, die sich grundsätzlich unterscheide von der sozialistischen Revolution – nicht nur in der Theorie, sondern auch im zeitlichen Ablauf. Auf die Machtfrage ging man gar nicht ein, was in gewisser Hinsicht die Ablehnung der Nationalisierung von Grund und Boden rechtfertigte: denn Nationalisierung hieße dann, ihn dem alten tyrannischen Staat zu überlassen – wenn man nicht an den radikal neuen, von den revolutionären Kräften eroberten Staat dachte, den Lenin meinte (der nicht zufällig mit der Nationalisierung die demokratische Republik und die Wählbarkeit aller Staatsbeamten als zusammenhängende Erfordernisse verbunden sah). Lenin attackierte diese ihrem Wesen nach konservative Haltung der Menschewiki scharf, indem er das Argument einer möglichen Restauration als *»politische Waffe der Bourgeoisie gegen das Proletariat«* denunzierte:
»Ihre Interessen zwingen die Bourgeoisie, dagegen zu kämpfen, daß das Proletariat zusammen mit der revolutionären Bauernschaft die bürgerlich-demokratische Revolution zu Ende führt. In diesem Kampf greifen die Philosophen und Politiker der Bourgeoisie unvermeidlich nach historischen Argumenten, nach Beispielen aus der Vergangenheit. In der Vergangenheit war es stets so, daß die Arbeiter geprellt wurden, daß sogar nach dem Sieg der Revolution eine Restauration kam – also kann es auch bei uns nicht anders sein, sagt die Bourgeoisie, die natürlich danach trachtet, den Glauben des russischen Proletariats an seine eigenen Kräfte und an die Kräfte des europäischen Sozialismus zu schwächen. Eine Verschärfung der politischen Gegensätze und des politischen Kampfes führt zur Reaktion, belehrt der Bourgeois die Arbeiter – also muß man diese Gegensätze *abstumpfen*: statt eine Reaktion nach dem Sieg zu riskieren, ist es besser, nicht um den Sieg zu kämpfen, sondern einen Pakt mit der Reaktion einzugehen.
War es Zufall, daß Plechanov nach der ideologischen Waffe der Bourgeoisie gegen das Proletariat griff? Nein, das war unvermeidlich, nachdem Plechanov den Dezember-Aufstand falsch eingeschätzt (›man hätte nicht zu den Waffen greifen sollen‹) und begonnen hatte, ohne die Dinge beim richtigen Namen zu

nennen, im ›Dn'evnik‹ die Unterstützung der Kadetten durch die Arbeiterpartei zu predigen.«[39]

In der Tat ist es möglich, daß Lenin mit seiner Einschätzung der sowohl destruktiven wie auch innovierenden Kraft des Kapitalismus der alten Ordnung genenüber die Bedeutung des »asiatischen« Erbes in Rußland unterbewertete. Ebenso ist es möglich, daß er ein Argument nicht gelten lassen wollte, das nur allzu häufig zur Legitimation resignativer Positionen diente; wenn er vor und während der Revolution immer wieder auf der Notwendigkeit der Hilfe durch die westeuropäische Arbeiterklasse insistierte, so zeigt das deutlich, wie sehr er sich der Schwierigkeiten einer Revolution in einem »rückständigen« Land bewußt war.

Diese Einsicht verstärkte sich immer mehr in den letzten Jahren seines Lebens. Die Schriften aus den Jahren 1920 bis 1923 sind voll von Beschwerden über die »Plage des Bürokratismus« und von Aufrufen, sie entschlossen zu bekämpfen. Wiederholt spricht er vom »barbarischen Rußland« und unterstreicht die Notwendigkeit einer Angleichung an den Westen; immer wieder verweist er auf die Schwierigkeit, aus vorkapitalistischen Bedingungen zum Sozialismus zu gelangen. In der kleinen Abhandlung *Über die Naturalsteuer* aus dem Jahre 1921 schreibt er unter anderem:

»Man sehe sich die Karte der RSFSR an. Nördlich von Wologda, südöstlich von Rostow am Don und von Saratov, südlich von Orenburg und Omsk, nördlich von Tomsk ziehen sich unermeßliche Landstriche hin, auf denen Dutzende riesengroßer Kulturstaaten Platz fänden. Und in allen diesen Landstrichen herrschen patriarchalische Zustände, Halbbarbarei und ausgesprochene Barbarei. Und in den entlegenen ländlichen Gegenden des ganzen übrigen Rußlands? Überall dort, wo Dutzende Werst von Feldwegen – richtiger: Dutzende Werst von Weglosigkeit – das Dorf von der Eisenbahn, das heißt von der materiellen

---

39 Lenin, *Bericht über den Vereinigungsparteitag der SDAPR*, Werke Bd. 10, p. 340. Die Bemerkung von G. Procacci über Kautsky und seine Tendenz, »die Sachen eher als Institutionen und nicht als Kräfteverhältnisse zu betrachten. Die Nationalisierung des Bodens war für ihn eine ›Institution‹, die er untersuchte und einschätzte, ohne die Veränderungen zu berücksichtigen, die durch die Art und Weise hätten entstehen können, in der sie realisiert wurde, und ebenso durch die ›Kräfte‹, die sie realisierten« – dürfte auch auf Plechanov zutreffen. (Vgl. Kautsky, *Agrarfrage*, a.a.O., Procacci in der italienischen Ausgabe, a. a. O., p. LXXIX).

Verbindung mit der Kultur, mit dem Kapitalismus, mit der Großindustrie, mit der großen Stadt trennen? Überwiegen nicht in allen diesen Gegenden ebenfalls patriarchalische Zustände, Oblomowtum, Halbbarbarei? ... Der Kapitalismus ist ein Übel gegenüber dem Sozialismus. Der Kapitalismus ist ein Segen gegenüber dem Mittelalter, gegenüber der Kleinproduktion, gegenüber dem mit der Zersplitterung der Kleinproduzenten zusammenhängenden Bürokratismus ... Bei uns ist die ökonomische Wurzel des Bürokratismus eine andere: die Vereinzelung, Zersplitterung der Kleinproduzenten, ihre Armut und Kulturlosigkeit, die Wegelosigkeit, das Analphabetentum, der mangelnde *Umsatz* zwischen Landwirtschaft und Industrie, das Fehlen einer Verbindung und Wechselwirkung zwischen ihnen.«[40]

In einer seiner Reden des folgenden Jahres sagte er:
»Rußland hat drei Revolutionen durchgemacht, aber die Oblomows sind immer noch da, denn in Oblomow verkörperte sich nicht nur der Gutsbesitzer, sondern auch der Bauer, und nicht nur der Bauer, sondern auch der Intellektuelle, und nicht nur der Intellektuelle, sondern auch der Arbeiter und Kommunist. Es genügt, uns einmal anzusehen, wie wir Sitzungen abhalten, wie wir in den Kommissionen arbeiten, um zu sagen: *Der alte Oblomow ist noch da, und man muß ihn lange waschen, säubern, zausen und walken, damit etwas Vernünftiges herauskommt.*«[41]

Weiter bekräftigt er in anderen Schriften aus dem Jahre 1923:
»Unser Staatsapparat ist, mit Ausnahme des Volkskommissariats für Auswärtige Angelegenheiten, zum größeren Teil ein Überbleibsel des Alten, an dem nur zum geringeren Teil einigermaßen ernsthafte Veränderungen vorgenommen worden sind. Er ist nur äußerlich leicht übertüncht worden, im übrigen aber stellt er etwas ganz typisch Altes aus unserem alten Staatsapparat dar.«[42]

Läßt sich aus diesen Schriften das Eingeständnis eines Fehlers ableiten, gleichsam eine Art posthumer Revanche Plechanovs?[43] Eine klare – negative – Antwort darauf findet man vielleicht

---

40 Lenin, *Über die Naturalsteuer*, Werke Bd. 32, p. 363 ff.
41 Lenin, *Über die Internationale und die innere Lage der Sowjetrepublik.* Rede in der Sitzung der kommunistischen Fraktion des gesamtrussischen Verbandstages der Metallarbeiter, Werke Bd. 33, p. 209.
42 Lenin, *Wie wir die Arbeiter- und Bauerninspektion reorganisieren sollen* (Vorschlag für den XII. Parteitag), Werke Bd. 33, p. 468.
43 Wie Wittfogel behauptet.

in einem der letzten Artikel, den Lenin für die »Prawda« schrieb:

»Und keinem kommt es in den Sinn, sich zu fragen: Könnte nicht ein Volk, das auf eine revolutionäre Situation gestoßen ist, eine Situation, wie sie sich im ersten imperialistischen Kriege ergeben hat, könnte nicht dieses Volk, infolge der Aussichtslosigkeit seiner Lage, sich in einen Kampf stürzen, der ihm wenigstens irgendwelche Aussichten eröffnete, sich nicht ganz gewöhnliche Bedingungen für eine Weiterentwicklung der Zivilisation zu erringen? ... Wie aber, wenn die völlige Auswegslosigkeit der Lage, wodurch die Kräfte der Arbeiter und Bauern verzehnfacht wurden, uns die Möglichkeit eines anderen Übergangs eröffnete, um die grundlegenden Voraussetzungen der Zivilisation zu schaffen, als in allen übrigen westeuropäischen Staaten? Hat sich denn dadurch die allgemeine Linie der Entwicklung der Weltgeschichte geändert? Hat sich denn dadurch das grundlegende Wechselverhältnis der Hauptklassen in jedem Staate geändert, der in den allgemeinen Gang der Weltgeschichte einbezogen wird und schon einbezogen worden ist?

Wenn zur Schaffung des Sozialismus ein bestimmtes Kulturniveau notwendig ist (obwohl niemand sagen kann, wie dieses bestimmte »Kulturniveau« aussieht, denn es ist in jedem westeuropäischen Staat verschieden), warum sollten wir also nicht damit anfangen, auf revolutionärem Wege die Voraussetzungen für dieses bestimmte Niveau zu erringen, und *dann* schon, auf der Grundlage der Arbeiter- und Bauernmacht und der Sowjetordnung, vorwärtsschreiten und die anderen Völker einholen.«[44]

Auch Trotzki hatte in den Jahren vor der Revolution unter dem Einfluß von Parvus-Helphand und dem liberalen Historiker Miljukow über die russische Geschichte Ähnliches wie Plechanov geschrieben, zog aber aus seiner Analyse völlig andere politische Konsequenzen.

Die russische Nation erschien auch Trotzki 1906[45] als halb asi-

---

[44] Lenin, *Über unsere Revolution* (Aus Anlaß der Aufzeichnungen N. Suchanovs), »Prawda« 30. Mai 1923, Werke Bd. 33, p. 464.
[45] In diesem Jahr schrieb Trotzki im Gefängnis Itogi i perspektion [dtsch. als *Ergebnisse und Perspektiven. Die treibenden Kräfte der Revolution*, Ffm. 1967]. Die russische Erstausgabe wurde im Band *Naša revoljucija* (Unsere Revolution), St. Petersburg 1906, veröffentlicht. Vgl. E. H. Carr, *The Bolshevik Revolution*, a. a. O., p. 59, Fußnote. Vgl. auch I. Deutscher, *Der bewaffnete Prophet, 1879–1921*, Stuttgart 1962; P. Vidal-Naquet,

atisch und halb europäisch und auf einer »primitiven« und »unwandelbaren« Gesellschaft basierend. Seit Jahrhunderten entwickle sich diese Gesellschaft nicht durch interne Kräfte, sondern werde von externem militärischen Druck bestimmt. Um sich gegen die tartarischen, polnischen, litauischen und schwedischen Invasoren behaupten zu können, habe der russische Staat an die Bevölkerung beispiellose Anforderungen gestellt, wodurch die Herausbildung einer besitzenden Klasse verhindert und die Entwicklung der Produktivkräfte verlangsamt worden sei. Gleichzeitig jedoch sei der Staat gezwungen gewesen, aufgrund organisatorischer und administrativer Erfordernisse die Konsolidierung einer privilegierten Schicht, einer Bürokratie, zu forcieren. Der Staat sei tatsächlich in Rußland in einem Ausmaß Motor der Gesellschaft gewesen, daß selbst der Kapitalismus als sein Produkt erschienen sei[46]. Das Resultat schließlich sei die Schwäche der Städte und der Mittelschichten[47]. Das Übergewicht des Staates, die Vorherrschaft des ausländischen Kapitals und der geringe Entwicklungsstand der Bourgeoisie seien Bedingungen, die vereint eine Entfaltung des Liberalismus in Rußland unmöglich erscheinen ließen. Wenn man außerdem berücksichtige, daß durch die rasche kapitalistische Entwicklung ein zahlenmäßig zwar geringes, aber räumlich außerordentlich konzentriertes Proletariat entstanden sei, so lasse sich daraus für die russische Arbeiterklasse eine spezifische Aufgabe ableiten: die Revolution aus ihrer bürgerlichen Phase in eine sozialistische zu überführen, noch ehe in Westeuropa der Funke zur sozialistischen Revolution entfacht worden sei. Die Erfahrung von 1905 hatte Trotzki zur Überzeugung gebracht, »daß in einem ökonomisch rückständigen Land das Proletariat früher an der Macht sein kann als in einem fortgeschrittenen kapitalistischen Land«.[48]

Einige dieser Überlegungen nahm Trotzki in einem sechs Jahre später verfaßten Artikel wieder auf.[49] Der Zwang, die weiten

---

Einleitung zu K. A. Wittfogel, *Le despotisme oriental*, a. a. O., p. 26–27. Über Trotzki als Historiker vgl. L. Maitan, Einleitung zu L. Trotzki, *Storia della rivoluzione russa*, Milano 1964.

[46] Mit größerer Entschiedenheit als Lenin unterstrich Trotzki die Rolle des Staates bei der Industrialisierung Rußlands. Vgl. dazu Gerschenkrons Aufsätze in *Il problema storico dell' arretratezza economica*, Torino 1965.

[47] Vgl. auch *Naša Revoljucija*, a. a. O.

[48] Zit. nach E. H. Carr, *The Bolshevik Revolution*, a. a. O., p. 58.

[49] Der Artikel über *intelligencjia russa* erschien 1912 in »Kievskaja Mysl«; I. Deutscher (*Der bewaffnete Prophet*, a. a. O.) führt daraus zahlreiche Abschnitte an: p. 184 ff.

Ebenen zu verteidigen, hatte in Rußland einen leviathanischen Staat entstehen lassen, der das Volk zu Barbarei und Rückständigkeit verdammt und ihm die für Westeuropa typische ökonomische und kulturelle Entwicklung vorenthalten habe: »Ein Jahrtausend lang lebten wir in einer dürftigen Holzhütte, deren Ritze wir mit Moos ausfüllten – stand es uns an, von geschwungenen Bögen und gotischen Spitztürmen zu träumen?«[50]

Für Trotzki war ein Phänomen der russischen Geschichte entscheidend: er nannte es »Substitutionalismus«:

»Das erste Mal vertraten die Führer des Dekabristenaufstandes von 1825 die Ideen einer noch ungeborenen Mittelklasse. Dann versuchten die Narodniki für eine stumme und passive Bauernschaft das Wort zu ergreifen. Schließlich traten die marxistischen Intellektuellen als die Wortführer einer schwachen industriellen Arbeiterschaft, die eben erst zu erwachen begann, in die Schranken. Für alle war der Gedanke der Klasse wichtiger als die Klasse selbst.«[51]

Dieses Phänomen war jedoch mit der Revolution von 1905-1906 endgültig verschwunden. Die Masse der russischen Arbeiter hatte sich erhoben und begann, für ihre eigenen Interessen zu kämpfen. Aber, wie schon festgestellt wurde[52], Trotzki propagierte jetzt eine neue Art von »Substitutionalismus«, wonach das junge russische Proletariat die Aufgabe habe, die bürgerliche Revolution zu Ende zu treiben, wozu die schwache Bourgeoisie nicht in der Lage sei. Dieser »Substitutionalismus« sollte schon bald mit dem unmittelbaren Übergang von der bürgerlichen zur sozialistischen Revolution verschwinden.

STALIN UND TROTZKI – DIE »CHINESISCHE FRAGE« UND DIE VERDAMMUNG DER »ASIATISCHEN PRODUKTIONSWEISE«

Marx' theoretische Hinterlassenschaft über die vorkapitalistischen Produktionsweisen war komplex und mehrdeutig. Das Manuskript, in dem er sich mit dieser Frage am intensivsten beschäftigt hatte – über die *Formen, die der kapitalistischen Produktion vorhergehn* –, war noch nicht veröffentlicht; den weni-

---

50 Trotzki, zit. nach I. Deutscher, ebd., p. 185.
51 Trotzki, zit. nach I. Deutscher, ebd., p. 186.
52 Von P. Vidal-Naquet, Einleitung zu K. A. Wittfogel, *Le despotisme oriental*, a. a. O., p. 27.

gen und nicht immer klaren Betrachtungen im *Kapital*, in *Zur Kritik der politischen Ökonomie* und in den Artikeln über Indien standen die präzisen und apodiktischen Exemplifikationen des *Manifests* gegenüber, die leicht der Gefahr Vorschub leisten konnten, daraus ein Entwicklungsschema mit universaler Geltung abzuleiten. Darüber hinaus waren die Werke von Engels, vor allem *Der Ursprung der Familie, des Privateigentums und des Staats* dazu geeignet, mit ihren nützlichen, aber trügerischen Vereinfachungen dieses Vorgehen zu unterstützen. Dennoch gab es bis zum Tode Lenins und auch noch einige Jahre darüber hinaus keine kanonische Systematisierung der »Entwicklungsstadien der Menschheit«. Das Schema Urkommunismus – Sklavenhaltergesellschaft – Feudalismus war zweifelsohne weit verbreitet, aber nicht zum Dogma geworden, da man Dogmen noch nicht für erforderlich hielt.

Die Kategorie asiatische Produktionsweise stieß auf keinen ernsthaften Widerstand, man analysierte vielmehr Marx' Hinweise darüber und wandte sie auf die Geschichte der asiatischen Völker an.[53] Trotzdem wurde 1928 auf dem VI. Parteitag der Kommunistischen Partei Chinas, der in Moskau unter der Ägide der Komintern stattfand, eine Übertragung dieser Kategorie auf das gegenwärtige China als falsch verurteilt; diese Verurteilung wurde 1930-1931 nach einigen Auseinandersetzungen zwischen sowjetischen Orientalisten bestätigt und verstärkt. Als 1938 die vom Zentralkomitee der KPdSU gebilligte *Geschichte der Kommunistischen Partei der Sowjetunion (Bolschewiki) – Kurzer Lehrgang* erschien, konnte man in dem von Stalin verfaßten Kapitel *Über dialektischen und historischen Materialismus* die ein-

---

53 Vgl. zum Beispiel K. Marx, *Über Indien und China*, mit einer Einleitung von Rjazanov, in: »Unter dem Banner des Marxismus«, I (1925), 2, p. 370–402 (es handelt sich um einige Artikel von Marx aus der »New York Daily Tribune« mit einer achtseitigen Einleitung von Rjazanov); L. Madyar, *Die Ökonomik der Landwirtschaft in China*, in: »Unter dem Banner des Marxismus«, III (1929), 1, p. 150–170; K. A. Wittfogel, *Probleme der chinesischen Wirtschaftsgeschichte*, in: »Archiv für Sozialwissenschaft und Sozialpolitik«, 57 (1927), 2, p. 289–335; ferner die Schriften von Rjazanov und Varga, die im folgenden zitiert werden; weitere Beispiele führt Wittfogel in *Die orientalische Despotie* an, a. a. O. Diese Wissenschaftler waren im allgemeinen der Ansicht, daß die Geschichte Asiens die sklavenhalterischen und feudalen »Etappen« nicht gekannt habe und daß das Überwiegen der asiatischen Produktionsweise die sozio-ökonomische Struktur für Jahrtausende charakterisiert habe, von der Auflösung des Urkommunismus bis zum Erscheinen des Kapitalismus. Sie interpretierten das Adjektiv »asiatisch« in einem vorwiegend geographischen Sinn.

deutigste und rigideste Formulierung der »unilinearen« Theorie der historischen Entwicklung finden:

»Die Geschichte kennt fünf *Grundtypen* von Produktionsverhältnissen: die Produktionsverhältnisse der Urgemeinschaft, der Sklaverei, des Feudalismus, des Kapitalismus, des Sozialismus.«[54]

Welche Umstände hatten diese Reduktion bewirkt? Die erste und einfachste Antwort besteht im Hinweis auf den in jenen Jahren in der Sowjetunion grassierenden Dogmatismus; diese Antwort ist jedoch unzureichend, da sie lediglich das Terrain erklärt, auf welchem gewisse Ansätze sanktioniert werden konnten, viel mehr aber auch nicht.

Die Kategorie asiatische Produktionsweise war wieder in eine harte und folgenreiche politische Kontroverse einbezogen worden, bei der grundlegende Streitpunkte deutlich wurden.

Vor allem darf nicht übersehen werden, daß sich eine »asiatische« Interpretation der russischen Geschichte allzu gut anbot, auf die Formen übertragen zu werden, die die Sowjetmacht nach Lenins Tod allmählich annahm. Die Vorstellung eines neuen leviathanischen Staates und einer neuen Bürokratenkaste war bekanntlich der Kernpunkt der Kritik, welche die verschiedenen Oppositionsgruppen, insbesondere die Trotzkisten, an Stalin und am Parteiapparat übten. Diese Kritik entstand selbstverständlich in viel stärkerem Maße aus der Orientierung an den täglichen Schwierigkeiten der Partei und des Sowjetstaates, als aus einer Reflexion der von Marx und Engels entwickelten Beurteilungen Asiens. Dennoch war die Möglichkeit der Opposition, sich dieser Beurteilungen zu bedienen, äußerst wahrscheinlich.[55]

Trotzki griff nach der Revolution seine Arbeiten über die »asiatische« Vergangenheit Rußlands mehrmals wieder auf und vertiefte sie. Im Juli 1922 veröffentlichte er in zwei Fortsetzungen

---

54 *Geschichte der Kommunistischen Partei der Sowjetunion (Bolschewiki). Kurzer Lehrgang.* Unter Redaktion einer Kommission des ZK der KPdSU (B), gebilligt vom ZK der KPdSU (B) 1930, Moskau 1939, p. 149.
55 Christian Rakovskij schrieb im Jahre 1930: »Vom proletarischen Staat mit bürokratischen Deformationen – wie Lenin unser politisches System definiert hatte – entwickeln wir uns zu einem bürokratischen Staat mit proletarisch-kommunistischen Überbleibseln. Vor unseren Augen hat sich eine große Dirigentenklasse gebildet, mit immer mehr inneren Unterabteilungen und die sich vervielfacht durch die interne Wahl mit direkter oder indirekter Nominierung.« Zit. nach P. Broué, *Le Parti bolchevique. Histoire du PC de l' URSS*, Paris 1963, p. 365.

eine Antwort auf den Historiker Pokrowski in der »Prawda«, der die von Trotzki in seinem – kurz zuvor neu aufgelegten – Buch über die Revolution von 1905 vertretene Geschichtskonzeption kritisiert und besonders »die Eigenart des russischen historischen Prozesses in das Reich der Legende zurückgeführt hatte«.[56] In seiner Polemik gegen Pokrowski – den Trotzki später einen unerschöpflichen Erfinder von historischen Schemata, gefällig mit Marxismus verziert, nannte – griff er mit Entschiedenheit die Theorie der notwendigen und unumgänglichen Entwicklungsstadien an:

»Vom Standpunkte dieses Scheinmarxismus, der sich auf historische Schablonen und formale Analogien beschränkt, historische Epochen in eine logische Aufeinanderfolge unbeugsamer sozialer Kategorien verwandelt (Feudalismus, Kapitalismus, Sozialismus, Selbstherrschertum, bürgerliche Republik, Diktatur des Proletariats), – von diesem Standpunkte aus muß die Losung der Machteroberung durch die Arbeiterklasse in Rußland als ungeheuerlicher Verzicht auf den Marxismus erscheinen.«[57]

Die Interpretation der russischen Geschichte, die Trotzki bei dieser Gelegenheit vornahm, erinnerte aus vielerlei Gründen an die Betrachtungen von Marx und Engels über die asiatische Gesellschaft. Rußland, ein riesengroßes Land mit einer zahlenmäßig schwachen, in isolierten Weilern und Dörfern verstreuten Bevölkerung, war charakterisiert durch eine große ökonomische Rückständigkeit. Das Handwerk hatte sich nicht von der Landwirtschaft gelöst und beschränkte sich praktisch auf bäuerliche Heimarbeit:

»Hier sind wir Indien näher als Europa, wie unsere mittelalterlichen Städte den asiatischen näher waren als den europäischen, und wie unser Selbstherrschertum, zwischen europäischem Absolutismus und asiatischer Despotie stehend, sich in vielen Zügen der letzteren nähert.«[58]

In der russischen Geschichte waren Handwerkerzünfte, mittel-

---

56 Trotzki, *Antwort an Professor Pokrowski* in der »Prawda« vom 1. und 2. Juli 1922. Diese Antwort wurde im Anhang an die *Geschichte der russischen Revolution* wieder abgedruckt, Berlin 1931, p. 440. Über Pokrovskij vgl. *Rewriting Russian History: Soviet Interpretations of Russia's Past*, hrsg. von C. E. Black, New York 1957, p. 9 ff.; vgl. auch P. Vidal-Naquet, Einleitung zu K. A. Wittfogel, *Le despotisme oriental*, a. a. O., p. 32–35.
57 Trotzki, Antwort an Professor Pokrowski, op. cit., p. 440.
58 Ebd., p. 441.

alterliche Wissenschaft, Scholastik, Städteentwicklung und Reformation unbekannt geblieben. Das Handwerk war nicht in der Lage gewesen, einen russischen Kapitalismus hervorzubringen, und als sich das europäische Handels-, später das Finanz- und Industriekapital im russischen Reich ausgedehnt hatte, ergab sich daraus:

»das Auftreten der modernen kapitalistischen Industrie in Rußland im Umkreis wirtschaftlicher Primitivität: eine belgische oder amerikanische Fabrik, und ringsherum Siedlungen, Dörfer aus Stroh und Holz, die alljährlich abbrennen, und so weiter. Die allerprimitivsten Anfänge und die allerletzten europäischen Fortschritte. Daher die gewaltige Rolle des westeuropäischen Kapitals in der russischen Wirtschaft«.[59]

Aber auch die besondere Lage des russischen Proletariats spiegelte die allgemeine Rückständigkeit des Landes wider. Es war nicht in den mittelalterlichen Bruderschaften und Zünften organisiert gewesen, sondern:

»es wurde vom Holzpflug losgerissen und unmittelbar an den Fabrikkessel geworfen ... Daher das Fehlen konservativer Traditionen, das Fehlen von Kasten im Proletariat selbst, die revolutionäre Frische und daher, neben anderen Gründen, der Oktober, die erste Arbeiterregierung der Welt. Aber daher auch Analphabetismus, Rückständigkeit, Mangel an Organisationsgewohnheiten, an Systematik bei der Arbeit, an kultureller und technischer Erziehung. Wir spüren all diese Mankos in unserem wirtschaftlich-kulturellen Aufbau auf Schritt und Tritt.«[60]

Die durch die außerordentlich schwache Entwicklung der Produktivkräfte bedingte Niederlage des zaristischen Reiches im Weltkrieg bildete zudem den letzten und entscheidenden Beweis für die allgemeine Rückständigkeit, welche die Folge jener Besonderheit der historischen Entwicklung Rußlands war, die anzuerkennen Pokrowski sich weigerte.

Trotzki kehrte in den Jahren 1929-1930 zu diesem Thema zurück, als er als Verbannter auf der Insel Prinkipo die *Geschichte der Russischen Revolution* schrieb. Das erste Kapitel dieses Buches, *Die Eigenarten der Entwicklung Rußlands*, stellt vielleicht die ausführlichste und endgültigste Bearbeitung seiner Auffassung über die Geschichte des vorrevolutionären Rußlands dar. Auch hier ging Trotzki von der Feststellung aus, daß

---

59 Ebd., p. 443.
60 Ebd., p. 444.

»der grundlegende, beständigste Charakterzug der Geschichte Rußlands ... dessen verspätete Entwicklung mit der sich daraus ergebenden ökonomischen Rückständigkeit, Primitivität der Gesellschaftsformen und dem tiefen Kulturniveau (ist). Die Bevölkerung der gigantischen, rauhen, den östlichen Winden und asiatischen Eindringlingen geöffneten Ebene war von Natur aus zu weitem Zurückbleiben verurteilt«.[61]

Als grenzenloses Land, zwischen Orient und Okzident gelegen, war Rußland fortwährend gezwungen, sich gegen politischen, kulturellen und militärischen Druck von diesem oder jenem zu verteidigen, verschiedenste Einflüsse aufnehmend. Rußland entwickelte sich so nach einem »Gesetz, das man mangels passenderer Bezeichnung das Gesetz der *kombinierten Entwicklung* nennen kann, im Sinne der Annäherung verschiedener Wegetappen, Verquickung einzelner Stadien, des Amalgams archaischer und neuzeitiger Formen.«[62]

»Unter dem Druck des reicheren Europa verschlang der Staat in Rußland einen verhältnismäßig viel größeren Teil des Volksvermögens als die Staaten im Westen und verurteilte damit nicht nur die Volksmassen zu doppelter Armut, sondern schwächte auch die Grundlagen der besitzenden Klassen. Da er gleichzeitig die Hilfe der letzteren benötigte, forcierte und reglementierte der Staat deren Bildung. Infolgedessen konnten sich die bürokratisierten privilegierten Klassen niemals in ganzer Höhe aufrichten, und um so mehr näherte sich der Staat in Rußland der asiatischen Despotie.«[63]

Was die Frage der Entstehung der Autokratie anbetrifft, so sah Trotzki, welch entscheidende Funktion das Joch der Tartaren für die Herausbildung des Staates besaß, unterstrich aber – hierin Plechanov ähnlich –, daß es sich hierbei um einen relativ späten Prozeß gehandelt habe:

»Das byzantinische Selbstherrschertum, das die Moskauer Zaren sich offiziell zu Beginn des sechzehnten Jahrhunderts angeeignet hatten, zähmte mit Hilfe des Adels das feudale Bojarentum und unterwarf sich den Adel, ihm gleichzeitig die Bauern versklavend, um sich auf dieser Grundlage in den Petersburger Imperatorenabsolutismus zu verwandeln. Die Verspätung dieses

---

61 Trotzki, *Geschichte der Russischen Revolution. Februarrevolution*, a. a. O., p. 15.
62 Ebd., p. 17.
63 Ebd., p. 18.

Prozesses wird dadurch zur Genüge charakterisiert, daß das Leibeigenschaftsrecht, das im sechzehnten Jahrhundert entstanden war, sich im siebzehnten ausgebildet und seine Blüte im achtzehnten hatte, rechtlich erst 1861 abgeschafft wurde.«[64]
Die Misere der gesamten alten russischen Geschichte »fand ihren traurigsten Ausdruck im Mangel echt mittelalterlicher Städte als Handwerks- und Handelszentren«[65]. Dem Handwerk war es nicht gelungen, sich von der Landwirtschaft zu trennen und die altrussischen Städte waren wie die asiatischen »Handels-, Verwaltungs-, Heeres- und Adels-Zentren, folglich konsumierend, nicht produzierend«[66].
Die unter Peter I. eingesetzte Europäisierung des Landes hatte sich im 19. Jahrhundert beschleunigt, blieb aber eher eine Imitation des Westens, als eine eigene organische Entwicklung. Trotzki nahm an dieser Stelle seine Theorie des »Substitutionalismus« wieder auf:
»Die Lösung der Aufgabe einer Klasse durch die Hände einer anderen ist eben eine der kombinierten Methoden, die den rückständigen Ländern eigentümlich sind.«[67]
Auch die Geschichte der industriellen Entwicklung schien Trotzki ein weiterer Beweis des »Gesetzes der kombinierten Entwicklung« zu sein. Dadurch, daß die Industrialisierung viele Phasen übersprungen hatte, hatte sie außergewöhnlich schnell eingesetzt und hatte Konzentrationserscheinungen in einem Ausmaß gezeigt, wie es für die fortgeschrittensten Staaten Europas und für die Vereinigten Staaten unbekannt war. Zum andern befanden sich die wichtigsten Industrie- und Transportunternehmen sowie die Banken in den Händen von ausländischem Kapital. Diese sprunghafte und spezielle Entwicklung tritt wieder auf in der Entwicklung des Proletariats:
»Dabei entstand das russische Proletariat nicht allmählich, in Jahrhunderten, beschwert mit der Last der Vergangenheit wie in England, sondern sprunghaft, durch schroffe Wendung der Lage, der Verbindungen, der Beziehungen und durch jähen Bruch mit dem Gestern. Gerade dies in Verbindung mit dem konzentrierten Joch des Zarismus machte die russischen Arbeiter für die kühnsten Schlußfolgerungen des revolutionären Gedankens empfäng-

---

64 Ebd., p. 18.
65 Ebd., p. 19.
66 Ebd., p. 19.
67 Ebd., p. 20.

lich, ähnlich wie die verspätete russische Industrie sich für das letzte Wort kapitalistischer Organisation empfänglich zeigte.«[68]

Zwischen den kapitalistischen Spitzen und den Volksmassen bestand keine Übergangsschicht. Schwäche und politische Unfähigkeit der Bourgeoisie waren »unmittelbar bestimmt durch den Charakter ihrer Beziehungen zu Proletariat und Bauernschaft«:

»Sie vermochte nicht das Proletariat zu führen, das ihr im Alltag feindlich gegenüberstand und sehr bald seine Aufgabe zu verallgemeinern lernte. Im gleichen Maße erwies sie sich aber zur Führung der Bauernschaft unfähig, da sie durch ein Netz gemeinsamer Interessen mit den Gutsbesitzern verbunden war und die Erschütterung des Eigentums in welcher Form auch immer fürchtete. Das Verspäten der russischen Revolution war folglich nicht nur eine Frage der Chronologie, sondern auch der sozialen Struktur der Nation.«[69]

Der russisch-japanische Krieg und das Jahr 1905 hatten dem Zarismus die erste Erschütterung gebracht, die Revolution hatte aber zudem die Unfähigkeit der Bourgeoisie offenbart, sich an die Spitze einer demokratischen Bewegung zu stellen: »Programm, Banner und Führung konnte der Bauernschaft unter diesen Umständen nur das junge Proletariat bieten.«[70]

Als die Kategorie asiatische Produktionsweise offiziell verurteilt wurde, war die *Geschichte der russischen Revolution* noch nicht geschrieben. Die Auffassung ihres Verfassers war aber bereits bekannt, und es ist anzunehmen, daß bei den Anhängern wie bei den Gegnern Stalins die alte Besorgnis Plechanovs, Lenins und gerade auch Trotzkis über die »asiatische« Vergangenheit noch lebendig waren. Zudem hatte Trotzki, wie wir noch sehen werden, in jenen Jahren die chinesische Lage mit ganz ähnlichen Kategorien analysiert. Die Kategorie der asiatischen Produktionsweise war in der Tat Gegenstand einer anderen schwerwiegenden politischen Auseinandersetzung gewesen, die zwischen 1926 und 1928 über die Politik der Internationale in China, über die Ursachen der Niederlage der revolutionären Bewegung und über die ökonomische und soziale Lage des zeitgenössischen Chinas geführt wurde.

---

68 Ebd., p. 23.
69 Ebd., p. 23.
70 Ebd., p. 25.

Welche politische Bedeutung konnte die Kategorie der asiatischen Produktionsweise für die Interpretation der chinesischen Situation besitzen? Es ist bekannt, daß die politische Linie der Komintern in den rückständigen Ländern grundsätzlich auf dem Bündnis des schwachen städtischen Industrieproletariats mit der sogenannten »Nationalbourgeoisie« basierte. Diese politische Linie konnte nun keine bessere »historiographische« Bestätigung finden als die Ausdehnung jenes »klassischen« historischen Prozesses auf China, der in Westeuropa die städtische Bourgeoisie, Ausdruck des entstehenden Kapitalismus und Trägerin der demokratischen Forderungen, veranlaßt hatte, die Fesseln des Feudalismus zu sprengen. Das Kräfteverhältnis wurde in diesem Sinn eindeutig bestimmt: einerseits die Nationalbourgeoisie und das Proletariat, in der bürgerlich-demokratischen Phase der Revolution verbündet; andererseits der ausländische Imperialismus und die in der chinesischen Gesellschaft noch in weitem Ausmaß vorhandenen Überreste des Feudalismus.

Eine derartige Auffassung jedoch war unvereinbar mit der Annahme, daß die chinesische Gesellschaft stärker durch das Fortbestehen »asiatischer« Strukturen gekennzeichnet sei, als durch Überreste des Feudalismus. Zu den Unterscheidungsmerkmalen der »asiatischen« Gesellschaft im Marxschen Sinn zählten in der Tat das Fehlen (oder zumindest die geringe Bedeutung) einer feudalen Großgrundbesitzerklasse; die Macht einer Aristokratie-Bürokratie, die aus der Grundrente ihren Unterhalt bezog; und die Schwäche der Städte. Wenn man sich diese Charakterisierung vergegenwärtigte, mußte man notwendigerweise zur Überzeugung gelangen, daß es – im Unterschied zur westeuropäischen – eine autonome chinesische Stadtbourgeoisie nicht geben konnte, sondern daß diese einerseits mit dem Imperialismus (als *Kompradoren*bourgeoisie), andererseits mit der herrschenden Bürokratenklasse (als Handwerker und Kaufleute, die für die herrschende Klasse die notwendigen Güter produzierten und lieferten) liiert sein mußte. Politisch konnte das Ergebnis solcher Überlegungen zur chinesischen Gesellschaft nur bedeuten: die Annahme zu verwerfen, die Nationalbourgeoisie – vom Proletariat unterstützt oder nicht – sei in der Lage, eine demokratische Revolution gegen ihre eigenen Interessen voranzutreiben. Das hieß, nicht ein Bündnis zwischen Nationalbourgeoisie und Proletariat (politisch gesprochen zwischen Kuomintang und KPCh), sondern nur ein Bündnis zwischen städtischem Proletariat und unterdrückten Bauernmassen konnte die Basis sein für eine die sozialen Beziehungen radikal verändernde Revolution.

Bereits im Jahre 1925 unterstrich Rjazanov, als er im Bulletin der Komintern einen Artikel von Marx über China edierte, die Stabilität der »asiatischen Produktionsweise«, die erst der ausländische Kapitalismus aufzulösen begann. Er leitete daraus ab:

»Das Proletariat ... bereitet sich darauf vor, die Führung der Armen und der in der Stadt und auf dem Land Ausgebeuteten zu übernehmen.«[71]

Im gleichen Jahr vertrat der Ökonom Eugen Varga die Ansicht, daß das Proletariat die Führung der chinesischen Befreiungskriege übernehmen müsse und seine Hauptaufgabe die Ausarbeitung einer klaren Agrarpolitik sei. In diesem Artikel rekurrierte Varga ausdrücklich auf einige Urteile von Marx über die Gesellschaftsstruktur der asiatischen Länder.[72]

Wichtiger jedoch ist eine Artikelreihe von Varga über Probleme der chinesischen Revolution, die drei Jahre später, ebenfalls im Organ der Komintern, erschien. Varga ging von der Feststellung aus, daß

»China sich in einer Phase der revolutionären Umwälzung einer vorkapitalistischen Gesellschaftsordnung befindet, die auf der ›einfachen Reproduktion‹ gründet (›asiatische Produktionsweise‹ von Marx) und viele feudalen Elemente enthält, in einer Übergangsphase von halbkolonialem, nicht zu Ende geführten Kapitalismus zu einer Diktatur der Arbeiter und Bauern.

Wenn die Bourgeoisie in der Lage wäre, eine bürgerliche Lösung für die Agrarfrage zu finden, würde das chinesische Industrieproletariat nie das Ziel erreichen, die große Masse der Bauern auf seine Seite zu ziehen. Ohne die Unterstützung der Bauernschaft aber – oder gar im Kampf gegen die Bauern – ist es für das junge, zahlenmäßig schwache Industrieproletariat möglich (sic! muß offensichtlich ›unmöglich‹ heißen), die Herrschaft der chinesischen und ausländischen Bourgeoisie sowie der Militari-

---

71 D. Rjazanov, *Karl Marx et la Chine*, »La correspondance internationale«, Nr. 68, 8. Juli 1925, p. 563–564 (Diese Schrift präsentierte den Artikel von Marx über *Die Revolution in China und in Europa*, der dann in »La correspondance internationale« Nr. 70, 15. Juli 1925, abgedruckt wurde).
72 E. Varga, *La situation économique en Chine*, »La correspondance internationale« Nr. 122, 16. Dezember 1925, p. 1035–1037.

sten umzustürzen. Deshalb bildet die Agrarfrage den Kern der chinesischen Lage.«[73]

Varga stellte die Verwendung der Kategorie des »Feudalismus« für China als falsch und schädlich hin: falsch, weil zahlreiche Unterschiede zum europäischen Feudalismus, beispielsweise die eindeutigen Integrationsbeziehungen, die in China zwischen Nutznießern von Grundrente einerseits, Kaufleuten und Wucherern andererseits bestanden; schädlich, weil der Begriff Feudalismus zu opportunistischen Fehlern verleite und zur Annahme führe, daß eine bürgerliche »Phase« notwendig und es daher erforderlich sei, zumindest zeitweilig den revolutionären Kampf einzuschränken. Im Gegenteil:

»eine von der Bourgeoisie geführte Agrarrevolution, eine Revolution des »dritten Standes«, eine von Bourgeoisie und Bauernschaft gemeinsam geführte Revolution, welche die feudale Grundherrschaft umstürzt, ist in China nicht möglich. Sie ist deshalb nicht möglich, weil in China keine eigentliche feudale Grundherrschaft existiert, da sämtliche Schichten der Bourgeoisie Nutznießer der Grundrente sind und daher keine Revolution gegen sich selber machen können. Die bürgerlich-demokratische Agrarrevolution kann in China nur durch einen Kampf gegen die Bourgeoisie durchgeführt werden.«[74]

Varga, der von einer gut dokumentierten Analyse der ökonomisch-sozialen Lage Chinas ausging, in der er weitgehend Marxens Urteile über asiatische Gesellschaftsformationen aufnahm, gelang es, politische Folgerungen zu ziehen, die sich beträchtlich von denen unterschieden, die für viele Jahre die Chinapolitik der Komintern bestimmt hatten und teilweise weiterhin bestimmten. Vargas Einschätzung wies offensichtlich Berührungspunkte mit Trotzkis Auffassung auf. Trotzki hatte bereits 1924 in einer Versammlung des Politbüros die Allianz der KPCh mit der Kuomintang kritisiert – allerdings ohne großen Nachdruck. Er beschäftigte sich nicht allzu intensiv mit der chinesischen Frage bis zum Jahr 1926, als er wiederholt gegen die Aufnahme der Kuomintang in die Komintern protestierte, wobei er die Notwendigkeit hervorhob, daß die Politik der kommunistischen Parteien und die Diplomatie der UdSSR sich auf verschiedenen

---

73 E. Varga, *Les problèmes fondamenteaux de la révolution chinoise*, »La correspondance internationale«, Nr. 56, 16. Juni 1928, p. 669–670. Dieser Artikel wurde fortgesetzt in Nr. 60 bis 63.
74 Ebd., p. 670.

Ebenen bewegen müßten. Im Jahre 1927 beurteilte er die Teilnahme der Kommunisten an der Regierung von Wuhan mit dem linken Flügel der Kuomintang skeptisch – ging aber nicht soweit, den Austritt der Kommunisten aus der Regierung zu fordern. Als die Krise der Regierung von Wuhan überwunden war, attackierte er mit Entschiedenheit die politische Linie Stalins und Bucharins und die Anwendung der »Stadientheorie« auf China.

Nach Trotzkis Feststellung muß man davon ausgehen, daß der große und mittlere Grundbesitz (wie er in China vorkomme) äußerst eng an das städtische Kapital gebunden sei, das auch ausländisches miteinschließe. Es gebe in China keine Kaste von Feudalherren, die sich gegen die Bourgeoisie wende. Der am häufigsten auftretende und am meisten verhaßte Typ des Ausbeuters auf dem Land sei der wucherische »Kulak«, ein Agent des städtischen Finanzkapitals. Folglich habe die Agrarrevolution einen ebenso antifeudalen als auch antibürgerlichen Charakter. Es werde in China also nicht – oder fast gar nicht – eine Phase eintreten, wie sie der ersten Phase der russischen Revolution entsprechen würde, als Kulaken, oftmals sogar führend, mit den mittleren Schichten und den Armen der Städte zusammen gegen die Grundbesitzer opponierten. Die Agrarrevolution in China werde weiter im wesentlichen eine Erhebung nicht nur gegen die relativ wenigen Grundbesitzer und Bürokraten sein, sondern auch eine gegen die »Kulaken« und Wucherer.[75]

Ebenso griff Trotzki die Auffassung von »feudalen Überresten« an und ging sogar soweit, eine bereits bestehende Vorherrschaft des Kapitalismus in der chinesischen Wirtschaft zu behaupten, woraus die Notwendigkeit einer proletarischen Hegemonie im revolutionären Kampf resultiere:

nach seinen Worten, wären es sicher schlechte Aussichten, wenn es tatsächlich in China sich um eine Vorherrschaft feudaler Überreste handle, wie die Mitglieder des Exekutivkomitees der kommunistischen Internationale behaupteten. Aber glücklicherweise können Überreste nicht allgemein vorherrschend sein. In dieser Hinsicht korrigiere der Programmvorschlag nicht im geringsten die begangenen Fehler, sondern vertiefe sie noch mit den windigsten Vorwänden. Der Programmvorschlag spreche vom ›Vorherrschen mittelalterlicher Feudalverhältnisse, sowohl in der Wirtschaft des Landes wie im politischen Überbau! Das sei total

---

75 L. Trotzki, *La Terza Internazionale dopo Lenin,* a cura di L. Maitan, Milano 1957, pp. 198/99.

falsch. Was soll denn ›vorherrschen‹ heißen? fragt Trotzki. Handelt es sich dabei um die Anzahl der betreffenden Personen oder die vorherrschende Rolle in der Wirtschaft des Landes? Er selbst meint, es gebe ein äußerst rasches Anwachsen der Industrie, die auf Handels- und Bankenkapitalismus, auf die Eroberung des Landes gerichtet sei und eine völlige Abhängigkeit des Marktes von den einflußreichsten städtischen Gebieten; die enorme Rolle des ständig steigenden Außenhandels; die totale Unterordnung der chinesischen Landgebiete unter die Städte, all das könne das unbedingte Übergewicht, die direkte Vorherrschaft kapitalistischer Verhältnisse belegen. Sicher komme der Sklaverei und der Halbsklaverei eine besondere Bedeutung zu; teils seien das Relikte aus der Feudalepoche, teils sind es neue gesellschaftliche Verhältnisse, ein Wiedererstehen der Vergangenheit aufgrund der zurückgebliebenen Produktivkräfte, der ländlichen Überbevölkerung, der Unternehmungen des Finanz- und Wucherkapitals usw. Aber das *vorherrschende* Element geben nicht die ›Feudalverhältnisse‹ (oder genauer Formen der Sklaverei und, allgemein gesagt, vorkapitalistische Formen), sondern die kapitalistischen Verhältnisse. Im übrigen, so Trotzki, sei es nur diese vorherrschende Rolle kapitalistischer Verhältnisse, die es zulasse, von der Perspektive der führenden Rolle des Proletariats in der nationalen Revolution ernsthaft auszugehen. Sonst wären diese Voraussetzungen nicht stichhaltig.[76] Und weiter:

»den Stand der Gutsbesitzer gibt es in China fast nicht, die Grundbesitzer sind mit den Kapitalisten viel enger verbunden als im zaristischen Rußland, das spezifische Gewicht der Agrarfrage ist deshalb in China viel geringer als im zaristischen Rußland, dafür aber nimmt die Frage der nationalen Befreiung einen großen Platz ein. Dementsprechend kann die Fähigkeit der chinesischen Bauernschaft zum selbständigen revolutionärpolitischen Kampf, um die demokratische Erneuerung des Landes keinesfalls größer sein als bei der russischen Bauernschaft ... Das alles zusammen beweist, daß für China, welches die Erfahrung von 1925 bis 1927 bereits hinter sich gelassen hat, die Formel der demokratischen Diktatur eine noch gefährlichere reaktionäre Falle darstellt als bei uns nach der Februar-Revolution.«[77]

---

76 ebda, pp. 221-222.
77 Trotzki, *Die permanente Revolution*, Ffm.–Hamburg 1969, p. 121. Über die Haltung Trotzkis gegenüber der chinesischen Revolution, abgesehen von

Trotzkis Analyse (die teilweise, zumindest bis 1927, von Radek geteilt wurde) stimmte mit Vargas Untersuchung insofern überein, als auch dieser den engen Zusammenhang von städtischer Bourgeoisie und Grundbesitzern hervorhob – auch wenn Trotzkis Neigung, den Entwicklungsgrad des Kapitalismus zu überschätzen, ihn dazu verleitete, in den Grundbesitzern einfach Agenten des städtischen Kapitalismus zu sehen.[78] Der Historiker S. M. Dubrovski, asiatische Produktionsweise und Feudalismus schlicht gleichsetzend, unterstrich, daß die Argumentation von Trotzkisten und Vertretern der asiatischen Produktionsweise in diesem Punkt übereinstimmte: »Ein falsches Verständnis der Entwicklung der orientalischen Völker und besonders Chinas führte die Trotzkisten, die den Standpunkt einer besonderen »asiatischen Produktionsweise« in China vertraten, zu einer Reihe von Fehlern, sowohl in ihrem Programm wie in ihrer Taktik.«[79]

Wenn man von der Debatte über die chinesische Frage innerhalb der Komintern übergeht zu den verschiedenen Positionen der chinesischen Kommunisten, so stellt sich das Problem noch viel verworrener und komplexer dar. Vor allem ist zu bemerken, daß in jener Zeit die Kategorie asiatischer Produktions-

---

den beiden zitierten Werken, vgl. auch *Problems of the Chinese Revolution,* New York 1932 (photomechanischer Nachdruck New York 1962). Dieses Buch enthält außer den bedeutendsten Beiträgen von Trotzki zu der chinesischen Frage auch seinen wichtigen Brief an Max Schachtmann, Herausgeber des Buches, und einen Anhang mit Schriften anderer Autoren (die Thesen von Zinov'ev, eine Rede von Vuyovic, den berühmten »Brief aus Schanghai« von Nassonov, Fokine und Albrecht). Vgl. aber auch I. Deutscher, *Der unbewaffnete Prophet, Trotzki 1921–1929,* Stuttgart 1962; H. Carrère d'Encausse – S. Schram, *Marxism and Asia,* a. a. O., p. 61, 64, 221, 227–231; R. Schlesinger, *Il Comintern e la questione coloniale,* a. a. O. pp. 97, 103. [R. Schlesinger, *Die Kolonialfrage in der Kommunistischen Internationale,* a. a. O. p. 33 ff.]; E. Masi, *Die chinesische Herausforderung,* a. a. O., p. 15 ff. Eine nützliche Sammlung von Dokumenten ist, auch wenn in ihrer Präsentation oft unkorrekt: P. Broué (Hrsg.), *La question chinoise dans l'Internationale communiste,* Paris 1965.

78 Vgl. H. Carrère d'Encausse – S. Schram, *Marxism and Asia,* a. a. O., p. 234, Fußnote. Nach den beiden Autoren trifft für China genau das Gegenteil zu, das heißt, die städtische Bourgeoisie war ein Produkt der Grundeigentümer. Was jedoch hervorzuheben ist, ist, daß sowohl Trotzki als auch Varga die Verbindungen zwischen Stadt und Land betont haben, woraus sie ein entschieden negatives Urteil über die chinesische Bourgeoisie ableiteten. Die beiden Autoren (wie auch Schlesinger) scheinen die Aspekte der Ähnlichkeit zwischen der Politik, der Komintern und der Position von Trotzki in bezug auf China stärker zu betonen als deren Divergenzen.

79 Zit. bei K. F. Shteppa, *Russian Historians and the Soviet State,* New Brunswick (N. Y.) 1962, p. 76.

weise in China weniger Anhänger besaß und viel weniger offen diskutiert wurde als in der UdSSR. Es ist wahrscheinlich, daß der eindeutig pejorative Gebrauch eines Terminus wie »asiatisch« unter den chinesischen Intellektuellen einiges Erstaunen hervorrief.[80] Die Funktionäre der Komintern, deren Informationen über die chinesische Situation oft ungenau und unvollständig waren, neigten verständlicherweise dazu, für China die Terminologie und die Forschungs- und Beurteilungskriterien zu verwenden, die ihnen am geläufigsten waren. Die chinesischen Kader besaßen natürlich andere Möglichkeiten einer direkten Analyse, standen dann aber vor der Schwierigkeit, ihre verschiedenen Interpretationen der chinesischen Wirklichkeit mit den politischen Direktiven und auch mit der Terminologie der Komintern in Einklang zu bringen. Einige Forschungsergebnisse zur asiatischen Gesellschaftsformation boten sich ihnen zur Übernahme an oder näherten sich ihren Überlegungen objektiv. Man kann sich aber leicht vorstellen, daß in vielen Fällen diese Tatsache als nicht besonders relevant erschien. Zudem verursachten die Schwäche der Partei und die Stärke der Komintern oft Verschleierungen: den Gebrauch einer andeutungsreichen und verschwommenen Sprache und in ernsteren Fällen sogar die Verteidigung von Vorstellungen und politischen Linien, die der eigenen Auffassung alles andere als entsprachen. Es genügt, an den Fall Ch'en Tu-hsiu zu erinnern, einer der einflußreichsten chinesischen Intellektuellen, Parteisekretär seit der Komintern-Gründung und genauer Befolger ihrer Direktiven, auch wenn er sie persönlich oft nicht billigte – Ch'en wurde 1927 des »rechten Opportunismus« beschuldigt und aus seinem Amt entfernt, wurde später Trotzkist und starb 1942 in einem Gefängnis der Kuomintang; oder an den Fall Chü Ch'iu-pai, Hauptankläger von Ch'en Tu-hsiu und dessen Nachfolger, obwohl er von seiner leitenden Position in der Partei aus dessen politische Linie geteilt hatte[81]. Leider ist über die Arbeit von Leuten wie Ch'en

---

80 Vgl. B. Schwartz, *A Marxist Controversy on China*, in: »Far Eastern Quarterly«, XIII (1954), p. 143–153, besonders p. 150 f.
81 Zu diesem Abschnitt der Geschichte der KPCh vgl. B. Schwartz, *Chinese Communism and the Rise of Mao*, Cambridge (Mass.) 1951. S. Swarup, *A Study of the Chinese Communist Movement, 1927–1934*, Oxford 1966; J. Guillermaz, *Histoire du parti communiste chinois (1921–1949)*, Paris 1968; E. Collotti-Pischel, *Le origine ideologiche della rivoluzione cinese*, Torino 1958; E. Masi, *Linee di storia del PCC*, in: »Giovane Critica« 1968, Nr. 18, p. 42–57. Über die Beziehungen zwischen der KPCh und der

Tu-hsiu, Chü Ch'iu-pai, Li Li-san und Peng Shu-chih noch nichts Zulängliches erforscht worden und selbst eine Dokumentation ihrer Tätigkeit ist spärlich und schwer zugänglich. Beim gegenwärtigen Stand der Forschung hat man eher den Eindruck von einer grundsätzlichen Kontinuität (zumindest vor dem Sieg von Maos Linie) und und von einer allgemeinen Tendenz in der chinesischen Politik – wenn auch mit jeweils verschiedenen Akzentuierungen und Nuancen –, »linkere« Positionen als die der Komintern einzunehmen, die meistens eine Bremsfunktion ausübte. Das alles bedeutete jedoch nicht, daß man intern Fraktionierungen und Polemiken wegwischen kann, um die chinesischen Kommunisten als homogene Gruppe zu begreifen. Ebenso wenig kann die Tendenz einiger angelsächsischer Sinologen akzeptiert werden, in den chinesischen Kommunisten – Mao eingeschlossen – wenig mehr als von Moskau abhängige Marionetten zu sehen.[82]

Es besteht also eine objektive Schwierigkeit, die ideologischen und politischen Positionen der verschiedenen Führer der KPCh zu verstehen und exakt zu bestimmen, was den Versuch außerordentlich erschwert, die politische Bedeutung der Frage der asiatischen Produktionsweise im China der Jahre zwischen 1925 und 1930 zu präzisieren. Man kann, wie gesagt, nicht gerade behaupten, daß über diese Frage offen diskutiert wurde oder daß die Stellung dazu zu einem Kriterium für verschiedene Positionen wurde. Man muß sich schon zu Wittfogels wildem Ideologentum versteigen, um mehr oder weniger willkürlich zu suggerieren, daß die Kontroverse zwischen Stalin, Trotzki, Bucharin, Chü Ch'iu-pai und Mao Tse-tung im wesentlichen auf die Alternative Feudalismus – asiatische Produktionsweise zurückgehe. Die Kategorie asiatische Produktionsweise bot sich für

---

Komintern vgl. neben den bereits zitierten Arbeiten von Schlesinger, Carrère d'Encausse – Schram, usw. auch: E. H. Carr, *The Bolshevik Revolution*, a.a.O.; ders., *Socialism in one Country, 1924–1926*, 3 Bände, London 1958–1964; R. C. North, *Moscow and Chinese Communists*, Stanford 1953 (Neuauflage 1963); sehr nützlich ist ferner die Anthologie: *The Communist International, 1919–1943*, hrsg. von J. Degras, II, *1923 bis 1928*, London – New York – Toronto 1960; ders., *United Front Tactics in the Comintern, 1921–1928*, in: *International Communism*, Hrsg. von D. Footman, »St. Antony's Papers«, Nr. 9, p. 9–22. Viele bibliographische Angaben findet man außerdem in: J. Chesneaux – J. Lust, *Introduction aux studes d'histoire contemporaine de Chine*, Paris – La Haye 1964 und Jean Chesneaux, *L'Asia orientale nell'età dell'imperialismo*, Torino 1969.

82 Siehe E. Collotti-Pischel, *Su alcune interpretazioni della figura di Mao Tse-tung*, a. a. O., p. 757–758.

China seinerzeit zweifellos an, um eine bestimmte politische Linie zu unterstützen; wie das allerdings konkret sich zugetragen haben mag, kann beim gegenwärtigen Stand als nicht genügend geklärt betrachtet werden.

Wittfogel behauptet nicht ohne Grund, daß unter den chinesischen Kommunisten der Hauptverfechter der Kategorie asiatische Produktionsweise Chü Ch'iu-pai war[83], der von den beiden Komintern-Beauftragten Heinz Neumann und Besso Lominadze unterstützt wurde. Die von Wittfogel angeführten Dokumente sind jedoch nicht ganz überzeugend und die von ihm entwickelte Hypothese kann allenfalls als reizvoll betrachtet werden. Wie bereits angemerkt wurde, geriet 1927 die vom linken Flügel der Kuomintang und der KPCh gebildete Koalitionsregierung von Wuhan in eine endgültige Krise, und es kam zur tragischen Niederlage der chinesischen Revolution. Nach immer heftigeren Kritiken von Trotzki entschloß sich Stalin, ihn links zu überholen, und er bestimmte zu diesem Zweck eine neue Strategie. Die chinesische Bourgeoisie hatte seiner Meinung nach einen Verrat begangen, was aber nicht bedeute, daß die Linie der Komintern falsch gewesen sei; falsch sei allein deren Durchführung gewesen – aufgrund des »rechten Opportunismus« Ch'en Tu-hsius und anderer chinesischer Führer. Die chinesische Bourgeoisie sei an ihrer Aufgabe gescheitert, aber das Proletariat mit der Unterstützung der Bauern sei bereit, ihr Erbe fortzuführen: eine neue revolutionäre Welle kündige sich an.

Am 7. August wurde eine Sonderkonferenz der KPCh einberufen: Ch'en Tu-hsiu wurde unter Anklage gestellt und abgesetzt; an seine Stelle trat Chü Ch'iu-pai als Parteisekretär. Die folgenden Monate waren gekennzeichnet durch eine Reihe von Aufständen, die alle blutig scheiterten: die Ernterevolte im Herbst von Hunan, der Aufstand von Swatow, die Kommune von Kanton. Für die KPCh bedeuteten diese Ereignisse eine entschiedene Wendung nach links, die ihren Höhepunkt im Novemberplenum des Zentralkomitees der Partei erreichte. Die politische Resolution des Plenums sprach der Nationalbourgeoisie jegliche tragende Rolle ab und verurteilte den Versuch, die Kuomintang in ein revolutionäres Instrument zu verwandeln. Sie bestimmte für die Zukunft den Weg einer siegreichen Revolution der Arbeiter und Bauern und einer radikalen Landreform.

---

83 K. A. Wittfogel, *The Marxist View of China*, a. a. O., p. 163 ff.

Schließlich stellte sie fest, daß die chinesische Revolution mit der »von Marx als ›permanenter Revolution‹ bezeichneten« übereinstimme:

»Die chinesische Revolution hat den Charakter einer permanenten Revolution, da die chinesische Bourgeoisie unfähig ist, eine demokratische Revolution durchzuführen, die imstande ist, die Herrschaft der feudalen Militaristen zu stürzen; die chinesische Revolution kann in ihrem Fortgang nicht angehalten werden bei ihrer demokratischen Phase (entsprechend der sogenannten ›Theorie der zwei Revolutionen‹); die chinesische Revolution, die mit der Leitung der demokratischen Probleme angefangen hat, beginnt unvermeidlich, sozialistische Probleme in Angriff zu nehmen.«[84]

Diese Periode war jedoch nur von kurzer Dauer. Chü Ch'iu-pai, der allerdings nur zum Teil verantwortlich für das Scheitern der Aufstände war, wurde bald wegen »schlecht organisiertem und schlecht geführtem Putschismus« und »blindem Abenteurertum« angeklagt und vom Posten des Sekretärs abgesetzt. Die neue Linie, deren Ausführung Hsiang Chung-fa und Li Li-san anvertraut wurde, läßt sich unter der Formel »Vorbereitungen für den Aufstand« zusammenfassen und zog stärkere Verfolgungen nach sich.

Zwischen Juli und September des Jahres 1928 fand in Moskau unter der direkten Kontrolle der Komintern (und gleichzeitigem Abhalten des VI. Kongresses der Komintern) der VI. Parteitag der KPCh statt, der dazu bestimmt war, die Änderung der politischen Linie und die Ersetzung von Chü Ch'iu-pai zu sanktionieren. In der *Resolution zur Agrarfrage* verurteilte der Kongreß die Anwendung der Theorie der asiatischen Produktionsweise auf die aktuelle chinesische Situation als Irrtum:

»Es ist ein Irrtum, das heutige sozio-ökonomische System Chinas und das ökonomische System auf dem Land als Besonderheiten einer Übergangsphase von der asiatischen Produktions-

---

84 »International Press Correspondence«, 1928, Nr. 5, p. 121–123. Trotzki griff die politische Resolution des Plenums vom November heftig an (die trotzdem vom IX. Plenum des Exekutivkomitees der Komintern des »Trotzkismus« beschuldigt wurde), indem er sie als ein Gemisch von Opportunismus und Abenteurertum bezeichnete. Er vertrat die Meinung, daß für Lominadze wie für Bucharin permanente Revolution nur ununterbrochenes Anwachsen der revolutionären Bewegung hieß, vgl. *Problems of the Chinese Revolution*, a. a. O., p. 216, Fußnote. Über die asiatische Produktionsweise ist in der Resolution nur ein vager Hinweis auf den alten chinesischen Despotismus und die berühmten asiatischen Foltern, etc. zu finden.

weise zum Kapitalismus zu betrachten. Die Hauptmerkmale der asiatischen Produktionsweise sind: 1) das Fehlen von Privateigentum an Grund und Boden; 2) große öffentliche Arbeiten (v. a. Dämme und Flußverbindungssysteme), die vom Staat ausgeführt werden, als materielle Voraussetzung für das Entstehen einer autoritären Zentralgewalt und von Organisationen (Gentil- oder Landgemeinschaften) zur allgemeinen Leitung der Kleinproduzenten; 3) die Existenz eines starken Gemeindesystems (gegründet auf der Verbindung von Industrie und Landwirtschaft auf Familienbasis). Diese Voraussetzungen, insbesondere die erste, entsprechen keineswegs der gegenwärtigen chinesischen Situation.«[85]

Die Resolution wies jedoch auf die bestehenden Unterschiede zwischen chinesischem und europäischem Feudalismus hin. In China fehle die Landwirtschaft vom Typus des europäischen Feudalbesitzers fast völlig, und auf dem Land dominiere das Kleinbauerntum. Das in China vorherrschende System wurde als »bürokratisch-feudal« bestimmt.

Nach Wittfogel verteidigten Chü Ch'iu-pai (unter dem Pseudonym Strachow), Neumann und Lominadze auf dem VI. Kongreß der Komintern eine abgeschwächte Version der Theorie der asiatischen Produktionsweise. In Wirklichkeit stellten sie die ökonomische und soziale Lage Chinas dar, indem sie, aber sehr vage, einige Elemente der Theorie verwendeten.[86] Chü Ch'iu-pai polemisierte gegen Trotzki, wahrscheinlich, um eine mögliche Anklage wegen »Trotzkismus« von sich fernzuhalten. Man kann also nicht mit absoluter Sicherheit sagen, daß eine direkte Verbindung zwischen der politischen Liquidation Chü Ch'iu-pais und der fast gleichzeitigen Verurteilung der Theorie der asiatischen Produktionsweise bestand, auch wenn das wahrscheinlich ist. Über den wahren Grund dieser Verurteilung besteht durchaus keine Klarheit und es bedürfte präziserer und profunderer Nachforschungen, um verstehen zu können, welche

---

85 Zit. bei K. A. Wittfogel, *The Marxist View of China*, a. a. O., p. 165.
86 »International Press Correspondence«, 1928, Nr. 68, p. 1249–1254; Nr. 76, p. 1416–1418; Nr. 78, p. 1458–1462. Zu Chü Ch'iu-pai siehe: T. A. Hsia, *Chü Ch'iu-pai's Autobiographical Writings: The Making and Destruction of a Tender-hearted Communist*, »The China Quarterly«, Nr. 25, Januar–März 1966, p. 176–212. Weitere Bemerkungen über Chü Ch'iu-pai und andere führende chinesische Kommunisten finden sich in der wertvollen Einleitung von E. Collotti-Pischel in der italienischen Ausgabe von E. Snow, *Stella rossa sulla Cina*, Torino 1965.

Personen oder Gruppen ein Interesse an diesen Anschuldigungen besaßen. Man kann annehmen, daß die Verurteilung von Stalin veranlaßt wurde, der bestrebt war, ein Argument auszuschalten, das bei vielen Gelegenheiten von der Opposition verwendet werden konnte.

Wittfogels Behauptung bleibt also bis jetzt eine bloße Hypothese. Wäre sie richtig, würde sie bestätigen, daß die Marxsche Kategorie der asiatischen Gesellschaftsformation in bezug auf China die Funktion besaß, politische Ansichten zu unterstützen, die sich »links« von der offiziellen politischen Linie der Komintern befanden. Im Vergleich zu der Debatte von 1906 zwischen Plechanov und Lenin kann man also sagen, daß sich die Positionen umgekehrt haben.

Ein recht aufschlußreicher Exkurs – bei dem aber zur Zeit noch viel offen bleiben muß – kann die Einschätzung durch Mao Tsetung sein. Wittfogel behauptet, daß Mao die »feudale« Interpretation vertrete,[87] was unter einem bestimmten Blickpunkt auch offensichtlich zutrifft. Aber auch hier berücksichtigt Wittfogel nicht genügend, daß unter den chinesischen Kommunisten keine rein akademische Diskussion über asiatische Produktionsweise geführt wurde. Mao hatte mindestens zwei ausschlaggebende Gründe, um den Terminus »asiatische Produktionsweise« abzulehnen. Der erste lag natürlich im Mißtrauen eines Revolutionärs, der das reiche historische Erbe und die ruhmvollen revolutionären Traditionen des Volkes von Han hervorhob,[88] dem vorwiegend pejorativ verwendeten Adjektiv »asiatisch« gegenüber. Der zweite Grund bestand in der minimalen Bedeutung, die in seinen Augen eine rein terminologische Frage besitzen konnte, vor allem, wenn sie Gefahr lief, zu einem weiteren (und unnützen) Streitpunkt mit Moskau zu werden. Daraus aber abzuleiten, daß Mao die chinesische Wirklichkeit mit ungenauen oder falschen Kategorien interpretiert habe, weil sie aus einem anderen historischen Kontext stammen, führt offensichtlich zu weit. Balazs hat sehr zu Recht bemerkt, daß »das Wort ›feudal‹ ohne genaue Bedeutung ist. Es bedeutet einfach ›reaktionär‹ und bezeichnet alles mögliche, was den Grundbesitz be-

---

87 K. A. Wittfogel, *The Marxist View of China*, a. a. O., p. 169.
88 S. Schram, Mao Tse-toung, Paris 1963, p. 75 (es handelt sich um eine Anthologie der Schriften von Mao, derselbe Schram ist Verfasser einer der besten Mao-Biographien, Mao Tse-tung e la Cina Moderna, Milano 1968, vgl. a. J. Ch'ên, Mao Tse-tung e la rivoluzione cinese, Firenze 1966).

trifft: ähnlich wie das französische ›hobereau‹ oder das deutsche ›Junker‹ oder auch, wenn ich mich nicht irre, das englische ›squirearchy‹.«[89] Doch lassen wir Wittfogels Behauptung. Man sollte sich höchstens die Frage stellen, ob und in welchem Maße Maos Einschätzung der chinesischen Gesellschaftsentwicklung und die von ihm entwickelte revolutionäre Strategie im Zusammenhang mit der Kategorie der asiatischen Produktionsweise standen. Dabei ist festzuhalten, daß Mao der Position von Chü Ch'iu-pai mehr als irgend einer anderen der KPCh in den Jahren vor 1934 zuneigte.[90] Gewisse entscheidende Elemente der maoistischen Strategie lassen sich zudem objektiv leichter in die »asiatische« Einschätzung der chinesischen Gesellschaft einordnen als in die hergebrachten Beurteilungskriterien der Komintern. Entscheidend ist für ihn die Rolle, die die Bauern im revolutionären Kampf einnehmen; sie sind im Sinne der asiatischen Produktionsweise die Masse der Beherrschten und Unterdrückten. Ein weiteres Prinzip besteht in der Bündnispolitik mit einigen Schichten der Bourgeoisie, das sich allerdings von dem vorausgegangenen Bündnis zwischen Kuomintang und KPCh unterscheidet. Die Komintern hatte geglaubt, daß die bürgerlich-kapitalistische Klasse in China selbst eine antifeudale Revolution vorantreibe. In einer bestimmten Phase der Revolution habe die durch die wachsende Stärke des Proletariats sich bedroht fühlende kapitalistische Bourgeoisie »Verrat« geübt und sich mit den Resten des Feudalismus gegen das Proletariat verbündet. Nach Auffassung von Verfechtern der Kategorie asiatische Produktionsweise (wie Varga) war die Kaufmanns- und Wucherer-Bourgeoisie in China überwiegend und an sich unfähig – aufgrund ihrer starken Verbindung mit dem Imperialismus einerseits und der herrschenden Bürokraten- und Grundbesitzerklasse andererseits –, eine demokratische Revolution voranzutreiben. Maos Einschätzung der chinesischen Bourgeoisie schloß mehr ein.

---

89 E. Balazs, *The Birth of Capitalism in China*, »Journal of the Economic and Social History of the Orient«, III, Teil II, 1960, p. 200. Jetzt auch in: *Chinese Civilisation and Bureaucracy*, New Haven und London 1964, p. 38.
90 Vgl. T. A. Hsia, *Ch'ü Ch'iu-pai's Autobiographical Writings*, a. a. O., p. 179 und Fußnote 3. Der berühmte Bericht von Mao über Hunan begann, in einer Zeitschrift zu erscheinen, die jedoch nach der ersten Fortsetzung beschloß, die Veröffentlichung einzustellen. Chü Ch'iu-pai veröffentlichte dann den Bericht in einer Broschüre und schrieb eine Einleitung dazu.

Er teilte ganz und gar den Pessimismus dieser Beurteilung (wie von Varga und anderen), was die Großgrundbesitzer, die Kompradoren, die Bürokraten und die von finanzieller und politischer Protektion durch ausländische Mächte angewiesenen Kapitalisten anbetraf. Die Wahrscheinlichkeit einer Beteiligung dieser Gruppen am revolutionären Kampf könne nicht einmal in Betracht gezogen werden. Es gebe jedoch andere Schichten der Bourgeoisie, auf deren Hilfe das Proletariat und die Bauern angewiesen seien und deren Bündnisfähigkeit nicht von vornherein auszuschließen sei. Zu diesen Schichten gehörten beispielsweise die herkömmlichen Handwerker und von der zerstörerischen Konkurrenz des ausländischen Kapitalismus zerrüttete Kleinunternehmer und vor allem Intellektuelle, die bei den aktuellen gesellschaftlichen Veränderungen eine untraditionelle Rolle erhielten und durch den von der imperialistischen Invasion verursachten historischen Untergang Chinas herausgefordert und daher bereit waren, sich an einer großen nationalen, antiimperialistischen Umwälzung zu beteiligen. Es handelte sich also nicht um einen Kampf gegen »Feudalismus« (im weitesten Sinn des Wortes), sondern gegen die ausländische Herrschaft, die ökonomische und kulturelle Rückständigkeit, die großen Landeigentümer, Wucherer, Bürokraten, gegen die spezifische Form des Kapitalismus in China; um diese besondere Form des Kapitalismus zu charakterisieren, prägte Mao 1947 eine umständliche Redewendung (»Staatsmonopolistischer Kapitalismus mit Kompradoren- und Feudalcharakter«[91]), die Balazs folgendermaßen kommentierte:

»Gewiß handelt es sich um einen Slogan. Und dennoch ist er ebenso eine mehr oder weniger adäquate Beschreibung, wenn wir uns die Mühe machen zu verstehen, wie er die Wirklichkeit beschreibt. Der erste Teil der Redewendung wendet sich mit Verachtung an die chinesische Industrie- und Handelsbourgeoisie der *treaty ports*, die enge Beziehung mit den ausländischen Mächten und den Großgrundbesitzern hat. Das bedeutet ›Kompradoren- und Feudalcharakter‹. Der andere Teil, ›staatsmonopolistischer Kapitalismus‹, bezeichnet einfach die Tatsache, daß in China zur Zeit der Kuomintang die berühmten Familien von Tschiang Kai-schek, T. V. Sung und H. H. K'ung das ökonomi-

---

91 Mao Tse-tung, Ausgewählte Werke, Bd. IV, Verlag für fremdsprachige Literatur, Peking 1969, p. 173.

sche Leben des ganzen Landes monopolisierten. Diese Bourgeoisie nannte Mao ›bürokratisch‹.«[92]
Nähern sich solche Interpretationen der chinesischen Realität mehr den Verfechtern der »feudalen« oder der »asiatischen« Theorie an? Einstweilen stellt sich das Problem nur Sinologen oder Mao Tse-tung-Biographen.
Es ist aber angebracht, von China abzulassen und auf die UdSSR zurückzukommen. Dort wurde die Kategorie asiatische Produktionsweise in den Jahren 1930 und 1931 auf zahlreichen Versammlungen von Historikern und Orientalisten angegriffen und verurteilt.
Im Mai 1930 wurde dieses Problem in Tiflis von einigen Wissenschaftlern der Vereinigung marxistischer Historiker aus dem Departement Transkaukasus diskutiert.[93] Das Einführungsreferat hielt ein Verfechter der asiatischen Produktionsweise, Berin, der in der Folge heftig von anderen Diskussionsteilnehmern attackiert wurde, vor allem von Bolotnikov, Sef und Cvibak. Die Gegner der Kategorie der asiatischen Produktionsweise vertraten im allgemeinen die Ansicht, daß die asiatische Produktionsweise allenfalls als orientalische Variante des Feudalismus betrachtet werden könne und warfen Berin vor, sich dogmatisch an die Buchstaben der Marxschen Ansicht zu halten. Allerdings konnten auch sie ihre Position nur mit anderen Zitaten behaupten. Marx, Engels, Lenin und die Komintern-Dokumente lieferten den einen wie den anderen die nötigen Waffen für eine lange »Zitaten-Schlacht«, während theoretische Arbeit und reale historische Daten in dieser Auseinandersetzung nur eine sekundäre Rolle spielten. Die historischen Erläuterungen bezogen sich vor allem auf Aserbeidschan, die Türkei und Persien, was wohl mit dem Ort der Diskussion zusammenhing. Was die politischen Aspekte dieser Frage anbetrifft, so blieben sie im Hintergrund bis auf die von allen Seiten geführten Angriffe gegen Bucharins »Mechanismus« und die gegenseitigen Anschuldigungen des heimlichen Einverständnisses mit bürgerlicher Ideologie. Berin trat für die Kategorie asiatische Produktionsweise ein, ohne sie auch für den zeitgenössischen Orient gelten zu lassen, dessen Interpretation als Feudalismus er annahm. Sein Versuch, die Ursprünge des Feudalismus im Orient zu erklären, war allerdings

---
92 E. Balazs, *The Birth of Capitalism in China*, a.a.O., p. 198.
93 Zakavkazskoe otdelenie obščestva istorikov marksistov prikomakademii CIK SSR, *Ob aszijatskom sposobe proizvodstva*, Zakkniga 1930.

nicht überzeugend (Berin setzte diese Erscheinung in Zusammenhang mit dem Einbruch des westlichen Kapitalismus) und bot seinen auf Inkohärenz und Widersprüche lauernden Gegnern eine breite Angriffsfläche für ihre Kritik.

Es handelte sich in Tiflis also um eine Diskussion von Wissenschaftlern, die trotz der Härte einiger Polemiken in einer recht ruhigen Atmosphäre geführt wurde, zumindest geht das aus dem stenographischen Bericht hervor. Wesentlich härter verlief die im Februar 1931 von der Vereinigung marxistischer Orientalisten in Leningrad veranstaltete Diskussion, die folgenreicher durch die Bedeutung ihrer Teilnehmer war.[94]

Die Diskussion wurde durch zwei Referate eingeleitet. Das erste von M. Godes war eine Abrechnung mit der Kategorie der asiatischen Produktionsweise, während das zweite von M. Kokin sie verteidigte. Nach einer Reihe von Beiträgen zogen Kokin und Godes die Schlußfolgerungen. Obwohl es sich um eine von Wissenschaftlern geführte Diskussion handelte, unterstrich Godes von Anfang an die spezifisch politische Bedeutung des Problems. Als Hauptgegner wurden explizit Trotzki und diejenigen, die – wie Radek und Lominadze – in gewissem Maße 1926 bis 1928 die von ihm entwickelte Auffassung über die chinesische Frage geteilt hatten, angesehen. Man kann sagen, daß es weniger um die Kategorie der asiatischen Produktionsweise als vielmehr um die Verteidigung der Interpretation Chinas als »feudalistisch« ging, indirekt also darum, die bisherige China-Politik der Komintern zu rechtfertigen.

Godes kritisierte die Auffassung, daß die Bürokratie gewissermaßen als Klasse definiert werden könne und eine Theorie (deren eigentlicher Urheber Bogdanov war), derzufolge der Ursprung des Staates in der Transformation einer herrschenden Bürokratenklasse in Organisatoren der Produktion begründet war. Er griff heftig den »geographischen Materialismus« Plechanovs an und umging elegant ein berühmtes Zitat von Marx über die Produktionsweisen aus dem Vorwort von *Zur Kritik der politischen Ökonomie*, indem er meinte, die Morgan-Lektüre habe Marx damals die Augen geöffnet und er habe seine Beurteilung

---

94 Kommunističeskaia Akademija, *Diskussia ob aszijatskom sposobe proizvodstva*, Leningrad 1931. Über die Diskussion von Leningrad vgl. auch: K. A. Wittfogel, *Orientalische Despotie*, a. a. O.; J. Pečírka, *Die Sowjetischen Diskussionen über die asiatische Produktionsweise und über die Sklavenhalterformation*, in: »Eirene. Studia graeca et latina«, Prag, III, 1964, p. 147–169.

der naturwüchsigen Gemeinwesen geändert. Eine der Hauptzielscheiben seiner Polemik war der ungarische Historiker Madyar, Mitglied des Büros der Komintern für den Orient, der die chinesische Wirtschaft im Sinne der Auffassung von asiatischer Produktionsweise untersucht hatte. Godes beschuldigte ihn, Marx unkritisch zitiert und nicht weiterentwickelt zu haben.

Godes behauptete ferner, daß in der Theorie der asiatischen Produktionsweise die Vorstellung vom Ausnahmecharakter Asiens impliziert sei, die sich dazu anbot, von asiatischen Nationalisten und europäischen Kapitalisten antikommunistisch ausgenutzt zu werden.

E. Iolk, der ausdrücklich Vargas Schriften über China anführte, machte einen Unterschied zwischen Trotzkisten und Vertretern der asiatischen Produktionsweise, fügte aber hinzu, daß die politischen Konsequenzen beider Auffassungen objektiv die gleichen seien. Diese Verbindung mit den Trotzkisten wurde von Kokin als ein rein demagogischer Trick zurückgewiesen. Demnach lehnten es Trotzki und Radek ab, das zeitgenössische China als feudal zu charakterisieren, während die Verfechter der asiatischen Produktionsweise für das zeitgenössische China die Feudalismus-Interpretation akzeptierten, da sie die asiatische Produktionsweise auf die Geschichte und einige Überbleibsel in der Gegenwart beschränkt wissen wollten.

Fast alle Diskussionsteilnehmer lehnten es ab, die Kategorie der asiatischen Produktionsweise für die aktuelle chinesische Situation in Anspruch zu nehmen, die statt dessen als überwiegend feudal charakterisiert wurde. Nur wenige konzedierten, daß Überreste der asiatischen Produktionsweise erhalten geblieben waren. Godes und Iolk negierten auch für die Vergangenheit die Existenz einer spezifischen asiatischen Produktionsweise. Der Orientalist I. Lur'e unterstützte das mit der Behauptung, die großen Gesellschaften des alten Orients seien feudal strukturiert gewesen. Kovalev und Struve – jener ausdrücklich, dieser in nicht eindeutiger Weise – vertraten dagegen die Auffassung, daß möglicherweise die Gesellschaften Mesopotamiens und des alten Ägyptens als Beispiele für die asiatische Produktionsweise angesehen werden könnten. Diese Meinung teilten N. Kalemin und A. Mukhardij, während I. Plotnikov der Ansicht war, daß die asiatische Produktionsweise im vorkolumbianischen Amerika bestanden habe und Kokin und Papajan glaubten, sie sei in der alten Geschichte Chinas vorherrschend gewesen. Im ganzen Verlauf der Diskussion zitierte niemand die Schriften von Marx, in denen er von Rußland als einer »asiatischen« Gesellschaft gesprochen hatte.

In seiner Schlußbemerkung bekräftigte Godes, daß die Kategorie abzulehnen sei, da sie »objektiv falsch« und wenig sinnvoll, wenn nicht gar schädlich für die Ziele der Weltrevolution sei. Diese These schien, obwohl es fundierte andere Auffassungen gab, die Resultate der ganzen Diskussion zu enthalten. Trotzdem hat es den Anschein, daß die Führer der KPdSU – denen diese Fragen besonders am Herzen lagen – ihre Unzufriedenheit über die Leningrader Diskussion nicht zurückhielten, der vorgeworfen wurde, nichtssagend gewesen zu sein und nicht klar genug auf den Zusammenhang zwischen der Kategorie der asiatischen Produktionsweise und den Fehlern der trotzkistischen Opposition hingewiesen zu haben.[95]

Beim gegenwärtigen Stand der Untersuchungen und den zur Verfügung stehenden Quellen kann man die realen Motive für die »Verdammung« der Jahre 1928 bis 1931 als nicht ausreichend geklärt betrachten. Dennoch kann man zusammenfassend für das Verschwinden der Kategorie der asiatischen Produktionsweise folgende Hauptgründe annehmen:

1) An erster Stelle steht die chinesische Frage. Obwohl nicht ganz geklärt ist, auf welche Weise und in welchem Maße sich die Diskussion über die asiatische Produktionsweise mit den verschiedenen innerhalb der Komintern und der KPCh vertretenen politischen Positionen – wir haben hier nur einige Hypothesen darstellen können – überschnitt, so kann man doch annehmen, daß die Kategorie hinsichtlich Chinas sich schlecht dazu eignete, die vorherrschende Linie der Komintern-Politik zu unterstützen, sondern Argumente eher nur einigen ihrer Gegner liefern konnte. Wahrscheinlich ist, daß von den »Orthodoxen« diese Zusammenhänge wissentlich übertrieben wurden; sicher aber ist, daß Trotzkisten und Verfechter der asiatischen Produktionsweise es ablehnten, die Kategorien des »Feudalismus« umstandslos auf das damalige China anzuwenden, wenn sie die zeitgenössische

---

[95] W. Z. Laqueur, *The Soviet Union and the Middle East*, New York 1959, p. 92. In der *Histoire de l'antiquité*, hrsg. von V. Diakov und S. Kovalev (Verlag für fremdsprachige Literatur, Moskau o. J., aber 1962) liest man, daß die Frage der sozialen Verhältnisse im Orient um 1930 diskutiert wurde, allerdings »in einem etwas scholastischen und pedantischen Geist« (p. 88).

chinesische Situation auch in Teilen unterschiedlich interpretierten.

2) Immer noch in bezug auf die Kominternpolitik in Asien: es ist möglich, daß bei einigen die Absicht bestand, die potentiell reaktionäre Auffassung einer »besonderen Entwicklung« Asiens im Vergleich zur »normalen« historischen Entwicklung der Menschheit zu bekämpfen. Das Risiko einer irrtümlichen Anwendung von Interpretationskriterien, die durch die historische Erfahrung Westeuropas gewonnen worden sind, auf die asiatischen Länder, war somit – mehr oder weniger bewußt – der Preis, der bezahlt wurde, um die Auffassungen derer abzulehnen, die im Namen der asiatischen »Außergewöhnlichkeit« die Möglichkeit einer revolutionären und sozialistischen Entwicklung des Orients negierten.

3) Gewisse Elemente einer Theorie der asiatischen Produktionsweise boten sich, sowohl an sich wie aufgrund ihrer spezifischen Übertragung auf die russische Vergangenheit, dazu an, von der Opposition für ihre Polemik gegen die Omnipotenz der Partei und ihres Apparates verwendet zu werden. Es ist möglich, daß ein Leser der These von Madyar und seiner Anhänger, daß »Diener der Gemeinschaft zur herrschenden Klasse geworden sind«, an die Thesen der Trotzkisten über die Wiederherstellung einer privilegierten Gruppe in der UdSSR dachte, die durch diktatorische und bürokratische Methoden die neue Macht im ersten »sozialistischen Staat« bildeten.

4) Im Klima des beginnenden Dogmatismus in jenen Jahren reihte sich die Diskussion über die asiatische Produktionsweise ein in eine größere Auseinandersetzung zwischen »orthodoxen« Tendenzen, Vertretern einer »Parteilichkeit« der Historiographie und allgemein der ganzen Kultur einerseits und einer Reihe von Intellektuellen, die angeklagt waren, noch von »bürgerlichen« Ideologien beeinflußt zu sein, wie Petruševskij und Tarle andererseits. In dieser Polemik, in der die von Pokrovskij angeführten Parteihistoriker immer stärker überwogen, stellte die asiatische Produktionsweise nur eine der zahlreichen historischen Fragen dar, die auf dem Altar der schematischen und simplifizierenden Auffassung einer allgemein gültigen Aufeinanderfolge der vier Produktionsweisen geopfert wurden.[96]

5) Mit dem Kampf für die Orthodoxie und der »Parteilichkeit

---

[96] K. F. Shteppa, *Russian Historians*, a. a. O., p. 47 ff.

in Kunst und Wissenschaft« war ebenso die Polemik gegen die Auffassung (deren Autorenschaft Bogdanov zugeschrieben wurde) über die Entstehung des Staates verbunden, derzufolge er seinen Ursprung nicht im Privateigentum und im Klassenkampf habe, sondern in der Notwendigkeit einer Organisation der Produktion und in der Transformation der Organisationen in ausbeutende Klassen. Eine Ansicht, die, wie wir gesehen haben, von den Verfechtern der asiatischen Produktionsweise entwickelt worden war und die sich offensichtlich dazu anbot, sich in eine Kritik an der beginnenden objektivistischen Tendenz der Sowjetunion zu verwandeln.

Die Diskussionen von 1930-1931 signalisierten also eine entscheidende Etappe auf der nunmehr siegreichen Entwicklung der »unilinearen« Tendenz, die sich jetzt der posthumen Unterstützung durch Lenin bedienen konnte – und es auch mehrere Male tat –, dessen Schrift *Über den Staat* im Januar 1929 in der »Prawda« publiziert worden war.

Auch die Veröffentlichung der Marxschen *Grundrisse* 1939/1940 konnte diese Entwicklung nicht aufhalten: der Abschnitt über die *Formen, die der kapitalistischen Produktion vorhergehn* wurde ignoriert oder zum Gegenstand willkürlicher Interpretationen gemacht. Die asiatische Produktionsweise wurde für mehrere Jahre ganz allgemein dem Feudalismus gleichgesetzt, bis sich zwischen 1938 und 1940 die vor allem von Kovalev und Struve vertretene Auffassung durchsetzte, daß die asiatische Produktionsweise eine Variante der Sklavenhaltergesellschaft sei, charakterisiert durch das Überleben der patriarchalischen Gesellschaft. Die Bestätigung dieser Ansicht in der sowjetischen Historiographie schloß jedoch niemals die Möglichkeit einer Diskussion über diese Frage sowie verschiedene Ansichten aus. Beispielsweise gelangten Struve und Tjumenev, auch wenn sie die alt-orientalischen Gesellschaften als Sklavenhaltergesellschaften beurteilten, dennoch zu entgegengesetzten Schlußfolgerungen. Struve betonte die Ähnlichkeit und Kontinuität, Tjumenev die Unterschiede und den Bruch zwischen diesen Gesellschaften und den späteren griechisch-römischen Sklavenhaltergesellschaften.

Das letzte Aufflackern der Kontroverse über die asiatische Produktionsweise blieb also hauptsächlich beschränkt auf die Historiographie der klassischen und nahöstlichen Antike. Selbstverständlich sprach man nicht mehr über die asiatische Produktionsweise in der russischen Geschichte. Im selben Augenblick, in dem die UdSSR zu einem »Modell« wurde, verstärkte sich die Notwendigkeit, auch für die russische Geschichte »exemplarische« Kennzeichen zu finden, das heißt eine klassische, sklavenhalterische und feudale Phase zu suchen, was, wie erwartet, auch eingetreten ist.[97] Was die sowjetischen Forschungen im Gebiet der Orientalistik betrifft, so erlebten sie bereits zwischen 1928 und 1930 eine ernste Krise und die größten Institute wurden nach heftigen Polemiken gegen die Unkompetenten, Akademiker und Bürgerlichen reorganisiert. Von den Vertretern einer »asiatischen« Interpretation Chinas gingen einige dazu über, sich mit anderen Fragen zu beschäftigen oder emigrierten, andere wiederum wie Madyar und Rjazanov verschwanden in der Zeit der großen Säuberungen, in der die allgemeine Eliminierung der Oppositionellen stattfand.[98]

---

[97] Über die Diskussionen unter den sowjetischen Wissenschaftlern zwischen den Weltkriegen vgl.: K. Shteppa, *Russian Historians,* a. a. O. (Dieses Werk ist eine wahre Fundgrube an Informationen. Sein Autor war russischer Historiker, der 1943 in die USA emigrierte und dort im Jahre 1958 starb. Unter dem Pseudonym Godin ist er bekannt als Mitarbeiter eines Buches über die Prozesse der Stalin-Ära); *Rewriting Russian History,* a. a. O. (insbesondere die Essays von C. E. Black, *History and Politics in the Soviet Union,* p. 3–31, und von L. Yaresh, *The Problem of Periodization,* p. 32–77). Zu den Debatten über antike Geschichte und über die asiatische Produktionsweise siehe die interessante Übersicht von J. Pečirka, *Die sowjetischen Diskussionen,* a. a. O.

[98] Über die Institute und Wissenschaftler in der Sowjetunion, die sich mit dem Orient beschäftigten, findet man zahlreiche Hinweise (neben den in Anm. 97 zitierten Angaben) in: W. Z. Laqueur, *The Soviet Union and the Middle East,* a. a. O., p. 11 ff.; ebd., p. 81 (Hinweise auf Madyar), auf den Tod von Rjazanov. [V. Serge, *Beruf: Revolutionär,* Ffm. 1967 und L. Shapiro, *Die Geschichte der Kommunistischen Partei der Sowjetunion,* Berlin und Ffm. 1961.] V. Serge, Memorie di un rivoluzionario, Firenze 1956; L. Shapiro, Storia del partito comunista sovietico, Milano 1962.

III. Neue Perspektiven der Diskussion

WITTFOGEL UND DER »ORIENTALISCHE DESPOTISMUS«

Sieht man von einigen, vor allem englischen, indischen, japanischen Wissenschaftlern[1] ab, so kann man feststellen, daß man sich von den Marxschen Ideen über orientalische Gesellschaftsformationen ungefähr nach 1930 deutlich abwandte und daß sie für viele Jahre beinahe ignoriert wurden. Ein Interesse für

---

[1] Der Einfluß der Schriften von Marx über Indien ist eindeutig vorhanden im Werk von P. Dutt, *L'Inde aujourd'hui et demain*, Paris 1957 (erste englische Ausgabe 1940). Der indische Marxist E. M. S. Namboodiripad bediente sich 1952 der Kategorie der asiatischen Produktionsweise in seiner Untersuchung über Kerala. Nachdem S. A. Dange in seinem Buch *India from Primitive Communism to Slavery*, Bombay 1949, versucht hatte, in der indischen Geschichte die »klassischen Phasen« der Sklavenhaltergesellschaft und des Feudalismus zu finden, kritisierten einige Wissenschaftler wie D. D. Kosambi, D. K. Bedekar und D. R. Chanana, den Schematismus des Autors und wiesen auf das Gewicht der Marxschen Ansichten über die asiatische Gesellschaft hin (vgl. Chesneaux, *Le mode de production asiatique, une nouvelle étape de la discussion*, in: Eirene. Studia graeca et latina, Prag, III, 1964, p. 137–138; ders., *Récente travaux marxistes sur le mode de production asiatique*, in: »La pensée«, Nr. 114, 1964, p. 68–69; auch: L'Hsia nella storia di domani, Bari 1967 p. 84; M. Godelier, *La notion de »mode de production asiatique«*, a. a. O., p. 20/21; Vidal-Naquet, Einleitung zu K. A. Wittfogel, *le despotisme oriental*, a. a. O., p. 40). In Japan haben marxistische Forscher sich sehr lange mit diesem Thema beschäftigt, vor allem in den Jahren 1933 bis 1935 und nach dem Zweiten Weltkrieg, als eine japanische Übersetzung der Marxschen Schrift der *Formen, die der kapitalistischen Produktion vorhergehn* erschien. Viele von ihnen neigten dazu, die asiatische Produktionsweise als eine Übergangsphase von der klassenlosen Gesellschaft zur »Sklavenhaltergesellschaft« und weniger als eine autonome Gesellschaftsformation zu interpretieren. Manche behaupteten, daß die asiatische Produktionsweise eine sehr weit zurückliegende Periode der japanischen Geschichte bezeichne. Vgl. J. K. Fairbank – M. Banno, *Japanese Studies of Modern China*, Rutland (Vermondt) 1955; K. Shiozawa, *Les historiens japonais et le mode de production asiatique*, in: »La pensée«, Nr. 122, 1965, p. 63–78; T. Masubuchi, *Wittfogel's Theory of Oriental Society and the Development of Studies of Chinese Social and Economic History in Japan*, in: »The Developing Economies«, IV, September 1966, Nr. 3, p. 316–333.

den Problemkomplex asiatische Produktionsweise ist erst neuerdings wieder aufgelebt und hat zahlreiche und verschiedenartige Gründe. Die Entstalinisierung hat ganz allgemein marxistische Forschungen belebt, da sie dazu beigetragen hat, Tabus und Dogmen abzutragen. Die Befreiungskämpfe und das politische Wiedererwachen der Völker Asiens und Afrikas haben ein neues Interesse für die Geschichte jener Länder entstehen lassen[2]. Die Kontroverse zwischen China und der Sowjetunion hat die marxistischen Theoretiker vor neue und zum Teil unvorhergesehene Probleme gestellt.

Unter den Gründen zur Wiederaufnahme der Debatte ist an einen ganz besonderen zu erinnern. Es war das Erscheinen eines im höchsten Grade »provokatorischen« Buches im Jahre 1957, auf das bereits hingewiesen wurde: *Die orientalische Despotie* von K. A. Wittfogel.

Zunächst zu K. A. Wittfogels sehr bewegter Biographie. Als deutscher Kommunist verfaßte er in den Jahren nach dem ersten Weltkrieg Theaterstücke und Arbeiten über allgemeine Gesellschaftsprobleme, um sich dann Forschungen über die ökonomische und soziale Geschichte Chinas zuzuwenden – ein Forschungsgebiet, in dem er sich als einer der Pioniere betrachten kann. In der Einleitung zur *Orientalischen Despotie* schreibt er, daß er zunächst stark beeinflußt von Max Weber, später von Marx war, dessen Ansichten über den Charakter der asiatischen Gesellschaften er wiederaufnahm und weiterentwickelte. Das Verzeichnis seiner zwischen 1924 und heute entstandenen Schriften enthält Artikel theoretischen Charakters (z. B. über das Verhältnis von geographischem Materialismus und Marxismus), Studien, die wir »problemgeschichtliche« nennen würden (wie

---

[2] Siehe dazu: J. Chesneaux, *Quel Orient faut-il étudier?*, in: »La pensée«, Nr. 48-49, 1953; ders., *La recherche marxiste et le réveil contemporain de l'Asie et de l'Afrique*, ebd., Nr. 95, 1961; ders., *Pour une histoire asiocentrique de l'Asie moderne*, »Diogène« Nr. 55. Juli–September 1966, p. 110-126 ebenso die Arbeiten von Chesneaux, die zusammengefaßt sind in: L'Asia nella storia di domani, a. a. O.; M. C. Sahli, *Décoloniser l'histoire*, Paris 1965; A. Abdel-Malek, *L'orientalisme en crise*, in: »Diogène« Nr. 44, Oktober-Dezember 1963, p. 109-142 (und die Antwort von C. Cahen in Nr. 49, Januar–März 1965 in derselben Zeitschrift). Nützlich ist auch, obwohl sie diese Probleme nur streift, die Schrift von M. Leiris, *L'ethnographe devant le colonialisme*, in: »Les temps modernes«, VI (1950), Nr. 58, jetzt auch in *Brisées*, Paris 1966, p. 125 ff. Schließlich: *De l'imperialisme à la décolonisation*, Paris 1965, mit Schriften von J. Berque, J.-P. Charnay und anderen.

›Hegel über China‹), wissenschaftliche Untersuchungen über die sozio-ökonomische Geschichte Chinas, ferner – besonders aus den letzten Jahren – Artikel, in denen Zeitgeschichte und politische Polemik eng miteinander verknüpft sind.[2a]

Einige Zeit war Wittfogel einer der Experten der Komintern für die Probleme des Fernen Ostens und arbeitete für Zeitschriften wie *Unter dem Banner des Marxismus* und *Internationale Presse Korrespondenz*. In den Jahren 1930–1931 gehörte er zu den von den Verurteilungen von Leningrad und Tiflis betroffenen Autoren. Im Jahre 1933 wurde er von den Nationalsozialisten in ein Konzentrationslager verschleppt. Nach seiner Befreiung unternahm er eine neue Studienreise nach China (1935-1937). In seiner Heimat verfolgt und von der Entwicklung in Sowjetrußland tief enttäuscht, ließ er sich in den Vereinigten Staaten nieder, wo er heute chinesische Geschichte an der University of Washington in Seattle lehrt. Es ist besonders darauf hinzuweisen, daß Wittfogel in den Vereinigten Staaten einer der Hauptexponenten der fanatischsten antikommunistischen Gruppen geworden ist. Zur Zeit von Senator McCarthy avancierte er zum Ankläger, wodurch er sich die Feindschaft der aufgeschlossensten amerikanischen Intellektuellen zuzog. Forscher wie Lattimore, der große Historiker Mittelasiens, und Norman, der Historiker für japanische Ökonomie, waren damals

---

[2a] Neben den von Wittfogel bereits zitierten Schriften vgl. auch: *Die Wissenschaft der bürgerlichen Gesellschaft, Eine marxistische Untersuchung,* Berlin 1922; *Vom Urkommunismus bis zur proletarischen Revolution. Eine Skizze der Entwicklung der menschlichen Gesellschaft,* I, *Urkommunismus und Feudalismus,* Berlin 1922; *Geschichte der Bürgerlichen Gesellschaft von ihren Anfängen bis zur Schwelle der großen Revolution,* Wien 1924; *Das Erwachende China. Ein Abriß der Geschichte und der gegenwärtigen Probleme Chinas,* Wien 1926; *Geopolitik, Geographischer Materialismus und Marxismus,* in: »Unter dem Banner des Marxismus«, III, 1929, I, p. 17-51; *Hegel über China,* ebd., V, 1931, p. 346-362; *Wirtschaft und Gesellschaft Chinas,* I, *Produktivkräfte, Produktions- und Zirkulationsprozeß,* Leipzig 1931; *The Foundations and Stages of Chinese Economic History,* in: »Zeitschrift für Sozialforschung«, IV, 1935, I, p. 26-60; *Die Theorie der orientalischen Gesellschaft,* ibid. VII, 1938, 1-2, p. 90-122; *History of Chinese Society, Liao (907–1125),* in Zusammenarbeit mit Feng Chia-sheng, Philadelphia und New York 1949; *The Ruling Bureaucracy of Oriental Despotism: A Phenomenon that Paralyzed Marx,* in: »The Review of Politics«, XV, 1953, p. 350-359; *Chinese Society: An Historical Survey,* in: »Journal of Asian Studies«, XVI, 1957, 3, p. 343-364; *The Legend of »Maoism«,* in: »The China Quarterly«, I, 1960, 1, 2, 4 (in denselben Nummern findet man auch die Antworten von B. Schwartz, *The Legend of the »Legend of Maoism«); Risultati e problemi nellostudio del dispotismo orientale* in: »L'Est«, 1968, I, p. 7-20.

Zielscheiben seiner Attacken.³ Diese letzten Positionen Wittfogels sind übrigens auch dominierende Motive in seiner *Orientalischen Despotie*. Hier gebärdet er sich als »Historiker der menschlichen Freiheit«, sieht im größten Teil der nichtkommunistischen Nationen des Orients »Kryptokommunisten« und unterstreicht die Rolle der Sowjetunion bei der Machtübernahme Hitlers. Vor allem aber läßt er sich keine Gelegenheit entgehen zu behaupten, daß die UdSSR und die Volksrepublik China die letzten, vollständigsten und gefährlichsten Inkarnationen des tausendjährigen »orientalischen Despotismus« seien. Sein Buch ist eines der seltsamsten Konglomerate, das man sich vorstellen kann, mit den verschiedensten Ingredienzen, wie dem politisch-kulturellen Pamphlet (das nicht vor mystischen und dämonischen Tönen zurückschreckt), dem enzyklopädischen Zusammentragen von historischen und soziologischen Beobachtungen, dem ehrgeizigen Versuch, durch Vergleiche die wesentlichen Merkmale der Weltgeschichte zu definieren. In einem ganzen Kapitel – dem neunten – rekonstruiert Wittfogel die Geschichte der Theorie der asiatischen Produktionsweise seit Marx und vermittelt einige recht interessante Informationen, wenngleich er auch oftmals unvergleichlich verquer urteilt.⁴ Der Rest des Buches hingegen ist eine Exposition der Merkmale dessen, was Wittfogel undifferenziert als »hydraulische«, »orientalische«, »asiatische«, »agrarmanageriale« und »agrarbürokratische« Gesellschaft bezeichnet. Nach einem ersten Kapitel über die natürlichen

---

3 Über den »Fall Norman« vgl. »The New York Times«, 5., 11., 12. April 1957, und: »Facts on File«, 1957, p. 114. Wie bekannt, beging Norman im April 1957 Selbstmord, was vermutlich mit den vielen Angriffen zusammenhängt. Über die Anschuldigungen Lattimores durch Wittfogel vgl. den Bericht des Senate Comittee on Internal Security (McCarthy-Komitee). Über das Schicksal von China-Studien in den USA zur Zeit des McCarthyismus vgl. J. K. Fairbank, *The United States and China*, Cambridge (Mass.) 1958, p. 272–275 und O. Lattimore, *Ordeal by Slander*, Boston 1950.

4 So schreibt Wittfogel beispielsweise, daß Marx das Thema der Bürokratie in den orientalischen Gesellschaften zuerst mystifiziert und es dann nach und nach mutwillig in den Hintergrund geschoben habe, um zu verhindern, daß die sozialistische Gesellschaft, die er schaffen wollte, des »Bürokratismus« geziehen werde. Als ob Marx den Stalinismus bereits im Kopf gehabt hätte! Von den Ansichten Wittfogels über Lenin wurde schon im 2. Kapitel gesprochen. Allgemein läßt sich sagen, daß die Schriften Wittfogels von einem sauren Moralismus inspiriert sind und von der Neigung beherrscht werden, in jedem politischen Führer und kommunistischen Intellektuellen eine Art Geschichtsphilosoph zu sehen, der die eigenen Vorstellungen à la Machiavelli verhüllt zu beklagenswerten politischen Zielen. Das wurde bereits von S. Schram in *Mao Tse-tung*, a. a. O., bemerkt.

Grundlagen, auf denen sich diese Gesellschaftsform entwickelt, behandeln die folgenden Kapitel die ökonomische Organisation, die Funktion des Staates und den Charakter der despotischen Macht sowie die Eigentumsformen und die Klassen.

Die Basis der orientalischen Gesellschaften ist nach Wittfogel durch die außerordentliche Bedeutung aller öffentlichen Arbeiten bestimmt. Diese können hydraulisch sein, sei es agrarisch (Dämme, Bewässerungskanäle) oder nicht-agrarisch (Aquädukte, Schiffahrtskanäle), oder nicht-hydraulisch: Bau und Instandhaltung von Straßen und Befestigungswerken (ein typisches Beispiel dafür sind die großen chinesischen Mauern), Bau von architektonischen Monumentalwerken (Paläste, Gräber, Tempel, Pyramiden) zur irdischen und überirdischen Verherrlichung des Souveräns. Die großen »Baumeister«, die die Fähigkeit und die Macht besitzen, diese riesigen öffentlichen Arbeiten zu organisieren, stellen die Bürokratie des Staates dar und sind die wahren Beherrscher der asiatischen Gesellschaft. Als Entdecker von rationalen Rechensystemen bedienen sie sich ihrer Erfindungen zur Perpetuierung der eigenen Macht und derjenigen des Despoten, der obersten Autorität, deren direkte Emanation sie sind.

Die Staatsgewalt, das heißt die Macht des Souveräns und seiner Bürokratie von Baumeistern-Organisatoren-Kontrolleuren, ist allmächtig. Der Staat führt in Wirklichkeit nicht nur die öffentlichen Arbeiten aus, sondern lenkt und kontrolliert den Handel, einen großen Teil der extraktiven und verarbeitenden Industrie, das Transportwesen und den Nachrichtendienst.

Der Souverän und die Mitglieder des Staatsapparates leben vom Mehrprodukt, das ihnen in Form von Frondiensten, Natural- oder Geldrente abgeliefert wird. Das ausschließliche Ziel des orientalischen Despotismus ist es, sich selbst und daher die Agrarwirtschaft, worauf er basiert, zu perpetuieren – deshalb die »Stabilität« des Orients. Zu diesem Zweck bemüht sich der Staat, Frieden zu bewahren und Steuern und Frondienste in gewissen Grenzen zu halten, damit sie für die Bauern nicht einen Anlaß zur Rebellion bieten oder sie die Produktion mutlos einstellen. Dies ist die einzige wirkliche Schranke, die der Willkür des orientalischen Despotismus gesetzt ist, der im übrigen keinerlei verfassungsmäßige Kontrolle kennt. Die Sklaverei existiert zwar nicht, wenn man absieht von der nur wenig relevanten Form der Hausklaverei. Aber die Lage der Bevölkerung entspricht derjenigen einer beggar's democracy, einer Bettlerdemo-

kratie. Die Unterwerfung unter den Souverän und unter seine Bürokratie ist total und am deutlichsten symbolisiert in den verschiedenen Formen der Unterwerfungszeremonie (Anbetung, Kotau, etc.). Der Souverän übt bzw. kontrolliert dazu die religiöse Macht in theokratischer, hierokratischer oder quasi-hierokratischer Form. Er kann zum eigenen Vorteil oder zu dem seiner Funktionäre Gewalt und Terror anwenden, ohne sich in irgendeiner Weise juristisch rechtfertigen zu müssen. Da, wie man schon gesehen hat, die Perpetuierung seiner selbst den Hauptzweck des Systems darstellt, hemmt der orientalische Despotismus auf verschiedene Art und Weise die Entwicklung des Privateigentums durch Konfiskation, Steuern oder gesetzliche Hindernisse bei Erbschaften. Wann und wo Privateigentum existiert, verleiht es keinerlei politische Macht. Die Teilung in Klassen ist nach Wittfogel also auf keinen Fall durch das Eigentum bedingt, sondern basiert allein auf der verschiedenen Beziehung der einzelnen zum Staatsapparat. Unter dem Souverän gibt es also nur zwei Klassen: die Bürokratie einerseits, die Beherrschten andererseits. Bei genauer Untersuchung entdeckt man natürlich auch Widersprüche und Konflikte innerhalb dieser beiden Klassen. Konflikte bestehen beispielsweise zwischen den Bürokraten im Heer und den Mitgliedern einer Art von vererbbarer »bürokratischer Aristokratie«, oder zwischen den Eunuchen – die häufig Lieblinge des Souveräns sind, da sie keinen direkten Erben haben – und den anderen Vertretern der herrschenden Klasse. Darüber hinaus sind Verwandtschaftsbande, Bauernrebellionen, das Bestehen von Haussklaverei, die Eroberungen – mit ihren durch die Überlagerung von verschiedenen ethnischen Gruppen hervorgerufenen Folgen – Erscheinungen, die das Bild dieser Gesellschaft reicher und vielfältiger erscheinen lassen. Aber der Grundwiderspruch bleibt derjenige zwischen bürokratischem Staatsapparat und der riesigen Masse der Untertanen, wobei dieser Grundwiderspruch sich nicht in substantiellen Transformationen auflöst, sondern sich ständig perpetuiert. Die orientalische Gesellschaft ist, wie bereits gesagt wurde, stationär und unfähig sich zu entwickeln; sie macht Fortschritte nicht von sich aus, sondern allein dann, wenn sie einem gewaltsamen Zusammenstoß mit einer anderen Gesellschaftsform – dem Kapitalismus – ausgesetzt wird.
Die gesamte Darlegung dieser Kennzeichen der orientalischen Gesellschaft wird begleitet von einer umfangreichen Exemplifi-

kation anhand der Geschichte Chinas, Indiens, Persiens, des pharaonischen Ägyptens und Mesopotamiens, einiger Zonen Afrikas südlich der Sahara und Hawaiis, der vorkolumbianischen Reiche in Amerika, des frühgeschichtlichen Griechenlands, des spätrömischen Reiches, Byzanz', des nachmongolischen Rußlands, etc. Wittfogel gibt sich jedoch nicht damit zufrieden, sondern stellt einen Versuch an, die historischen Gesellschaftsformen zu klassifizieren nach dem Grad ihrer Übereinstimmung mit dem allgemeinen Schema. Wenn er sie im 6. Kapitel beschreibt, spricht er daher von »Kerngebieten« der hydraulischen Gesellschaften – die wiederum in »kompakte« und »lockere« gegliedert werden –, von »marginalen« und »submarginalen« Zonen. Weitere Ausführungen aber führten uns zu weit von unserem Thema ab. Es soll nur noch erwähnt werden, daß Wittfogels Ambition, eine vergleichende Geschichte der menschlichen Gesellschaftsformen zu konstruieren, ein weiteres Leitmotiv der *Orientalischen Despotie* bildet, das er – wie es für Leitmotive charakteristisch ist – in einer Art »großem Finale« des letzten Kapitels wieder aufnimmt und entwickelt. Hier erörtert Wittfogel die Begriffe »Gesellschaftsformen« und »gesellschaftliche Änderungen«, befreit sich von seinem ganzen Groll und seiner ganzen Bitterkeit, indem er wütende Bannflüche gegen die gesamte jetzige Geschichte Asiens schleudert, um sich im Schlußabschnitt *(Westliche Welt – Wohin? Menschheit – Wohin?)* zu einer bewegten und enthusiastischen Hymne auf seine großartigen Ideen zu erheben: Erbe des Abendlandes, Kampf gegen den Totalitarismus, Verteidigung des Privateigentums.

Die Orientalisten und Wittfogel

Auch wenn einige marxistische Theoretiker – die immerhin von seinen Arbeiten – allerdings nicht nur von ihnen – zu einer Wiederaufnahme der so brüsk unterbrochenen Diskussion angeregt wurden – sich schnell von Wittfogel lossagten und ihn als »Renegaten« bezeichneten[5], so mußten doch alle anerkennen, daß

---

[5] M. Godelier hat die Verurteilung auf all die ausgedehnt, die in der Zeit der »chinesischen Frage« die Theorie der asiatischen Produktionsweise vertreten haben und hat ihre Thesen oberflächlich und an der Wahrheit vorbeigehend interpretiert: »Im Jahre 1927, nach der chinesischen Niederlage, stützten sich die Verteidiger der Stagnation der asiatischen Völker und der

Die orientalische Despotie trotz allem eines der anregendsten und beachtlichsten Bücher aus neuerer Zeit war. Vor einer Darstellung der jüngsten Diskussionen unter den – vorwiegend marxistischen – Wissenschaftlern über die asiatische Produktionsweise könnte es interessant sein, kurz zu betrachten, wie Wittfogels Buch von einigen Spezialisten der ostasiatischen Geschichte eingeschätzt wurde.

Ein berühmter englischer Sinologe, E. G. Pulleyblank, hat dem Buch zwei Rezensionen gewidmet[6], in denen er zu Recht scharf darauf hinweist, daß Wittfogel so besessen von seinen Theorien ist, daß er meint, jeder, der sie nicht akzeptiert, müsse notwendigerweise aufgrund äußerer Einflüsse blind sein oder gar ein direktes Interesse daran haben, die Realität böswillig zu verfälschen. (Diese Feststellung trifft im besonderen zu für einige polemische Bemerkungen Wittfogels gegen Lattimore und ganz allgemein für sein Verständnis des Denkens von Marx, Engels und Lenin). Pulleyblank hat es sich auch nicht entgehen lassen, die »in hohem Maße melodramatische Geschichtsvision« in Wittfogels Buch zu ironisieren und ihn zu vergleichen mit einem »Visionär, der überzeugt ist, eine Wahrheit zu besitzen, die er enthüllen will«.

Interessanter freilich sind andere Einwände. Pulleyblank stellt zu Recht fest, daß »es im 18. und 19. Jahrhundert möglich war, als man von der chinesischen Geschichte wenig mehr kannte als die Legenden über die »alten weisen Könige« und die Informationsquellen über die chinesische Gesellschaft die Nachrichten der Missionare und die Erzählungen der Reisenden, die China für ein unglaublich altes, statisches und unveränderliches Land hielten; aber es ist schwer zu verstehen, wie jemand, der so viele Gelegenheiten, sich besser zu informieren, gehabt hat wie Professor Wittfogel, noch mitten im 20. Jahrhundert eine derartige Konzeption vertreten kann«. Hier hat der englische Historiker

---

These, daß es für diese unmöglich sei, siegreich die sozialistische Revolution zu vollenden, auf die Marxsche Hypothese einer asiatischen Produktionsweise, um ihre eigenen Ansichten zu legitimieren.« (*La notion de mode de production asiatique, Résumé,* Eigendruck vom Centre d'études et de recherches, o. J.) Weniger einseitig, lehnt J. Chesneaux dieses drastische Urteil ab und konzediert sogar den Arbeiten des »Renegaten« Wittfogel ein gewisses Interesse *(Le mode de production asiatique; Quelques perspectives de recherche,* a. a. O., p. 37–38).

6 In: »Bulletin of the School of Oriental and African Studies«, XX (1958), 3, p. 657–660 und im »Journal of the Economic and Social History of the Orient«, Bd. I, Teil III, 1957, p. 351–353.

den Kern des Problems berührt, da Wittfogel in der Tat, vielleicht aufgrund seiner Ausgangspunkte und seiner eher soziologisch als historisch orientierten Interessen, nicht sehr viel Interesse für die Chronologie aufbringt. In seinem Buch gibt es wenige Daten und der Leser – vor allem der weniger informierte – kann versucht sein anzunehmen, daß die alte Ansicht der »Unveränderlichkeit« Asiens heute noch im selben Maße zutrifft wie zur Zeit, als sie zum ersten Mal formuliert wurde. Merkwürdig ist, daß Wittfogels Lust an Thesen dem enormen Wissen übergeordnet wird, das – niemand wird es leugnen können – Wittfogel sich in jahrzehntelanger Arbeit über China angeeignet hat. Pulleyblank unterstreicht, wenn auch nicht ausführlich genug, die Relevanz des in der Chou-Epoche aufkommenden Privateigentums und die vielen Transformationen, die während der jahrtausendealten Geschichte Chinas ebenso wie in jedem anderen Land stattgefunden haben. Außerdem vertritt er die Ansicht, daß die Bürokratie sich in vielen Fällen den absolutistischen Tendenzen der Herrscher widersetzt hat. (Diese Beobachtung ist auch von einem anderen Rezensenten, von Eisenstadt, vorgebracht worden, der jedoch Wittfogel gegenüber weniger polemisch auftritt.[7]) Nach Pulleyblank ist die Theorie der asiatischen Gesellschaft ein Mythos, dessen Ursprung in den spärlichen Kenntnissen, über die die Europäer bis vor kurzem über die asiatische Geschichte verfügten, gesucht werden muß. Diese These ist vielleicht übertrieben, zumindest insofern, als man die Gültigkeit der Theorie der asiatischen Gesellschaft als einer »wissenschaftlichen Hypothese« noch nicht gründlich geprüft hat; es ist wohl etwas voreilig, sie zu den Akten zu legen.

---

7 S. N. Eisenstadt, *The Study of Oriental Despotism as System of Total Power*, in: »Journal of Asian Studies«, XVII, 3, Mai 1958, p. 435–446. Vgl. auch die Rezensionen Wittfogels von G. Lewin (in: »Jahrbuch für Wirtschaftsgeschichte«) 1967, IV, p. 205–258), von R. Bartra (in der venezuelischen Zeitschrift »Teoria y praxis«, Nr. 1, Oktober–Dezember 1967), von P. Barton (*Le despotisme oriental*, in: »Le Contrat Social« 1959, p. 135–140; ebd., *Despotisme et totalitarisme*, p. 213–216). Die Rezensionen von D. D. Kosambi (in: »The Economic Weekly« von Bombay, 2. November 1957, zit. bei Vidal-Naquet, Einleitung, a. a. O., p. 40) und von L. Sochor (in: »Literarni Noviny«, 12. November 1966, zusammengefaßt von J. Chesneaux in »La pensée« Nr. 133, April 1968, p. 50–51) waren mir dagegen nicht zugänglich. Kritische Bemerkungen zu Wittfogel vgl. auch in S. Nishijuma, *Characteristics of the Unified States of Ch'in and Han*, in: *Rapports du XII Congrès international des sciences historiques*, II, *Histoire des continents*, Horn–Wien 1965, p. 71–72 und ebenfalls in T. Masubuchi, *Wittfogel's Theory of Oriental society*, a. a. O.

Ein anderer Wissenschaftler, E. R. Leach, hat einen Artikel über *Hydraulische Gesellschaft in Ceylon* verfaßt[8], der ein teilweise offenes, teilweise implizites Streitgespräch mit Wittfogels Thesen darstellt. In dieser Studie beschäftigt sich Leach mit der sozio-ökonomischen Organisation von Sinhala vom 11. Jahrhundert bis ungefähr zur Gegenwart. Er hat eine »hydraulische Gesellschaft« gefunden, die scheinbar der von Wittfogel beschriebenen ähnelt, in Wirklichkeit aber einige wichtige Differenzen aufweist. In Sinhala sorgten unmittelbar die Bauern für die Erhaltung der hydraulischen Anlagen (Zisternen, Kanäle, etc). Diese wurden durch eine Kaste von spezialisierten, vom Staat unabhängigen Arbeitern erstellt, die sich von Fall zu Fall mit den Dörfern einigten, um die von den Dörfern in Auftrag gegebenen Bauwerke zu errichten. Die Verflechtungen zwischen Zentralherrschaft und Organisation der öffentlichen Werke wäre demnach ziemlich jungen Ursprungs (etwa um 1860).

Eine hydraulische Gesellschaft also, die keine orientalische Despotie war: die großen öffentlichen Bauten waren Werke von spezialisierten Arbeiterkasten oder von »Ingenieuren«, die von buddhistischen Klöstern abhängig waren. Die hydraulische Gesellschaft ist Leach zufolge nicht notwendigerweise mit dem »orientalischen Despotismus« verbunden (hier »vermischt Wittfogel seine Analyse der historischen Fakten mit einer Polemik über die politische ›Tugend‹«), sondern kann durchaus auch vereinbar sein mit dem Feudalismus, oder besser mit dem caste feudalism, der nach Leach das dominierende politische Modell in Indien und Ceylon und allgemein im südlichen Asien in den letzten 2500 Jahren gewesen ist. Ein Modell, in dem die politische Herrschaft eher »charismatische« als »bürokratische« Züge aufweist. Leach betont daher die Notwendigkeit, regionale Differenzen ebenso wie zeitliche Veränderungen zu berücksichtigen: »Die politischen Bedingungen der hydraulischen »indischen« Gesellschaft können sich im Laufe der Jahrhunderte tiefgreifend verändert haben, und bei der Analyse von solchen Modifikationen (hier ist Leach optimistischer als Pulleyblank) können auch Etikette wie »orientalischer Despotismus« und »Feudalismus« von Nutzen sein. Aber einen von Marx kaum bestimmten Begriff in den Dämon unserer Zeit zu verwandeln, ist gewiß nicht sehr sinnvoll.«

---

8 E. R. Leach, *Hydraulic Society in Ceylon,* in: »Past and Present«, Nr. 15, April 1959, p. 2–26.

In Leachs Artikel finden sich weitere interessante Betrachtungen. An erster Stelle ist sicher seine Vermutung zu nennen, daß die großen öffentlichen Anlagen gar nicht so groß waren. Obwohl ihre Entstehung einzelnen Herrschern zugeschrieben wird, waren sie oft das Werk von Jahrhunderten. (Damit würde eine der Voraussetzungen des orientalischen Despotismus wegfallen, die Vorstellung nämlich von einer außerordentlichen Konzentration und Organisation von Arbeitskräften zur Ausführung von öffentlichen Bauten). Außerdem sind nach Leach die Gründe für die ökonomische »Unwandelbarkeit« oder besser die Hindernisse für eine Entwicklung der Produktivkräfte nicht im Machtmonopol der Bürokratie (Wittfogel) zu suchen, sondern eher im Fehlen von Geldwirtschaft und Freizügigkeit der Arbeitskräfte, die durch das Kastensystem gehemmt wird (Durkheim).

Zu den Thesen, die Wittfogel in seinen vor der *Orientalischen Despotie* entstandenen zahlreichen Schriften vertreten hat, hat bereits W. Eberhard eine fundamentale Kritik vorgebracht[9]. Eberhard zufolge war das Problem der Bewässerung und der Wasserbeherrschung keineswegs lebenswichtig für die Weizen- und Hirsekulturen im Norden Chinas (wo die chinesische Gesellschaft entstand). Lebensnotwendig wird dieses Problem erst für die spätere Reiskultur im Yangtsekiang-Tal. Hinzu kommt, daß der Bau und die Unterhaltung der hydraulischen Anlagen, wie Kanäle und Dämme, oftmals häufiger das Werk der Lokalbevölkerung (Bauernkooperativen oder Bezirksbehörden) als der Zentralregierung war. Der Staat intervenierte selten direkt, und er tat es nur, wenn er militärische Ziele verfolgte, wenn er die Kommunikationen in Kolonisationszonen verbessern wollte oder wenn die hydraulischen Anlagen auf Territorien lagen, die sich in unmittelbarem Besitz des Herrschers befanden. Auf jeden Fall, so betont Eberhard, kam zuerst der Staat und dann die Kanäle – und nicht umgekehrt. Mit anderen Worten, die Notwendigkeit großer hydraulischer Werke erklärt nicht das Entstehen des »orientalischen Despoten«. Im Gegensatz zu Wittfogel glaubt Eberhard nicht an die Existenz einer eigentümlichen, unveränderlichen »asiatischen Gesellschaft«, sondern hält die

---

9 Vgl. z. B. W. Eberhard, *Histoire de la Chine des origines à nos jours*, Paris 1952, p. 63. Die Ansichten von Wittfogel, Eberhard und Lattimore sind zusammengefaßt und klug kommentiert worden von D. Bodde, in: *Feudalism in China*, in: *Feudalism in History*, Hrsg. von R. Coulborn, Princeton 1956, p. 49–92.

Geschichte Chinas für nicht wesentlich verschieden von derjenigen anderer Länder.
Viele Sinologen teilen diese Kritik an Wittfogels Auffassung und fügen andere Kritikpunkte hinzu. So etwa Jacques Gernet, der unterstreicht, daß »es historisch die vorher bestehenden staatlichen Strukturen und die Präsenz von ausreichenden und disziplinierten Arbeitskräften, die die Heere zur Verfügung stellten, gewesen waren, die den Bau der großen Bewässerungskanäle erlaubten«. Derk Bodde teilt ebenfalls viele der von Eberhard gegen Wittfogel erhobenen Einwände, ist jedoch der Ansicht, daß Eberhard dazu tendiert, die Bedeutung einiger Bewässerungsanlagen für die Herausbildung einer Bürokratie von unten zu unterschätzen. Der Londoner Sinologe Denis Twitchett, der sich genauer mit hydraulischen Anlagen unter der T'ang-Dynastie beschäftigt hat, fand heraus, daß diese ausgesprochen dezentral organisiert waren. Das bedeutet, daß sie für lokale Interessen und mit weitgehender Teilnahme von auf lokaler Ebene organisierten Gruppen geplant und durchgeführt wurden, während die Zentralregierung eine untergeordnete Rolle spielte. Die bürokratische Herrschaft in China war also keineswegs jener omnipotente Moloch, der sie nach Wittfogels Auffassung – die Twitchett für unbelegt hält – sein sollte, und die hydraulischen Anlagen waren demnach nichts anderes als einer ihrer Tätigkeitsbereiche – und nicht einmal der größte. Diese letzte These entspricht auch der Ansicht von Etienne Balazs, dem großen kürzlich verstorbenen französisch-ungarischen Sinologen. Obwohl er die chinesische Gesellschaft ähnlich wie Wittfogel (von dem er offensichtlich beeinflußt war) beschrieben hat, hielt er es für notwendig, eine von der Theorie der »hydraulischen Gesellschaft« abweichende Meinung zu formulieren, weil in jener die Bedeutung eines einzelnen Moments stark überschätzt wird. Yang Lien-shen, Professor an der Harvard University, unterstrich in einer Reihe von Vorlesungen über *Die ökonomischen Aspekte der öffentlichen Arbeiten im chinesischen Reich* die Vielschichtigkeit des Problems, indem er nachwies, wie die öffentlichen Anlagen jedesmal auf andere Weise projektiert, organisiert und ausgeführt wurden. Yang liefert unter anderem einen konkreten Beweis dafür, wie Wittfogels Lust an Thesen manchmal nach hinten losgeht: Wenn Wittfogel nachweisen will, daß die großen Anlagen vorwiegend mit freien Arbeitskräften gebaut wurden, die vom Staat in Form von Zwangsarbeit zur

Errichtung dieser Anlage gezwungen wurden, mißversteht er eine Aufzeichnung aus der Han-Dynastie, nach der der Bau einer bestimmten Straße in den Jahren 63-66 n. Chr. durch die Anstellung von 766 800 Menschen gesichert wurde, von denen nur 2690 Zwangsarbeiter waren. Wie Yang zeigt, ist diese Aufzeichnung aber vollkommen anders zu interpretieren: 766 800 ist die Zahl der Arbeitstage von 2690 Zwangsarbeitern, die alle Arbeitskräfte bei diesem Bau ausmachten![10]

Wie man gesehen hat sind die Einwände der Wissenschaftler gegen Wittfogel zahlreich und präzise. Dennoch ist der Einfluß, den Wittfogels Schriften seit ungefähr 1925 auf viele Forscher ausgeübt haben, außerordentlich groß und anerkannt. Es genügt, die Namen von Lattimore, Needham, Balazs, Chi Ch'aoting, Fairbank und – für andere Forschungsbereiche – Gordon Childe und Métraux anzuführen.[11] Im allgemeinen teilt keiner

---

10 Vgl. J. Gernet, *La Chine ancienne, des origines à l'empire*, Paris 1964, p. 80–81; D. Bodde, *Feudalism in China*, a.a.O., p. 79–80; ders., *China's Cultural Tradition*, New York 1957; D. Twitchett, *Some Remarks on Irrigation unter the T'ang*, »T'oung Pao« XLVIII (1960), 1–3, p. 175–194; E. Balazs, *Chinese Civilization and Bureaucracy*, a.a.O., p. 24, 28–33, 36–37; H. Maspéro – E. Balazs, *Histoire et institutions de la Chine ancienne*, Paris 1967, p. 170; L. S. Yang, *Les aspects économiques des travaux publics dans la Chine impériale*, Paris 1964, p. 5, 7 ff.; ders., *Notes sur le régime foncier en Chine ancienne, Environs 1500 av. J.-C. à 200 av. J.-C.*, in: *Mélanges de sinologie offerts à M. P. Demiéville*, Paris 1966, p. 292–300; Über das Problem der Gesellschaftsstruktur in China und das der Periodisierung der chinesischen Geschichte vgl. E. G. Pulleyblank, *Chinese History and World History*, Cambridge ab 1954; ders., *Gentry Society*, »Bulletin of the School of Oriental and African Studies«, XV, 1953, 3, p. 588–597; H. G. Greel, *The Beginnings of Bureaucracy in China: The Origin of the »Hsien«*, in: »Journal of Asian Studies«, XXIII, 1964, 2, p. 155–184; O. Lattimore, *Studies in Frontier History*, London 1962; außerdem die Rezension von *Feudalism in History*, a. a. O., durch J. Levenson in: »Far Eastern Quarterly«, XV, 1956, p. 569–572 und XVI, 1957, p. 329–332. Ganz dem Problem der Periodisierung der Geschichte Chinas ist die nützliche, von J. Meskill herausgegebene Anthologie gewidmet: *The Pattern of Chinese History*, Lexington (Mass.) 1965.

11 Von Lattimore siehe die gesammelten Aufsätze in: *Studies in Frontier History*, a. a. O. und *Inner Asian Frontiers of China*, New York 1940 (Neuauflage mit ausführlichem Vorwort 1952); von J. Needham v. a. sein monumentales Werk in mehreren Bänden über *Science and Civilizations in China*, Cambridge, 1954 ff. (noch nicht alle Bände sind erschienen); von Balazs die bereits zitierten Arbeiten; von Chi Ch'ao-ting, *Key Economic Areas in Chinese History, as Revealed in the Development of Public Works for Water Control*, ital. in Auszügen auch in: F. Schurmann, O. Schell, Cina, 3000 anni, Roma 1968, pp. 48–75; von Gordon Childe s. vor allem: Luomo crea se stesso, Torino 1952. London 1936; von J. K. Fairbank *The United States and China*, a. a. O.; von A. Métraux *L'empire des Incas: despotisme ou socialisme*, in: »Diogène«, Nr. 35, Juli–September 1961, p. 87–

dieser Wissenschaftler – mit jeweils verschiedener Akzentuierung – die politisch-ideologische Überspanntheit und die voluntaristische Thesenformuliererei Wittfogels. Viele erkennen an, daß sie seinen älteren Werken zwar sehr viel verdanken, tendieren aber dazu, sich von den hart vertretenen Thesen der letzten Jahre zu distanzieren. Needham definiert den Wittfogel der Nachkriegszeit ebenso exakt wie humorvoll als »a great brandisher of tomahawks in the intellectual ›cold war‹«[12] und bringt zahlreiche kritische Einwände gegen die Thesen der *Orientalischen Despotie* vor. Dennoch ähnelt sein »bürokratischer Feudalismus« in vielem der »orientalischen Gesellschaft«. Die außerordentliche Bedeutung der Wasserregulierung in der chinesischen Geschichte wird in den wichtigen Werken von Chi Ch'ao-ting und Lattimore stark hervorgehoben. Vor allem aber zählen die Untersuchungen Wittfogels unbestritten zu denjenigen, die in unserem Jahrhundert zum Kurswechsel der Orientalistik sehr viel beigetragen haben, d. h. vom traditionellen Philologismus weg zur Geschichte der Ökonomie und der Gesellschaft.[13]

---

108. Über dieselben Probleme in bezug auf Südamerika vgl. A. Métraux – M. Gutelmann, *Les communautées rurales au Pérou*, »Etudes rurales«, 10, Juli–September 1963, p. 5–25; C. Gibson, *The Transformation of the Indian Community in New Spain, 1500–1810*, »Cahiers d'histoire mondiale«, II, 1955, 3, p. 581–607; A. Caso, *Land Tenure among the Ancient Mexicans*, »American Anthropologist«, 65, 1963, 4, p. 863–878; R. Paris, *José Carlos Mariategui et le modèle du »communisme« inca*, in: »Annales E. S. C.«, 21, 1966, 5, p. 1065–1072; A. Melis, *J. C. Mariategui primo marxista d'America*, in: »Critica marxista«, V, 1967, 2, p. 132–157; A. Gunder Frank, *Kapitalismus und Unterentwicklung in Lateinamerika*, Ffm. 1970. Den Einfluß von Wittfogel kann man auch in einem neueren Artikel von L. Mumford spüren: *La première mégamachine*, in: »Diogène« Nr. 55, Juli–September 1966, p. 3–20 und ebenfalls im Buch von G. P. Murdock, *Africa, Its Peoples and Their Culture History*, New York 1959. Zum schwarzen Afrika vgl. auch: J. J. Maquet, *Une hypothèse pour l'étude des féodalités africaines*, in: »Cahiers d'études africaines«, II, 1961, 2, p. 292–314; J. Goody, *Feudalism in Africa?*, »The Journal of African History«, IV, 1963, I, p. 1–18.

12 J. Needham, *Science and Society in East and West*, »Centaurus«, Kopenhagen, X, 1964, p. 182; ders., *Science and Society in China and the West*, »Science Progress«, Band 52, Nr. 205, Januar 1964, p. 50–66 und ders., *The Past in China's Present*, »The Centennial Review«, Band IV, Nr. 2, Frühling 1960 und Nr. 3, Sommer 1960, p. 145–187 und 281–308. Wittfogels Einfluß anerkennen unter anderen Needham in *Science and Society in East and West*, a. a. O., pp. 176–182, Lattimore in *Inner Asian Frontiers of China*, a. a. O., pp. XXXIII, LIX, und ebenfalls in *Studies in Frontier History*, a. a. O., p. 28, Métraux in oli Incas, a. a. O., p. 24.

13 Balazs schrieb 1960: »Ständig mit philologischer Haarspalterei beschäftigt, fanden die Sinologen nie Gelegenheit und Phantasie genug, um sich einmal

Wiederaufnahme der Debatte durch marxistische Wissenschaftler

Eine interessante Diskussion über »Etappen der historischen Entwicklung« entfaltete sich 1961–1962 in der Zeitschrift »Marxism Today«,[14] an der R. Jardine, S. Douglas, J. Lindsay, D. Craig, E. G. Pulleyblank, R. Page Arnot, J. Simon, B. R. Mann, E. Hobsbawm und M. Shapiro teilnahmen. Jardine hob die Schwierigkeit hervor, die ganze Geschichte der Menschheit in die klassischen »Entwicklungsstadien« hineinzupressen, da vor allem die objektive Schwierigkeit bestand, in der Vergangenheit eines jeden Volkes eine Phase zu finden, in der die Sklavenhalterwirtschaft dominierend war. Er hob die Bedeutung der Überlegungen von Marx über die asiatische Gesellschaftsformation hervor und unterstrich die Notwendigkeit, diese Überlegungen wiederaufzunehmen und weiterzuentwickeln. Jardine schloß seinen Beitrag folgendermaßen:
»In Wirklichkeit haben wir uns nicht von der irrigen Annahme der bürgerlichen Historiker distanziert, daß die Weltgeschichte das Geschichtsmodell eines bestimmten Gebiets nachahmt; ein Gebiet überdies, das die Führung nur seit ungefähr 400 Jahren übernommen hat.«
Der nicht-marxistische Sinologe E. G. Pulleyblank, der später in die Auseinandersetzung eintrat, bemerkte, daß »die in den Formulierungen: antike Sklavenhaltergesellschaft, mittelalterlicher Feudalismus, moderner Kapitalismus, post-moderner Sozialismus und Kommunismus enthaltene Anschauung abgeleitet worden ist von der Auflösung in Begriffe der (europäischen) Weltgeschichte, wie sie im 19. Jahrhundert üblich war. Die Parallele zum dialektischen Denken Hegels über die menschliche Geschichte scheint offensichtlich zu sein.« Nach Pulleyblank ist der Begriff einer »asiatischen Gesellschaft« »unvermeidlich behaftet mit der Vorstellung eines außerhalb der Zeit stehenden und unveränderlichen Orients, dessen Vergangenheit sich von der des geschichtlichen und fortschrittlichen Abendlandes unterschied«. Gerade aus diesem Grund könnten die asiatischen Marxisten einen solchen Begriff nicht für zutreffend halten.

---

mit so frivolen Dingen wie ökonomischen Verhältnissen und der Sozialstruktur einer großen Gesellschaft zu beschäftigen.« *Chinese Civilization and Bureaucracy,* a. a. O., p. 35–36.
14 »Marxism Today«, die Nummern vom Juli 1961 bis September 1962.

Eine ähnliche Position wie Pulleyblank vertritt der »orthodoxe Marxist« Shapiro in seinen polemischen Diskussionsbeiträgen. Er bezog sich vor allem auf die Studien von Kuo Mo-jo und war der Ansicht, daß China alle für das Abendland typische Phasen von der Sklavenhaltergesellschaft bis zum Feudalismus durchlaufen habe. Nach Shapiro ist es völlig verfehlt, »einigen Worten, die Marx einmal bezüglich einer angeblichen ›asiatischen Produktionsweise‹ gebraucht hatte«, zuviel Gewicht beizumessen, »einem Gedanken, den Marx nie entwickelt hat und zu dem er nach der großen wissenschaftlichen Arbeit von Morgan und Engels nie zurückgekehrt ist«. Vor allem findet es Shapiro erstaunlich, daß Jardine und Lindsay die »diskreditierten und reaktionären Ansichten« des Renegaten Wittfogels für würdig genug gefunden haben, sie wieder aufzugreifen: wiederholt zu hören, daß Sklaverei und Feudalismus, so wie wir sie im Abendland kennen, in China nicht existiert hätten, könnte den Leser dazu verleiten, einen »kiplingschen« Eindruck über das seltsame China zu gewinnen und anzunehmen, daß auch die modernen Veränderungen und selbst die Revolution in China seltsame Phänomene seien, die sich nicht in eine allgemeine marxistische Analyse einordnen ließen. Andere Beiträge äußern eine gewisse Unzufriedenheit über die Verwendung von Kategorien, die häufig nicht präzise bestimmt sind, wie beispielsweise Sklaverei und Feudalismus (R. Page Arnot) oder über den Mißbrauch des Begriffs Feudalismus (J. Simon); sie betonen die Pluralität der Entwicklungswege in der Marxschen Geschichtsauffassung nach der Auflösung des Urkommunismus (J. Simon) und die keineswegs fatalistische Sicht des Übergangs vom Feudalismus zum Kapitalismus, der sich zudem nur in einem begrenzten Teil der Erde vollzogen hat, nämlich in Mittel- und Westeuropa, wobei die Gründe dafür noch auf eine genaue Erklärung warten (Hobsbawm).

Das reifste Ergebnis der Diskussion über diese Fragen war die Einleitung von Hobsbawm zur ersten englischen Ausgabe (1964) des Marxschen Manuskripts über die *Formen, die der kapitalistischen Produktion vorhergehn* – die im Anhang versehen ist mit einer Auswahl aus anderen Abschnitten von Marx und Engels über Probleme der historischen Periodisierung –. In diesem Essay bietet Hobsbawm nicht nur eine verständnisreiche Einführung in die Marxsche Schrift, sondern beschreibt ausführlich und detailliert die Entwicklung des Denkens von Marx und Engels über den Geschichtsprozeß und seine Phasen. Hobsbawm dokumentiert darin unter anderem ihr Verständnis den verschiedenen Perioden der menschlichen Geschichte gegenüber (was zweifelsohne einer der interessantesten Teile seines Essays ist). Er widmet der asiatischen Produktionsweise nicht sehr viel Raum, behandelt hingegen in ausführlichen und fundierten Beiträgen (in Übereinstimmung übrigens mit seinen eigenen Interessen als Historiker) Probleme, die die sklavenhalterische und feudale Produktionsweise betreffen. Als falsch und unfruchtbar attackiert er die Tendenz zum »Unilinearismus« und zur simplifizierenden Suche nach allgemeinen Gesetzen der menschlichen Entwicklung, die nach dem Tod von Marx graduell vorwiegen und verleiht seiner eigenen Unzufriedenheit über die gegenwärtige Situation marxistischer Geschichtsforschung offen Ausdruck.

In England hat ferner Jack Woddis in zwei kurzen Artikeln Marx' Auffassung über den Kolonialismus und die nationalen Befreiungskriege untersucht; schließlich hat ein nicht-marxistischer Wissenschaftler, George Lichtheim, 1963 einen Artikel publiziert, der eine bemühte Analyse des gesamten Marxschen Denkens über die asiatische Produktionsweise enthält.[15]

Eine ausführliche Diskussion entstand seit 1960 in der Section d'Etudes asiatiques et africaines des CERM (Centre d'études et des recherches marxistes) in Frankreich. Daran haben bei verschiedenen Gelegenheiten Charles Parain, Maurice Godelier, Jean Chesneaux (ein spezieller China- und Vietnam-Historiker), der Afrikanist Jean Suret-Canale, der ungarische Sinologe Ferenc Tökei und verschiedene andere Wissenschaftler teilgenommen. Zahlreiche Beiträge wurden in »La pensée« und anderen Zeitschriften veröffentlicht.[16] Tökei – von dem wir hier sprechen im

---

15 Hobsbawm, in: K. Marx, *Pre-Capitalist Economic Formations*, a. a. O. (Einleitung); J. Woddis, *Marx and Colonialism*, a. a. O.; ders., *Marx and National Liberation*, a. a. O.; G. Lichtheim, *Marx and the »Asiatic Mode of Production«*, a. a. O.

16 Die Debatte ist in »La pensée« eröffnet worden mit der Nummer 114 (April 1964). Sie enthielt, abgesehen von einer kurzen Einleitung von C. Parain und zwei kommentierten Bibliographien, bzw. einer von M. Godelier über die Schriften von Marx und Engels und einer von J. Chesneaux über die neueren marxistischen Arbeiten über die asiatische Produktionsweise, die Aufsätze von F. Tökei, *Le mode de production asiatique dans l'œuvre de K. Marx et F. Engels* und von J. Chesneaux, *Le mode de production asiatique, quelques perspectives de recherche*. Der Artikel von Tökei, zusammen mit einem zuvor hektographiert in Paris erschienenen und einem weiteren aus der ungarischen Zeitschrift ›Valóság‹, erschien im Band ›Sur le mode de production asiatique‹, Budapest 1966 (ungarische Ausgabe

Zusammenhang mit dem großen Einfluß seiner Schriften in Frankreich - hat bei seinem Versuch, die Merkmale der asiatischen Produktionsweise zu definieren, einige Texte von Marx noch einmal überlesen. Der Terminus »überlesen« scheint am geeignetsten zu sein, da Tökei sich weder sehr darum bemühte, genau die Entwicklung des Marxschen Denkens bei diesem Problem zu rekonstruieren, noch sich die Frage stellte, auf welchen historisch-konkreten Kontext sich die verschiedenen Schriften von Marx und Engels beziehen. Der ungarische Wissenschaftler ist überzeugt, »daß seine (Marx') Ansichten über die asiatische Produktionsweise unentbehrliche Bestandteile seines Lebenswerkes sind, daß

---

von 1965). Der Artikel von J. Chesneaux s. a. L'Asia nella storia di domani, a. a. O. Godelier hat einen Artikel für die Zeitschrift »Les temps modernes« geschrieben (vgl. Anm. 93 zum ersten Teil und Anm. 5 zum dritten). In den folgenden Nummern hat »La pensée« zahlreiche weitere Artikel über die asiatische Produktionsweise veröffentlicht: J. Suret-Canale, *Les sociétés traditionelles en Afrique tropicale et le concept de mode de production asiatique* (Nr. 117, 1964), P. Boiteyu, *Les droits sur la terre dans la société malgache précoloniale* (ibid.), J. Chesneaux, *Où en est la discussion sur le mode de production asiatique?*, I (Nr. 122, 1965), K. Shiozawa, *Les historiens japonais et le mode de production asiatique* (ibid.), S. de Santis, *Les communautés de village chez les Incas, les Aztèkes et les Mayas* (ibid.), C. Parain, *Protohistoire méditerranéenne et mode de production asiatique* (Nr. 127, 1966), J. Chesneaux, *Où en est la discussion sur le mode de production asiatique?*, II (Nr. 129, 1966), H. Antoniadis-Bibicou, *Byzanze et le mode de production asiatique* (ibid.), K. Dème, *Les classes sociales dans le Sénégal précolonial* (Nr. 130, 1966), C. Parain, *Comment caractériser un mode de production?* (Nr. 132, 1967), G. A. Melekešvili, *Eclavage, féodalisme et mode de production asiatique dans L'Orient ancien* (ibid.), I. Banu, *La formation sociale »asiatique« dans la perspective de la philosophie orientale antique* (ibid.), J. Chesneaux, *Où en est la discussion sur le mode de production asiatique?*, III (Nr. 138, 1968), K. Manivanna, *Aspects socio-économiques du mode de production asiatique* (ibid.) L. Sedov, *La société angkorienne et les problèmes de mode de production asiatique*. Die Zeitschrift »Recherches internationales à la lumière du marxisme« hat dem Problem der *premières sociétés de classes et mode de production asiatique* ein umfangreiches Heft gewidmet (Nr. 57–58, Januar–April 1967), das Schriften enthält von: J. Suret-Canale, E. J. Hobsbawm, J. Pećirka, V. Struve, E. Varga, Y. Garušants, E. Hoffmann, G. Lewin, F. Tökei, T. Pokora, Y. Seměnov, N. Kolesnickij, V. Nikiforov, I. Banu, M. Olmeda, R. Bertra, Nguyen Long Bich, S. Divitçioglu, I. Sachs, I. Sellkow, E. C. Welskopf, ferner eine reichhaltige Bibliographie. Diese Zeitschrift hat in der Nr. 1, 1966, die erste französische Übersetzung der Schrift von Marx *Formen, die der kapitalistischen Produktion vorhergehn* publiziert, hrsg. von R. Dangeville, der dann die Übersetzung der gesamten *Grundrisse* besorgt hat: Paris 1967–68 (2 Bände). Von J. Suret-Canale siehe auch *Afrique noire occidentale et centrale*, I, *Géographie, Civilisation, Histoire*, Paris 1961, p. 101–102. Andere weniger wichtige Beiträge sind in den Übersichten von J. Chesneaux angeführt, die weiter unten zitiert sind.

ohne sie – angesichts der auf alle wesentlichen Zusammenhänge bedachten wissenschaftlichen Sorgfalt von Marx – selbst das ›Kapital‹ undenkbar wäre«. Der Versuch aber, die Originalität, die Kohärenz und die grundsätzliche Bedeutung der Marxschen Auffassung über die asiatische Produktionsweise nachzuweisen, erweist sich als so schwierig, daß Tökei, um seine Theorie zu begründen, zu einer Fiktion Zuflucht nehmen muß und harmlose Banalitäten reproduziert, wie, wenn er den Hinweis von Engels, daß die Organisation der öffentlichen Arbeiten eine spezifische Aufgabe des orientalischen Staates darstellt, als »äußerst verständig« betrachtet (d. h. ein Faktum, auf das bereits unzählige Male von Herodot bis Adam Smith hingewiesen worden ist); oder wenn er schreibt, daß die Klassenstruktur der asiatischen Produktionsweise von Marx aus »Zeitgründen« nicht gründlich untersucht werden konnte. Interessante Hinweise finden sich so in Tökeis Buch vermischt mit widersprüchlichen oder ungenügend geklärten oder belegten Behauptungen. Der Autor führt beispielsweise eine weitläufige Polemik gegen das, was er »geographische Geschichtsauffassung« nennt und vertritt die Ansicht, daß Marx sich über den geographischen Faktor im klaren gewesen sei, ihm aber »seinen richtigen Platz« zugewiesen habe. Welches aber dieser »Platz« ist – abgesehen von der Bedeutung, die er im common sense besitzt – wird nicht geklärt. Die asiatische Produktionsweise ist dem ungarischen Historiker zufolge gekennzeichnet durch das Fortbestehen des naturwüchsigen Stammesgemeineigentums. Die orientalischen Gesellschaften unterscheiden sich jedoch von den ursprünglichen Gemeinwesen durch ihren Klassencharakter. In ihnen ist der Staat der Exproprateur des Mehrprodukts:
»Indem er im Namen des Gemeinwesens, d. h. des Eigentümers an Grund und Boden, auftritt, verhält sich also der Staat tatsächlich als Eigentümer der Produktionsmittel (ja sogar der Produzenten) und verwirklicht eine regelrechte Ausbeutung auf der Basis des gemeinschaftlichen Stammeigentums.«
Die Kasten, Keime zu einer Differenzierung in Klassen, sind das Produkt der uralten öffentlichen Funktionen, die von einigen Personen ausgeübt wurden, deren Unterhalt auf Kosten des ganzen Gemeinwesens ging. Der Grundwiderspruch der orientalischen Gesellschaft liegt in ihrer Entwicklung zur Klassengesellschaft auf der Basis von Stammesgemeineigentum.
Wie das Verhältnis zwischen der asiatischen Produktionsweise

und den anderen vorkapitalistischen Gesellschaftsformationen für Tökei aussieht, wird nicht ganz klar. Seiner Meinung nach stellte für Marx und Engels die asiatische Produktionsweise eine selbständige Kategorie dar, die sich grundsätzlich von der Sklavenhalter- wie von der Feudalgesellschaft unterschied. Er fügte jedoch hinzu, daß es sich zwar um eine unterschiedliche Produktionsweise, nicht aber um eine »vierte Grundformation« handele, die auf dieselbe Ebene wie Sklaverei, Feudalismus und Kapitalismus gestellt werden könnte. Es handelt sich damit im wesentlichen um eine Übergangsform, die zwischen der Produktionsweise der Urgemeinschaft und der antiken Produktionsweise (die Tökei nicht deutlich abgrenzt von der sklavenhalterischen Produktionsweise, ebenso wie er nicht unterscheidet zwischen germanischer und feudaler Produktionsweise) liegt. Die asiatischen Völker wären demnach in dieser Übergangsphase stehengeblieben, ohne daß es gelungen wäre, das Stammesgemeineigentum zu überwinden, im Gegenteil, sie stabilisierten es und hielten es in ihren Gesetzen fest. Im Abendland dagegen sei diese Übergangsphase schnell zum Abschluß gelangt mit der Aufhebung des Stammesgemeineigentums und seiner unter dem Einfluß von verschiedenen historisch-geographischen Bedingungen stattgefundenen Entwicklung zu sklavenhalterisch-antiken oder germanisch-feudalen Formen. Demnach existierten zwei verschiedene Entwicklungstypen: einerseits der durch die asiatische Produktionsweise charakterisierte Orient; andererseits der Okzident mit der Linie: ursprüngliches Gemeinwesen – (asiatische Produktionsweise) – Sklaverei – Feudalismus – Kapitalismus. Dieser zweite Typus sei »universal«, wenn auch nicht in dem Sinne, daß *alle* Völker sämtliche Etappen durchlaufen haben. Obwohl Tökei auch in diesem Punkt nicht sehr präzise ist, scheint es, daß er den Wechselbeziehungen zwischen den Völkern ein entscheidendes Gewicht beimißt. Beispielsweise soll die Entwicklung der germanischen Form unmöglich gewesen sein, wenn nicht die Germanen die antike Gesellschaft erobert hätten, in der bereits Privateigentum bestand. Hier entsteht also eine neue Form von »Unilinearismus«: jedes Volk (oder Volksgruppe) spielt seine bestimmte Rolle, wobei die Einheit der ganzen Aufführung sich herstellt in dem, was Tökei den »universalen Lauf« der menschlichen Geschichte nennt. Die germanische Form ist unvorstellbar ohne die antike; der Kapitalismus hätte von einer anderen als der Feudalgesellschaft nicht hervorgebracht

werden können; der Sozialismus kann ohne den Kapitalismus nicht entstehen; alles sind unerläßliche Stufen auf der universalen Entwicklungsleiter. Was Asien betrifft, so sei es gerade die Isolation von der internationalen (d. h. europäischen) Entwicklung gewesen, die es zur Unwandelbarkeit und Barbarei verdammt habe. Aber in Wirklichkeit glaubt Tökei, daß diese Unwandelbarkeit, die eng mit einem System der Dorfgemeinschaft und mit einem »Steuersystem« zusammenhänge, keiner speziellen Erklärung bedürfe. Dieser Entwicklungstypus ist nach Tökei »natürlich«:
»Die asiatischen Steuersysteme sind daher auf natürliche Weise aus der »Beisteuer« der Urgemeinschaft entwachsen, d. h. aus der jahrtausendealten, von jeher dagewesenen Praxis, für den gemeinsamen Vorrat zu sorgen. Die Bauern merken erst nach geraumer Zeit – als die Erinnerung der einstigen Zustände schon erblaßt –, daß sich die Welt verkehrt hat und daß ihre kommunalen Institutionen, darunter die Abgabepflicht der Produktenrente an den Vertreter des ›höheren Gemeinwesens‹, sich gegen sie gewandt haben und nunmehr zu ihrer Unterdrückung dienen.«
Im Gegensatz dazu bedürfe gerade der westeuropäische Entwicklungstyp einer gründlichen Erklärung:
»Es ist eben die typische (in der Geschichte der Menschheit allerdings alleinstehende) griechische Entwicklung, die von besonderen historischen Fakten bedingt war. Diese ermöglichten, daß der Mensch sich schließlich von der »Nabelschnur des Gemeinwesens« losgerissen hat und daß mit dem Erscheinen des Privateigentums an Grund und Boden die Epoche der (nunmehr nicht halben) menschlichen Zivilisation begann, der Weg des typischen (weil das Vorwärtskommen am ehesten sichernden) Entwicklungsganges der Menschheit sich eröffnete.«
Tökei (der gewiß der »eurozentrischste« der Wissenschaftler ist, die sich bisher an der Kontroverse beteiligt haben) legt großes Gewicht auf das tiefe kulturelle Niveau und auf die absolute Stagnation der asiatischen Gesellschaften im Gegensatz zur schnellen und vielseitigen Entwicklung des griechischen Typs. Seiner Meinung nach haben sich die asiatischen Gesellschaften bis zum gewaltsamen Einbruch des abendländischen Kapitalismus im letzten Jahrhundert am Leben erhalten:
»Nur die kapitalistische und konsequent erst die sozialistische Entwicklung (vermag) diese verwitterten, halbbarbarischen asi-

atischen Zivilisationen in den Lauf der gesamtmenschlichen Entwicklung einzuschalten.«

In seiner Polemik gegen Wittfogel vertritt Tökei die Ansicht, daß die Auffassung von möglichen asiatischen Degenerationen des Sozialismus »kindisch« sei und betont, daß es »unmöglich ist, daß das sozialistische Gemeineigentum das Entstehen einer ›neuen Klasse‹ fördert« (auch wenn man in der Vergangenheit in der asiatischen Produktionsweise das Entstehen einer herrschenden Ausbeuterklasse auf der Basis des Gemeineigentums feststellen könne). Dennoch scheint Tökei anzunehmen, daß die asiatischen Kommunisten von der Theorie der asiatischen Produktionsweise etwas lernen können. Sie müssen ihre Aufmerksamkeit darauf richten, »Verzerrungen und klassengesellschaftliche Atavismen« zu verhindern und zu bekämpfen.

Als Sinologe hat Tökei den Versuch unternommen, die Theorie auf die Geschichte Chinas von der Antike bis zur Gegenwart anzuwenden, oder besser anhand der Geschichte zu exemplifizieren (allerdings zu oberflächlich, um voll überzeugen zu können). Seit Beginn der Shang-Epoche scheint ihm die chinesische Gesellschaft im wesentlichen durch asiatische Produktionsweise gekennzeichnet zu sein. Im Laufe der Han-Epoche erscheine das Privateigentum an Boden und beginne allmählich, ökonomisch relevant zu werden. Aber das Schicksal des Privateigentums unter den Bedingungen der Isolation des Landes und dem beharrlichen Fortbestehen der asiatischen Produktionsweise sei es, sich selbst dem patriarchalischen Staatseigentum unterzuordnen und sich in den Rahmen der asiatischen Ökonomie einzufügen. Es gelinge ihm also nicht, sich durchzusetzen und vorherrschend zu werden. Dasselbe lasse sich für die später erscheinenden feudalen Eigentumsformen und für die ersten Ansätze des Kapitalismus sagen. Mit anderen Worten, innerhalb der asiatischen Produktionsweise existiere in China eine gesellschaftliche Tendenz, die denselben Gesetzen wie die europäische Entwicklung zu unterliegen scheine. Aber die Strukturen der asiatischen Produktionsweise seien stärker, verhindern, daß diese Bewegung substantielle soziale Veränderungen setze und verurteilen das Land zur Unwandelbarkeit bis zum Beginn des Eindringens des Kapitalismus.

Ein anderer Wissenschaftler, auf dessen Ansichten kurz einzugehen angebracht ist, ist Maurice Godelier. Er geht aus von einer Reihe recht wichtiger Überlegungen zum Begriff »Entwicklungsschema der Gesellschaft«, den er dahingehend präzisiert, daß es sich um »Modelle« handele, um »Idealtypen«. Es sei möglich, für jede Gesellschaft eine »organische Gesamtheit von Hypothesen über die Natur dieser Elemente, aus denen sich diese Gesellschaft zusammensetzt, über deren »Relationen« und deren »Entwicklungsmodi« aufzustellen. Diese Modelle seien weder identisch mit der realen Geschichte bestimmter Gesellschaften, noch konstituieren sie eine soundsovielte Geschichtsphilosophie, sondern stellen Hypothesen dar, mit deren Hilfe die unendliche Vielfalt der konkreten Geschichte dechiffriert werden könne.[17] Weniger überzeugend ist Godelier, wenn er – sich auf den Marx der *Formen, die der kapitalistischen Produktion vorhergehn* beziehend – sieben verschiedene »sozio-ökonomische Gesellschaftsformationen« unterscheidet: Urkommunismus, asiatische, antike, sklavenhalterische, germanische, feudale und kapitalistische Produktionsweisen. Die asiatische Produktionsweise wäre demnach eine typische Gesellschaftsorganisation des Übergangs von klassenloser zur Klassengesellschaft. Innerhalb des naturwüchsigen Gemeinwesens verwandele sich eine Minderheit von Personen, die eine an gemeinsame Interessen gebundene Macht ausübe, allmählich in eine Ausbeuterklasse. Oft werde ein König, Personifikation dieser Minderheit, Grundeigentümer zum Schaden des Gemeinwesens. Ausbeutung finde also statt, ohne daß Privatbesitz an Grund und Boden besteht.

Dieser einmal ausgelöste Prozeß wird begünstigt von natürlichen Bedingungen, die eine Kooperation in weitem Maße verlangen, um große Arbeiten für das Allgemeininteresse zu ermöglichen (Bewässerung, Entwässerung, Terrassenbau, etc.). Aber weder die Existenz von großen öffentlichen Arbeiten und einer absoluten Zentralgewalt, noch die einer Bürokratie sind notwendige Elemente, um die asiatische Produktionsweise zu charakterisieren. Godelier ist der Ansicht, daß das prinzipiell entscheidende Element dieser sozio-ökonomischen Formation im Aufkommen einer Aristokratie liegt, die die eigentliche Ausbeutung dadurch organisiert, daß sie einen Teil vom Produkt des Gemeinwesens (in Form von Naturalien oder von Arbeit) abschöpft, aber nicht direkt in die Produktionsbedingungen eingreifen kann. Der »orientalische Despotismus« und die Bürokratie sind dagegen für Godelier sekundäre Momente.

---

17 Vgl. dazu auch Godelier, *Rationalité et irrationalité en économie*, Paris 1966. Dieses Buch wurde in Italien von M. Salvati außerordentlich kritisch rezensiert, in: »Problemi del socialismo«, n. s., IX, 1967, p. 625–632.

Die asiatische Produktionsweise unterscheidet sich nach Godelier deutlich sowohl vom Urkommunismus (da sie bereits eine erste Klassengesellschaft ist) wie von der Sklavenhaltergesellschaft (durch das Fehlen von Privateigentum an Boden und dadurch, daß Sklaverei allein in der patriarchalischen Form vorkommt) wie auch vom Feudalismus (da sie auf kollektiver und nicht individueller Bestellung der Felder beruht).
Weiterhin besteht für Godelier der typische innere Widerspruch der asiatischen Produktionsweise in den in ihr zusammenbestehenden Gemeinschaftsstrukturen und Klassenstrukturen. Godelier stimmt mit Tökei unter anderem in diesem Punkt überein. Dieser Widerspruch verursache eine graduelle Entwicklung des Privateigentums, weshalb die asiatische Produktionsweise, um der Stagnation zu entgehen, zwei verschiedenen Entwicklungslinien folgen könne. Einmal könne sie in die antike Form und dann in die Sklavenhaltergesellschaft übergehen (dies ist der Fall beim »griechischen Wunder«), zum anderen könne sie sich, die Phase der Sklaverei überspringend, zum Feudalismus hin entwickeln. Dies letzte sei der häufigste und normalste Fall (man trifft ihn z. B. in China, Indien, Japan, Vietnam). Aber es handele sich um einen »spezifischen Feudalismus«, der sich vom abendländischen insofern unterscheidet, als er gekennzeichnet ist durch Überreste asiatischer Produktionsweise und durch geringe Entwicklung der Merkantilproduktion und des Geldes. Dieser Feudalismus ist daher unfähig, den Kapitalismus aus sich heraus hervorzubringen – der auch im Fall von Japan wesentlich ein importiertes Produkt bleibt. Der Entwicklungsweg des Westens bilde dagegen eine Ausnahme (in einem statistisch-quantitativen Sinn könnte man sagen), aber er ist zugleich auch universal und »typisch«, weil in ihm »in widersprüchlicher Form die maximale Entwicklung von Produktivkräften, Ungleichheiten, Klassenkämpfen« stattfindet. Allein hier könne der Kapitalismus und aus ihm der Sozialismus entstehen und damit die Möglichkeit einer Gesellschaft ohne Ausbeutung und Klassen. Die typische und universale (nicht in geographischem, sondern im Sinn der in ihr enthaltenen Möglichkeiten) Entwicklungslinie sei die, welche beim Urkommunismus beginnt, die Schwelle zur Klassengesellschaft mit der asiatischen Produktionsweise überschreitet und sich auf die antike und sklavenhalterische Gesellschaft hin entwickelt, aus deren Auflösung dann der Feudalismus entsteht.
Godelier schließt seinen Beitrag mit dem Wunsch nach einer

Reihe von Spezialuntersuchungen, die erst erlauben, folgende Probleme zu bestimmen: 1) die Prozesse, mittels derer die Ungleichheit in der klassenlosen Gesellschaft entstehen konnte; 2) eine Typologie der verschiedenen Formen der asiatischen Gesellschaften; 3) die verschiedenen Entwicklungsformen der asiatischen Gesellschaft. Eine Antwort auf diese Fragen könnte seiner Meinung nach auch auf die Geschichte der griechisch-römischen Antike und den Feudalismus ein neues Licht werfen.

Godelier gleitet aber über manche Probleme viel zu schnell hinweg. Seine Aufzählung der sieben »sozio-ökonomischen Formationen« findet bei Marx keine Stütze, sooft Godelier auch das Gegenteil behauptet. Die Charakterisierung der verschiedenen Formen ist ziemlich oberflächlich. Dasselbe läßt sich von der Beschreibung der Übergangsformen sagen. Der Übergang von der Sklavenhaltergesellschaft zum Feudalismus bleibt in hohem Grade obskur und die Gründe dafür, weshalb der orientalische Feudalismus unfähig, der abendländische hingegen fähig war, den Kapitalismus hervorzubringen, werden zu einfach reduziert auf die Existenz einer »Kombination von Privateigentum und Merkantilproduktion«, die an der Basis der kapitalistischen Produktionsweise stehen soll.

Während bei Tökei und Godelier (zumindest in den hier untersuchten Schriften) ein allgemein-abstraktes Interesse zu dominieren scheint, lenkt Jean Chesneaux als erfahrener Historiker des Fernen Ostens die Aufmerksamkeit auf neue Untersuchungsperspektiven, die die Debatte für die Historiker bieten könnte. Mit seinen Beiträgen hat er in den letzten Jahren eine wichtige Doppelfunktion wahrgenommen: zum einen zu neuen Untersuchungen anzuregen, zum anderen genau und kritisch über die Projekte zu informieren, die in zahlreichen Ländern zu diesem Forschungsbereich durchgeführt werden.

Nach Chesneaux ist die asiatische Produktionsweise auf derselben Ebene zu sehen wie die sklavenhalterische, feudale, kapitalistische und sozialistische und läßt sich folgendermaßen definieren:

»Wenn man die verschiedenen Hinweise von Marx zu dieser Frage zusammenträgt, so ist die asiatische Produktionsweise durch die Verbindung von produktiver Arbeit der Dorfgemeinschaft und den ökonomischen Eingriff einer sie ausbeutenden und gleichzeitig leitenden staatlichen Autorität gekennzeichnet.«

Nach dieser Bestimmung stellen sich aber für eine konkrete historische Analyse eine Reihe wichtiger Probleme, vor allem: wer verteilt innerhalb der Dorfgemeinschaft den Boden, und wie? Wie ist der wirkliche Grad der Arbeitsteilung? Wenn der Staat der Hauptorganisator der Produktion ist, wie nimmt er dann diese Funktion wahr? Wie sind seine Beziehungen mit der Dorfgemeinschaft strukturiert? Obliegen dem Staat, abgesehen von der Wasserregulierung (Dämme, Kanäle) noch andere Aufgaben wie etwa die Kontrolle über die wechselnde Bearbeitung der Felder, des Unterhalts der Straßen, der militärische Schutz der Dörfer, die unmittelbare Leitung einiger produktiver Sektoren (Bergbau und Metallverarbeitung), die die Möglichkeiten der Bauerngemeinschaften übersteigen? Ist die Bürokratie in sich geschlossen oder steht sie für jedermann offen, rekrutiert sie sich aus Mitgliedern des Dorfes, oder wird sie von der Zentralregierung bestimmt? Woher stammen die Arbeitskräfte für die öffentlichen Arbeiten? Wie groß ist die Anzahl und die Bedeutung der Sklaven? Auf welche Weise kommt der Surplus zustande und wird er entrichtet? Welche Klassenantagonismen existieren in diesem System? Besteht zwischen dem Grundwiderspruch zwischen Gemeinwesen und Staat noch ein anderer zwischen kollektiver Bearbeitung des Bodens und Tendenzen zur privaten Aneignung? Ist der Staat oder das Gemeinwesen der wahre Eigentümer des Bodens? Existiert überhaupt und in welchem Maße Privateigentum? Welche Rolle spielen interner und externer Tausch; welche Funktion besitzt die Stadt in der orientalischen Gesellschaft? Wird die asiatische Produktionsweise wirklich durch Stagnation bestimmt oder kennt sie besondere Entwicklungsformen zum Feudalismus oder auch zu embryonalen kapitalistischen Ansätzen? Welche Ideologien und Kulturen lassen sich als organisch verbunden mit diesem Gesellschaftstypus betrachten?

Chesneaux glaubt, daß dies lediglich einige der Fragen sind, die sich dem Forscher stellen, wenn er versucht, die Merkmale der verschiedenen orientalischen Gesellschaften genau zu erfassen. Aber auf welche Gesellschaften läßt sich die Kategorie asiatische Produktionsweise überhaupt anwenden? Chesneaux befürchtet zu Recht, daß sie so etwas wie ein »concept residuel« werden könnte, das man jedesmal dann benutzt, wenn die klassischen Kategorien nicht anzuwenden sind. Dennoch darf die Forschung kein Gebiet übergehen, das neue Einsichten verspricht. Elemente, die für die asiatische Produktionsweise charakteristisch sind, scheinen nicht nur in der Geschichte Chinas, Persiens, und einiger Regionen der indochinesischen Halbinseln vorzukommen, sondern auch in der Geschichte des alten Ägyptens und Mesopotamiens, in der Frühgeschichte der Mittelmeergebiete, zu Beginn der byzantinischen Gesellschaft, in einigen Gebieten südlich der Sahara, in den alten mexikanischen und peruanischen Reichen. Die Produktionsweise, die Marx und Engels aufgrund ihrer Kenntnisse als »asiatisch« auffaßten, offenbart sich daher als ziemlich weit verbreitet und als nicht an eine bestimmte geographische Zone gebunden. Es stellt sich also ein terminologisches Problem, und Chesneaux schlägt vorerst den Terminus »Dorfdespotismus« vor.

In den letzten Jahren hat »La Pensée« die Resultate einiger interessanter Versuche publiziert, die Theorie der asiatischen Produktionsweise in konkreten historischen Forschungen zu erhärten. Jean Suret-Canale hat unter diesem Blickpunkt einige afrikanische Gesellschaften untersucht, im besonderen die alten Reiche des Sudans und Guineas. Er betont die dominierende Rolle des Staates im ökonomischen Bereich und die Existenz einer herrschenden Klasse, die praktisch mit dem Staatsapparat identisch ist, dessen Macht sich aus der Ausübung von öffentlichen Funktionen ableitet. K. Dème hat mit Bezug auf die Diskussion über die asiatische Produktionsweise die Gesellschaftsklassen im vorkolonialen Senegal untersucht. Pierre Boiteau hat eine gründliche Analyse über die Besonderheiten der verschiedenen Eigentumsverhältnisse an Grund und Boden in der vorkolonialen madagassischen Gesellschaft angestellt und ist skeptisch, sie unter einer einzigen Produktionsweise zu subsumieren. Hélène Antoniadis-Bibicou hat auf die Schwierigkeit hingewiesen, in der Geschichte von Byzanz eine Phase zu finden, die der asiatischen Produktionsweise entspricht und hat aus diesem Grund die Hypothese einer Universalität dieser Produktionsweise in Frage gestellt. Sergio De Santis hat den »asiatischen« Charakter der Inka- und Azteken-Gesellschaften ebenso wie die Langlebigkeit der landwirtschaftlichen Dorfgemeinden hervorgehoben, aber zugleich vor der bei einigen lateinamerikanischen Wissenschaftlern vorhandenen Tendenz gewarnt, diese Einrichtung zu idealisieren und zu meinen, man könne sie bewahren oder wieder beleben, ohne sie in »den Rahmen einer tiefgreifenden Erneuerung auf ökonomischer, technologischer und sozialer

Ebene« einzufügen. Charles Parain hat die Frühgeschichte der Mittelmeerländer in einem Artikel zum Untersuchungsgegenstand gewählt, der zudem viele aufschlußreiche, theoretische und methodologische Ansätze aufweist. Parain zeigt sich unbefriedigt über die Tendenz, sich mit einer sehr großzügigen Definition zufriedenzugeben (Kombination von despotischem Regime und autarken Dorfgemeinschaften, mit geringer Entwicklung des Privateigentums), die Gefahr läuft, den dynamischen Zug des Systems zu übersehen, d. h. die in ihm begründete besondere Form der Beziehung zwischen dem Eigentümer der Produktionsmittel und dem unmittelbaren Produzenten. Er kritisiert außerdem die Vorstellung vom Universalcharakter der asiatischen Produktionsweise und betont, daß die geographischen Bedingungen zwar notwendig, aber doch nicht ausreichend sind für die Existenz asiatischer Produktionsweise. Parain erinnert zu Recht daran, daß es illusorisch ist, den reinen Idealtypus der asiatischen Produktionsweise in irgendeiner bestimmten historischen Gesellschaft realisiert zu finden; eine Feststellung, die natürlich für jede andere Produktionsweise auch zutrifft. Parain äußert Vermutungen über die diversen Formen und Ausmaße der Gesellschaftsorganisationen von der Art der asiatischen Produktionsweise, ausgehend von den »Modellen« des Nahen Ostens, von europäischen megalithischen, kretischen, mykenischen und etruskischen Kulturen.

Ansonsten hat »La Pensée« Schriften übersetzt und veröffentlicht von K. Manivanna über Laos, von L. Sedov über Kambodscha, von I. Banu und G. A. Melekešvili über den antiken Nahen Osten. Dieselbe Gruppe von Wissenschaftlern (insbesondere Suret-Canale) hat sich zum Förderer eines wichtigen Projekts gemacht: in einem Sonderheft von »Recherches internationales à la lumière du marxisme« sind mehr als zwanzig ins Französische übersetzte Schriften von Wissenschaftlern aus verschiedenen Ländern über »Frühe Klassengesellschaften und asiatische Produktionsweise« (mit umfangreicher Bibliographie) gesammelt worden.

Wenn auch »La Pensée« und die um das CERM versammelten Forscher den Löwenanteil der Diskussion über die asiatische Produktionsweise übernommen haben, so haben doch auch andere Wissenschaftler wichtige Beiträge zur Erforschung dieses Problems geliefert. Besonders zwei verdienen, hier erwähnt zu werden: Pierre Vidal-Naquet und Maxime Rodinson. Vidal-Na-

quet hat für »Annales« einen Artikel verfaßt, den er dann zur Einleitung der französischen Ausgabe der *Orientalischen Despotie* von Wittfogel umgearbeitet hat. Diese Arbeit zeichnet sich durch eigenständiges Urteil und eine umfangreiche Dokumentation aus.
Vidal-Naquet geht häufig auf die Thesen von Wittfogels Buch ein, wobei er eine bemerkenswerte Kenntnis vor allem in der Historiographie der Antike und des Nahen Ostens offenbart; er betont den objektiven Wert des Buches, abgesehen von der tendenziösen politischen Haltung und von den allzu häufigen Schematisierungen. Er gibt die Vorläufer der Theorie der asiatischen Gesellschaft an und ihre historiographische und politische Bedeutung; ferner rekonstruiert er kurz die Geschichte der Auseinandersetzungen, die diese Kategorie seit Marx zum Gegenstand hat. Schließlich zeigt er die neuen Forschungsperspektiven auf, die die Theorie in letzter Zeit den Wissenschaftlern eröffnet hat.
Maxime Rodinson hat dagegen das Problem indirekt in einem Abschnitt seiner neueren, wichtigen Arbeit über *Islam und Kapitalismus* aufgegriffen. Er lehnt das übliche Verfahren der marxistischen Historiker ab, indem er sich weigert, die mittelalterliche islamische Gesellschaft als »feudal« zu bezeichnen und weist die Ungenauigkeit dieses Terminus nach, den Marx und Engels von der gängigen Nomenklatur ihrer Zeit übernommen hatten: »Sie entlehnten der geläufigen Nomenklatur ihrer Zeit einfach den Begriff ›Feudalismus‹ und schufen keinen eigenen Terminus, eine, wie man immer wieder betont, unglückliche Bezeichnung, weil sie sich im wesentlichen auf den politischen Überbau bezieht, der nicht notwendig mit der Produktionsweise in Verbindung stehen muß.«[18]
Rodinson weist jedoch ebenfalls den Versuch zurück, »orientalischen Feudalismus« durch »asiatische Produktionsweise« zu

---

18 P. Vidal-Naquet, *Histoire et idéologie: Karl Wittfogel et le concept de »Mode de production asiatique«*, »Annales E. S. C.«, 19, 1964, 3, p. 531–549; ders. Einleitung zu Wittfogel, *Le despotisme oriental*, a. a. O. ders., *La Russie et le mode de production asiatique*, »Annales E. C. C.« 21, 1966, 2, p. 378–381; M. Rodinson, Islam und Kapitalismus, a. a. O, p. 92, pp. 99–101, pp. 103/104; Y. Lacoste, *Ibn Khaldoun, Naissance de l'histoire. Passé du tiers-monde*, Paris 1966; J. Poncet, *D'Ibn Khaldoun au sous-développement. Une démystification de l'histoire maghrébine*, »La pensée«, Nr. 131, 1967; R. Garaudy, La questione cinese, Roma 1968. D. Thorner, *Marx on India*, a. a. O.; E. Mandel, *Entstehung und Entwicklung der ökonomischen Lehre von Karl Marx*, Ffm. 1968.

ersetzen und polemisiert besonders gegen Godeliers Interpretation des Marxschen Textes über die *Formen, die der kapitalistischen Gesellschaft vorhergehn*. Er vertritt die Ansicht, daß »asiatische Produktionsweise« (oder das »naturwüchsige Gemeinwesen«) keine sozio-ökonomische Formation und schon gar nicht universal ist; daß es zudem ein Irrtum ist, »darin den einzigen relativ primitiven Formationstyp der Ausbeutungsstruktur« zu sehen. Einige seiner Bemerkungen über die vorkapitalistischen Gesellschaften verdienen ohne Zweifel große Aufmerksamkeit, weshalb sie hier ausführlich zitiert werden sollen:

»Vor dem Kapitalismus, wenn wir uns in eine Weltperspektive versetzen wollen, kann man im Höchstfall eine primitive Gemeinschaftsproduktion unterscheiden, die, hypothetisch, als einzige zu Beginn der Menschheit existiert hat. Weiterhin die unendlich vielfältigen Produktionsweisen mit Ausbeutungsstrukturen, bei denen ein Gemeinwesen ein anderes ausbeuten kann, dieses aber seine Autonomie, seine Kohärenz, seinen autarken Charakter bewahrt, oder bei denen Individuen als Individuen durch Mitglieder der übergeordneten »Klasse« oder Gesellschaft oder durch diese Gesellschaft als ganze ausgebeutet werden. Hierbei handelt es sich um öffentliche oder private Sklaven, bzw. Leibeigene. Wenn sich in einer bestimmten Gegend Bindungen herausbilden, die eine gewisse Kohärenz implizieren, kann man von einem wirtschaftlichen System auf der Stufenleiter dieser Region sprechen. Es scheint, daß diese Systeme im allgemeinen das Nebeneinander oder Ineinander verschiedener Produktionsweisen implizieren, je nach den verschiedenen Verhältnissen und Kombinationsweisen. Es dürfte sehr schwierig sein, diese Wirtschaftssysteme zu klassifizieren. Wenn man über ökonomische Gesellschaftsformationen sprechen will, die den verschiedenen Systemen entsprechen, muß man darin Formationen sehen, die allein auf der regionalen, manchmal sehr begrenzten Stufenleiter gültig sind. In ihren Charakteristika werden sie zweifellos Gemeinsamkeiten zeigen, aber nur auf einer sehr hohen und darum sehr wenig spezifischen Ebene der Verallgemeinerung. Allein das auffällige Vorherrschen einer Produktionsweise in einem gegebenen System, etwa beim Sklaventum im klassischen Griechenland (und selbst diese Aussage müßte man eigentlich noch qualifizieren) oder bei der Leibeigenschaft im westlichen Europa des Mittelalters, wäre geeignet, diesem System und der entsprechenden ökonomischen Gesellschaftsformation eine wirklich charakteristische Besonderheit zu geben. Dennoch muß man auf der Ebene des Systems und der Formation sekundäre wirtschaftliche (wie z. B. die Entwicklung des Handels) bzw. kulturelle Züge einbeziehen, die, selbst wenn sie nicht fundamental sind, sehr wichtig sein und die Struktur und den Aspekt des Ganzen stark modifizieren können.

Wenn man ein besonderes Etikett wünscht, so schlage ich den Begriff ›Produktionsweise zwecks Ausbeutung‹ vor und füge je nachdem das Attribut ›gemeinschaftlich‹ oder ›individuell‹ hinzu. Die entsprechenden Wirtschaftssysteme können im allgemeinen ›präkapitalistische Ausbeutungssysteme‹ genannt werden, und man könnte zur weiteren Unterscheidung Ausdrücke wie ›bei Vorherrschaft des Gemeinwesens (oder des Individuums)‹, ›bei Vorherrschaft der Landwirtschaft (oder des Hirtenwesens)‹ etc. einführen. Für die besonderen, oben genannten Fälle, wäre es klüger, von ›Systemen mit vorherrschender Sklavenhaltung‹ oder ›Leibeigenschaft‹ als von ›Sklavenhaltergesellschaft‹ oder ›Feudalismus‹ zu sprechen. Die entsprechenden ökonomischen Gesellschaftsformationen dürften alle der Kategorie der präkapitalistischen Formation auf der Grundlage der Ausbeutung angehören, und auch da kann man ernsthaft nur durch geographische Attribute oder durch deskriptive Termini, die sich auf das Vorherrschen dieser oder jener Elemente beziehen, darunter die mehr oder weniger große Rolle des städtischen und Handelslebens, Unterscheidungen treffen.«[18] Nach Rodinson (der an Marx anknüpft) kamen die verschiedenen notwendigen Bedingungen für die Anfänge des Kapitalismus geschichtlich im Europa des 14./15. Jahrhunderts zusammen: »Das ist der sozialen und politischen Konjunktur Europas zu dieser Epoche zu verdanken. Diese Konjunktur ist noch immer unzureichend analysiert. Niemand hat gezeigt, daß sie sich nur entwickeln konnte, weil das europäische Wirtschaftssystem auf der Produktionsweise beruhte, die in der marxistischen Lehre ›spätfeudalistisch‹ genannt wurde, d. h. der Ausbeutung des Bauern durch einen Eigentümer im Besitz von Rechtstiteln, der Geldrente einzieht. Noch weniger kann man zeigen, daß, wie M. Godelier annimmt, die Orientierung auf diese Produktionsweise hin auf die ökonomische Entscheidung der Griechen und Römer für eine Produktionsweise bei privatem Landeigentum zurückgeht. Vor allem hat niemand gezeigt, daß nur das Vorherrschen dieser Produktionsweise angesichts eines beachtlichen Geldvermögens in den Händen der Kapitalisten in der Lage war, die Entwicklung des kapitalistischen Wirtschaftssystems voranzutreiben. Es ist also nicht sicher, daß die Existenz der verschiedenen erwähnten Wirtschaftssysteme in den islamischen Gebieten und die Vielfalt der agrarischen Produktionsweisen, die sie gewöhnlich implizieren, ein Hindernis für das Auftreten des Kapitalismus in diesen Gebieten war.«[19]

Ein anderer französischer Wissenschaftler, Yves Lacoste, ist in einem anregenden Essay über Ibn Khaldoun dem Gedanken nachgegangen, die Kategorie der asiatischen Produktionsweise für nordafrikanische Gesellschaftsformationen der auf die arabische Eroberung folgenden Jahrhunderte zu verwenden (J. Poncet hat diese Thesen kritisch in »La Pensée« aufgenommen). Roger

Garaudy hat die Kategorie in seinem Buch über die *chinesische Frage* ausführlich verwendet. Der amerikanische Indologe (der in Paris arbeitet) Daniel Thorner hat einen fundierten Aufsatz mit dem Titel *Marx über Indien und die asiatische Produktionsweise* verfaßt, der ein ausführliches Studium Marxscher Texte mit einer – häufig kritischen – konkret-historischen Überprüfung seiner Thesen über die gesellschaftliche Struktur und die Geschichte Indiens verbindet. Schließlich hat der Belgier Ernest Mandel kürzlich in Frankreich ein wichtiges Buch über die *Entstehung und Entwicklung der ökonomischen Lehre von Karl Marx* veröffentlicht, in dem ein langes und informatives Kapitel die asiatische Produktionsweise behandelt. Mandel geht aus von dem Ursprung des Marxschen Interesses für diese wie auch für die anderen vorkapitalistischen Gesellschaftsformationen, die von ihm zu Recht als besondere dargestellt wird im Versuch, »die Faktoren, die in Europa positiv zum Aufblühen des Kapitals und des Kapitalismus geführt haben, in *negativer* Weise zu beleuchten«. Ein Versuch, der – wie Mandel präzisiert – sich nicht durch die hypothetische Annahme löst, die orientalischen Länder seien unfähig, aus eigenen Kräften zum Kapitalismus zu gelangen, sondern nur in ihrer objektiven Verzögerung besteht, die sich – nach der bürgerlichen Revolution im Abendland – in einen unausfüllbaren Nachteil verwandelt hat, der die wahre Ursache ihrer *jetzigen* »Unterentwicklung« ist. Aufgrund dieser Voraussetzung kritisiert Mandel die Tendenz einiger Wissenschaftler wie Godelier, Suret-Canale und Chesneaux (der in Wirklichkeit in diesem Punkt vorsichtiger ist), den spezifischen geographischen Charakter des Adjektivs »asiatisch« (und damit im wesentlichen die Beziehung auf Indien und China) abzuschwächen und den Gebrauch dieser Kategorie soweit auszudehnen, um letztlich mit ihr eine sozio-ökonomische Formation zu bezeichnen, die den Übergang der klassenlosen zur Klassengesellschaft markiert.[18]

In der *Sowjetunion* hat die Kontroverse mit dem Erscheinen eines Bandes von Eugen Varga wieder eingesetzt, einer Essaysammlung, deren letzter sich nur mit der asiatischen Produktionsweise befaßt.[19] Varga war bereits vor 1930 einer der Verfechter der Theorie gewesen und hatte unter anderem die Ein-

---

19 Man findet ihn auch in *Premières Sociétés de classes et mode de production asiatique*, dem Sonderband von »Recherches internationales à la lumiere asiatique, a. a. O., p. 98–117.

leitung zu einem Werk von Madyar geschrieben. In der erwähnten neueren Schrift legte Varga kurz die Geschichte des Problems dar, kritisierte die Urteile von 1930-1931 als vorschnell und ungerechtfertigt und bemerkt, es sei an der Zeit, das wirkliche Denken von Marx und Engels über die asiatischen Produktionsweisen wieder zu überprüfen und wieder aufzunehmen.

Die Nummer von »La Pensée«, die die Schriften von Parain, Tökei, Chesneaux und Godelier enthält, ist dann in »Voprosi filosofii« rezensiert und diskutiert worden, während »Narody Azii i Afriki« zwei kurze Beiträge von Suret-Canale und Godelier publiziert hat, die von Struve kommentiert wurden. Struve ist dann auf das Thema zurückgekommen, wobei er sich hauptsächlich auf die alte Geschichte des Nahen Orients bezog.

Nach diesen eher vorsichtigen Anfängen hat sich die Diskussion erweitert und ist breiter und ausführlicher geworden. Das Problem der asiatischen Produktionsweise ist Gegenstand von »wissenschaftlichen Kolloquien« an den Instituten für Philosophie und Geschichte der Akademie der Wissenschaften in der UdSSR und am Institut für Völker des Orients geworden. Zahlreiche Artikel sind zu diesem Problem erschienen und erscheinen noch immer, wovon einige die Ergebnisse verschiedener »Kolloquien« zusammenfassen.[20]

Einige Wissenschaftler akzeptieren die Kategorie asiatische Produktionsweise mit dem Enthusiasmus von Neubekehrten, um sie dann auf verschiedenartigste Weise zu interpretieren: typische Gesellschaftsform des Orients: universale Gesellschaftsformation, die geographisch nicht auf Asien beschränkt ist; letzte

---

20 Zahlreiche Artikel von sowjetischen Forschern sind ins Französische übersetzt worden. So zum Beispiel die von Melekešvili und Sedov in »La pensée« (vgl. auch Anm. 16 zu diesem Kapitel) und die von Varga, Struve (zwei), Garušanc, Semënov, Kolesnickij, Nikiforov in *Premières sociétés de classes*, a. a. O.; oder ins Englische: die Zeitschrift »Soviet Studies in History« hat in einer Sondernummer (IV, 4, Frühling 1966) Schriften von L. V. Danilova, Ia. A. Lencman, N. V. Pigulevskaja, A. I. Pavloskaja veröffentlicht. In derselben Zeitschrift (V, 3, Winter 1966/1967, p. 24-37) ist ein Aufsatz von L. S. Vasile'ev und P. A. Stučevskij übersetzt worden. Über die gegenwärtigen Diskussionen unter den sowjetischen Forschern vgl. auch, neben den Übersichten von Chesneaux, den sehr informativen Aufsatz von J. Pečirka, *Von der Asiatischen Produktionsweise zu einer Marxistischen Analyse der frühen Klassengesellschaften, Randbemerkungen zur gegenwärtigen Diskussion in der UdSSR*, »Eirene, Studia graeca et latina«, Prag, VI, 1967, p. 141-174. In Italien hat ›Classe e Stato‹ in Nr. 2, Herbst 1968, einen Artikel von Struve und die ausführliche Studie von Ter-Akopian, Razvitie . . ., a. a. O., veröffentlicht.

Etappe der Urgesellschaft; erste Klassengesellschaft; Übergangsform zur Klassengesellschaft etc.

Struve, der die Kategorie asiatische Produktionsweise im Jahre 1928 bekämpft hatte, während er sie drei Jahre später vertrat, um von 1932 bis 1934 am »Sklavenhaltercharakter« der Gesellschaft des Nahen Ostens festzuhalten, und von 1940-1941 dann ungestört der These einer patriarchalischen Sklavenhaltergesellschaft oder eines »Anfangsstadiums« beizustimmen, hat sich in eine neue Akrobatik eingelassen, um mit sich selber übereinstimmen zu können. Er ist deshalb kurz vor seinem Tode noch darangegangen, eine Rehabilitierung der Kategorie asiatische Produktionsweise anhand der altägyptischen und mesopotamischen Geschichte zu versuchen, allerdings in einer Formulierung, die die Grenzen zwischen asiatischer Produktionsweise und Sklavenhaltergesellschaft ziemlich unbestimmt läßt. Auch bei Gegnern der Theorie bestehen viele Differenzen, beispielsweise zwischen denen (wie J. Garušanc), die vor leichtfertigem Enthusiasmus warnen und unterstreichen, daß man bei Marx keine vollkommen ausgearbeitete Theorie der »asiatischen« Gesellschaftsformation findet, und denen, die (wie z. B. V. Nikiforov) auf das Waffenarsenal des alten Dogmatismus rekurrieren, indem sie a priori behaupten, daß eine antagonistische Klassengesellschaft nicht entstehen kann ohne die Bildung einer Klasse von Privateigentümern an Produktionsmitteln. Einige sprechen von orientalischen Varianten des Feudalismus oder der Sklavenhaltergesellschaft, andere (Semenov, Vasil'ev, Stučevskij, Melekešvili) glauben, bei einigen Gesellschaften das Zusammenbestehen von verschiedenen Arten der Ausbeutung anzutreffen und neigen dazu, die Differenzen zwischen den verschiedenen vorkapitalistischen Phasen einzuschränken. Andere wiederum (L. Sedov) sind der Meinung, daß die asiatische Produktionsweise keine neue Formation, sondern einen besonderen, vom europäischen zu unterscheidenden Entwicklungstypus darstellt, der in sich viele Formationen aufweist, die herausgefunden und in einer Typologie zusammengestellt werden müssen.

Am interessantesten ist vielleicht die Tendenz einiger Beiträge (Danilova, Pavlovskaja), nicht nur die Besonderheiten der asiatischen Geschichte, sondern ebenfalls die Gültigkeit der »klassischen Phasen« der historischen Entwicklung von neuem zur Diskussion zu stellen, (zum Beispiel taucht der Wunsch nach präziseren Definitionen des Feudalismus auf, und es gelingt manchmal, die ähnlichen und parallelen Aspekte bei den vorkapitalistischen Formen zu akzentuieren), sowie einige theoretische grundsätzliche Probleme (was ist eine Produktionsweise, welches Verhältnis besteht zu den »gesellschaftlichen Formationen« etc). Zu den herausragenden Resultaten dieser offen geführten und lebhaften Diskussion – die größtenteils frei von dogmatischen a priori war – gehört ein Essay von N. B. Ter-Akopjan, der bis heute eine der genauesten und dokumentiertesten Studien über die Entwicklung des Denkens von Marx und Engels bezüglich der asiatischen Produktionsweise darstellt. Recht interessante interpretatorische Hinweise über das Denken von Marx und Engels finden sich in den Schriften von I. Garušanc und Vasil'ev und Stučevskij. Zahlreiche Einzelstudien wurden im Verlauf der Diskussion angeregt: z. B. die von G. A. Melekešvili und J. Semenov über den Nahen Osten in der Antike und die Arbeit von L. Sedov über Angkor.

Die *chinesische* Historiographie scheint seit der Gründung der Volksrepublik drei Phasen durchlaufen zu haben. Die bis 1957/1958 dauernde erste Phase war die des grobschlächtigen »Klassenstandpunktes«, in der Studien über Bauernrevolten überwogen (eine Art Untersuchung über die Vorläufer der Bauernrevolution von Mao). Die zweite Phase ist gekennzeichnet durch ein wiedererwachtes Interesse an der politisch-kulturellen Geschichte (wobei die Folge davon war, daß die Sozial- und Wirtschaftsgeschichte in den Hintergrund trat) und durch die weitverbreitete Tendenz zu »Wiederentdeckungen« von Personen, Momenten und Traditionen der chinesischen Geschichte – mit nationalistischem und »sinozentrischem« Beigeschmack: vom Konfuzianismus, dessen Einfluß auf die abendländische Kultur hervorgehoben wurde, bis zum Mönch Hui Shen, der im 5. Jahrhundert vor Christus, also lange vor Kolumbus und den Wikingern, Amerika erreicht haben soll; von der Epoche der Mongolen und Dschingis Khan bis zur Rehabilitation von »ehrenwerten« Mandarinen und »milden« Herrschern.[21] Mit den Jahren

---

21 Vgl. A. Feuerwerker, *China's History in Marxian Dress*, in »The American Historical Review«, LXVI, 1961, 2, p. 323-352; *Historiography under the Communists*, in: »The China Quarterly«, 1965, Nr. 22, 23, 24 (mit Artikeln von H. Kahn – A. Feuerwerker, K. Ch'en, Cheng Te-kun, A. F. P. Hulsewé, C. P. Fitzgerald, H. Wilhelm, J. Israel, J. P. Harrison, D. J. Munro, M. Meisner); R. V. Vjatkin – S. L. Tikhvinskij, *Some Problems of Historical Scholarship in the Chinese People's Re-*

1964 und 1965 scheint eine neue Periode begonnen zu haben, die mit der sich entwickelnden Kulturrevolution zusammenhängt. Die Tendenz, einzelne Aspekte der feudalen Vergangenheit Chinas wieder aufzuwerten, wird aufs schärfste als reaktionär bekämpft und man verficht die rigide Applikation des historischen Materialismus und der Theorie des Klassenkampfs auf die Geschichte Chinas und eine offene »Parteilichkeit« der Historiographie.[22] Vielleicht wäre es nützlicher und korrekter, weniger von Phasen zu sprechen, als vielmehr von verschiedenen und kontrastierenden Tendenzen und vom zeitlich begrenzten Dominieren der einen oder der anderen. Soweit man es jedenfalls beurteilen kann, wird die Theorie der asiatischen Produktionsweise beinahe vollständig abgelehnt. Ihre Anwendung auf die chinesische Geschichte hieße in der Tat, in gewissem Sinne die Vorstellung zu akzeptieren, daß diese gekennzeichnet ist von Stagnation und Unfähigkeit zur autonomen Entwicklung; eine Vorstellung, die die Chinesen bekämpfen mit dem Hinweis darauf, daß es in China im letzten Jahrhundert – vor der Kolonisation – Ansätze gab, die in Richtung auf eine kapitalistische Entwicklung wiesen. Die Wissenschaftler, die die Kategorie asiatische Produktionsweise dennoch akzeptieren, betrachten sie als eine Variante der Sklavenhaltergesellschaft, die durch das Überleben der Gentilverbände und des Urkommunismus charakterisiert ist und verlegen ihn ins Altertum der chinesischen Geschichte, viele Jahrhunderte v. u. Z. Das Bedürfnis, der Vorstellung einer Art von vorgegebener Rückständigkeit des Landes etwas entgegenzustellen, zwingt manche chinesische Historiker nicht nur dazu, in der eigenen Geschichte die »klassischen Phasen« (Sklavenhaltergesellschaft, Feudalismus) zu suchen – was häufig Schwierigkeiten bereitet –, sondern auch dazu, ohne weiteres eine Art von »Typizität« der historischen Entwicklung Chinas zu vertreten. So behaupten sie beispielsweise, daß der chinesische Feudalismus den klassischen Typus des Feudalismus darstellt, nicht nur auf-

---

public, »Soviet Studies in History«, II, 4, Frühling 1964. Alle diese Schriften (zusammen mit 4 Essays von J. R. Levenson, D. M. Farquhar, H. L. Boorman, Liu Ta-nien) sind in einem Buch gesammelt und herausgegeben worden: *History in Communist China,* hrsg. von A. Feuerwerker, Cambridge (Mass.) 1968. Vgl. auch ders., *From ›Feudalism‹ to ›Capitalism‹ in Recent Historical Writing from Mainland China,* »Journal of Asian Studies«, XVIII (1958–1959), p. 107–115.

22 Über die chinesische Kulturrevolution und die Art und Weise, Geschichte zu schreiben und zu lehren, vgl. die zahlreichen ins Italienische übersetzten Texte in der Zeitschrift »Vento dell'Est«, vor allem in der Nr. 3 und 4.

grund seines zeitlichen Vorrangs (er soll den verschiedenen Ansichten zufolge in einer Periode etwa zwischen dem 12. und dem 3. Jahrhundert v. u. Z. entstanden sein), sondern auch aufgrund seiner geographischen und demographischen Verbreitung. Natürlich handelt es sich hier zu einem guten Teil um ein terminologisches Problem: unter »Feudalismus« verstehen die chinesischen Historiker hauptsächlich eine einfache Agrarwirtschaft, die von einer Klasse von Grundeigentümern beherrscht wird. Sie lehnen auf jeden Fall die Existenz einer spezifisch asiatischen Produktionsweise ab, auch wenn sie davon bei der konkreten Erforschung der Sklavenhalter- oder Feudalgesellschaft der chinesischen Vergangenheit Elemente verwenden, die als charakteristisch für diese Theorie gelten können. Es muß jedoch hinzugefügt werden, daß wir über zu spärliche Informationen über die letzten Jahre verfügen, als daß wir uns ausreichend fundierte Urteile erlauben könnten.

In den letzten Jahren hat das Problem der asiatischen Produktionsweise in zahlreichen anderen Ländern im Mittelpunkt von Diskussionen gestanden und hat auch dort Untersuchungen angeregt. In der DDR haben E. Welskopf und später G. Lewin die Interpretationen der beiden Historiker Günther und Schrot, die die ursprüngliche chinesische Gesellschaft als Sklavenhaltergesellschaft darstellten, kritisiert und sich demgegenüber auf die asiatische Produktionsweise berufen, die ihnen zufolge einen langwährenden Übergangsprozeß vom Urkommunismus zum Feudalismus bezeichnet. Die Ethnographin I. Sellnow, die vom Studium einiger Urgesellschaften (in der Hauptsache von der polynesischen) ausgeht, hat dem Problem der historischen Periodisierung eine Reihe von interessanten methodologischen Betrachtungen gewidmet. E. Hoffmann, Professor an der Berliner Humboldt-Universität, hat eine entschiedene Polemik – mit deutlich dogmatischen Zügen – gegen die Positionen von Hobsbawm geführt, die er als offensichtlich »zu geographisch bedingt« ansieht, und er vertritt eine auf den neusten Stand gebrachte Version des Stalinschen Schemas (unter Berücksichtigung der asiatischen Produktionsweise). Hoffmann wurde mit teilweise recht fundierten Argumenten von G. Lewin kritisiert.[23]

---

23 E. Welskopf, *Probleme der Periodisierung der Altgeschichte: die Einordnung des Alten Orients und Altamerikas in die weltgeschichtliche Entwick-*

In Ungarn hat F. Tökei, der sich nicht nur von einem allgemeinabstrakten Standpunkt aus mit dem Problem der asiatischen Produktionsweise beschäftigt hat, die chinesische Gesellschaft der Chou-Zeit (12. bis 3. Jh. v. u. Z.) auf der Basis der Theorie der asiatischen Produktionsweise untersucht.[24] In der Tschechoslowakei hat T. Pokora in einer Sammlung von Studien über das Problem der Sklaverei in China sein Interesse wieder auf die Marxschen Urteile über die asiatischen Gesellschaftsformationen gelenkt; J. Pečirka hat einen der interessantesten Beiträge verfaßt, in dem er die verschiedenen Phasen der Diskussion unter den sowjetischen Historikern rekonstruiert hat, die die Sklavenhaltergesellschaft und die asiatische Produktionsweise in der Antike des Nahen Ostens und in der klassischen Antike zum Thema hatte. Derselbe Pečirka hat in seiner späteren nützlichen Übersicht die nach 1964 entstandenen Schriften der sowjetischen Historiker zu diesem Problem kritisch überprüft und dann gemeinsam mit Jiři Pešek einen Sammelband zusammengestellt, der neben einer ausführlichen Einleitung der beiden Herausgeber die Übersetzungen der Schrift von Marx über die *Formen, die der kapitalistischen Produktion vorhergehn,* Artikel von Tjumenev, Chesneaux, Godelier sowie eine Bibliographie mit über 150 Titeln enthält.[25] In Polen wurde ein recht guter einführender Artikel von I. Sachs verfaßt. In Rumänien hat I. Banu einige vorwiegend kulturelle Aspekte dessen erforscht, was er »tributarische Gesellschaftsformation« nennt. In der Türkei hat S. Divitçioglu zur These der asiatischen Produktionsweise einen Artikel methodo-

---

lung, »*Zeitschrift für Geschichtswissenschaft*«, V, 1957, p. 296–313; G. Lewin, *Zu einigen Problemen der »Asiatischen Produktionsweise« in der gesellschaftlichen Entwicklung Chinas,* »Wissenschaftliche Zeitschrift der Karl-Marx-Universität Leipzig«, XIII, 1964, Gesellschafts- und Sprachwissenschaftliche Reihe, 2. p. 251–256. Weitere interessante Beiträge von Welskopf *(Du rôle des rapports de production dans l'évolution historique)* und von Lewin *(Les formations sociales dans l'histoire de la Chine)* sind abgedruckt in *Premières sociétés de classes,* a. a. O., ebenso wie auch die Schriften von E. Hoffmann *(Les formations socio-économiques et la science historique)* und von I. Sellnow *(Les critères de détermination des periodes historiques).*

24 Zu den Schriften von Tökei vgl. Anmerkung 16 zum 3. Kapitel. Vgl. auch *Les conditions de la propriété foncière à l'époque du Tcheou,* »Acta antiqua Academiae scientiarum hungaricae, VI, 1958, Nr. 3–4.

25 T. Pokora, *Existierte in China eine Sklavenhaltergesellschaft?* »Archivnyi Orientalnyi«, XXXI (1963); J. Pečirka, *Die Sowjetischen Diskussionen* op. cit.; *Rané formy civilizae,* hrsg. von J. Pečirka und J. Pešek, Prag 1967. der Artikel von Pokora und der erste von Pečirka finden sich auch in: *Premières sociétés de classes,* a. a. O.

logischen Charakters und seine Studie über das Osmanische Reich geschrieben.[26]

In Italien wurden vor einigen Jahren zwei kurze Artikel veröffentlicht, auf die dann aber ein langes Schweigen folgte. In neuester Zeit jedoch scheint das Interesse für das Problem gestiegen zu sein, obwohl – wenigstens bis heute – besonders originelle Beiträge fehlen. Übersetzt worden sind: die Einleitung von Hobsbawm in der englischen Ausgabe der *Formen, die der kapitalistischen Produktion vorhergehn*, eine Sammlung von Schriften von Chesneaux, *Die orientalische Despotie* von Wittfogel mit einer speziell für die italienische Edition verfaßten Einleitung, ferner zwei Artikel der sowjetischen Historiker Struve und Ter-Akopjan. Daneben sind endlich die *Grundrisse* von Marx, die für das Studium der Bedeutung der vorkapitalistischen Gesellschaftsformationen im Denken von Marx eine entscheidende Rolle spielen, übersetzt worden. In einer Rezension Wittfogels hat R. Guidieri einige bemerkenswerte methodologische Bemerkungen gemacht.[27] Hinweise zum Problem der asiatischen Produktionsweise finden sich ferner in Schriften von Historikern und Asien-Spezialisten wie E. Collotti-Pischel, E. Masi, G. Borsa, während A. Momigliano die Relevanz dieser Frage für die Historiographie der Antike deutlich aufgezeigt hat.[28]

Großes Interesse hat dieses Problem verständlicherweise in zahlreichen außereuropäischen Ländern hervorgerufen. In Indien und vor allem in Japan ist die Diskussion nie vollständig

---

26 I. Banu, *La formation sociale »asiatique«*, a. a. O., ders., *La formation sociale »tributaire«*, in: *Premières sociétés de classes*, a. a. O.; S. Divitçioglu, *Essai de modèles économiques à partier du M. P. A.*, in *Premières sociétés de classes*, a. a. O.; I. Sachs, *Une nouvelle phase de la discussion sur les formations*, ebd.

27 Die Übersetzungen der Werke von Marx, Wittfogel, Chesneaux, Struve und Ter-Akopjan sind bereits zitiert worden. Die Schrift von R. Guidieri, *Modo di produzione asiatico e »dispotismo orientale«* ist in »Problemi del socialismo« erschienen, IX, 1967, 16, p. 326–339. Die Zeitschrift »Rinascità« hat diesem Problem 1963 zwei Artikel gewidmet: Asiaticus, *Il modo di produzione asiatico*, Jg. 20, n. 39, 5. Oktober 1963; E. di Robbio, *I regimi dispotico-comunitari nelle civiltà americane*, Jg. 20, Nr. 46, 23. November 1963. Andere Beiträge der marxistischen Linken Italiens zu diesem Problem sind mir nicht bekannt.

28 Vgl. E. Collotti-Pischel, *La Cina dall'Impero alla Repùblica popolare*, in: *Lotte di liberazione e rivoluzione*, Torino 1968 (Sammelband), p. 166; E. Masi, La contestazione cinese a. a. O., pp. 134 ff.; G. Borsa, *L'Estremo Orientenuovi orientamenti so triografici*, in: *Nuove questioni di storia contemporanea*, Milano 1968, II, p. 1646; A. Momigliano, *Prospettiva 1967 della storia greca*, »Rivista storica italiana«, LXXX, 1968, p. 15.

abgebrochen worden und bleibt sehr lebhaft. Auch in Nordvietnam gibt es – der permanenten Bedrohung durch amerikanische Bombardierungen zum Trotz – Leute, die sich damit beschäftigen, die Geschichte des eigenen Landes zu erforschen, wobei sie auch die Kategorie der asiatischen Produktionsweise berücksichtigen. Die drei Forscher I. Amer, H. Riad und Anouar Abdel-Malek haben in den letzten Jahren die alte und zeitgenössische Geschichte Ägyptens interpretiert, indem sie einige für die »asiatische« Theorie typische Elemente verwendeten. Ebenso verfahren einige mexikanische Forscher, etwa M. Olmeda und R. Bartra, in bezug auf die alten vorkolumbianischen Kulturen. In einem Kolloquium in Algerien, an dem Wissenschaftler und Politiker aus verschiedenen Ländern Afrikas teilnahmen, wurde lange darüber diskutiert, wieweit die Kategorie asiatische Produktionsweise auf die afrikanische Geschichte anwendbar ist. Diskussionen und Untersuchungen sind auch in anderen Ländern entstanden und entstehen noch immer. In Frankreich ist eine Anthologie der Schriften von Marx über die asiatische Produktionsweise angekündigt, während Zusammenstellungen von wissenschaftlichen Erörterungen zu dieser Frage neben Frankreich auch in der Sowjetunion und in Japan erschienen sind; weitere sind angekündigt in der Tschechoslowakei, in Mexiko (herausgegeben von R. Bartra) und in Polen (herausgegeben von I. Sachs).[29]

---

29 Nguyen Long Bich, *Le M. P. A. dans l'histoire du Vietnam*, in: *Premières sociétés de classes*, a. a. O., 84a, vgl. a. Il Vietnam Vincerà, a cura di E. Collotti-Pischel, Torino 1968, pp. 83 ff.; Anouar Abdel-Malek, *Egypte société militaire*, Paris 1962; H. Riad, *L'Egypte nassérienne*, Paris 1964. Der Artikel von Amer über *Das Land und der Fellache*. *Die Agrarfrage in Ägypten* ist mir nicht direkt bekannt, er wird kurz referiert bei J. Chesneaux in »La pensée« Nr. 114, 1964, p. 67. Vgl. auch M. Olmeda, *Sur les sociétés aztèque et maya*, in: *Premières sociétés de classes*, a. a. O.; R. Bartra, *L'ascension et la chute de Teotihuacan*, ibid., neben der Rezension Wittfogels, a. a. O., erschienen einige Schriften in den Nummern vom 13. Juni, 18. Juli und 17. Oktober 1965 von »El gallo illustrado« (Sonntagbeilage von »El dia«) und ferner eine Schrift, *Sociedades precapitalistas*, die erste spanische Übersetzung des Marxschen Textes über die *Formen, die der kapitalistischen Produktion vorhergehn*, in: »Historia y societad«, Nr. 3, Herbst 1965. Die kubanische Zeitschrift »Pensamiento critico« hat in der Nr. 15 im April 1968 einen Artikel von Godelier übersetzt aus »Les temps modernes«. Man vergleiche schließlich den Bericht des Kolloquiums von Algier in »Révolution africaine«, Nr. 223, p. 22–28. Mai 1967 und den Artikel eines algerischen Wissenschaftlers, G. Dhoquois, *Le mode de production asiatique*, »Cahiers internationaux de sociologie«, Bd. XLI, Jg. XIII, Juli–Dezember 1966, p. 83–92. Zu anderen Informationen über Forschungen und Arbeiten, die noch im Gang sind, vgl. die Übersichten von Chesneaux, die bereits zitiert wurden. Zu Indien und Ja-

Kurze Rekapitulation

Eine kurze Rekapitulation könnte vielleicht zum Abschluß dieser abschließenden Übersicht sinnvoll sein, die – ich bin mir dessen bewußt – nicht weit hat hinausgehen können über eine grobe Zusammenstellung von Namen und Titeln. Ein Übel, das jedoch nicht zu vermeiden war, wenn man sich Zahl und Umfang der Arbeiten vergegenwärtigt, die dieses Problem in den letzten Jahren bewirkt hat.

Zunächst ist zu bemerken, daß die der Kategorie der asiatischen Produktionsweise gewidmeten Schriften sich nach fünf Arten einteilen lassen:

1. An erster Stelle eine Reihe von Artikeln, die sich damit beschäftigen, das Denken von Marx und Engels über diese Fragen bei einer neuen Überprüfung ihrer Werke zu rekonstruieren. Dazu zählen zum Beispiel die Artikel von Ter-Akopjan, Thorner, Tökei, Godelier, Hobsbawm und Garušanc, die zu dem, was schon durch die Arbeiten von Wissenschaftlern wie Wittfogel und Lichtheim bekannt war, Neues hinzutragen.

2. Theoretische Schriften, die in originaler Weise die Theorie der asiatischen Produktionsweise, deren Zusammenhänge mit den verschiedenen Aspekten der materialistischen Geschichtsauffassung, die prinzipiellen Probleme, vor die sich die marxistische Theorie gegenüber der Geschichte, den ur- oder vorkapitalistischen Gesellschaften heute gestellt sieht, etc., untersuchen. Oft sind diese Schriften identisch mit denjenigen der zuerst angeführten Gruppe, da es nicht leicht ist, in ihnen Marx-Bearbeitung und originelle Weiterentwicklung zu unterscheiden. Zu dieser Art zählen jedenfalls auch die Schriften von Godelier, Tökei, Suret-Canale, Parain, Rodinson, Hobsbawm, Welskopf, Lewin, Sellnow, Hoffmann, Sachs, Nguyen Long Bich, Struve, Varga, Nikiforov, Garušanc, Danilova (wie andere sowjetische Historiker), Mandel.

3. Schriften, in denen die Problemgeschichte von Marx bis auf den heutigen Tag oder in einer bestimmten Phase dargestellt

---

pan vgl. Anm. 1 Teil IV dises Buches. Eine kürzlich erschienene Spezialnummer der japanischen Zeitschrift »The Developping Economies«, IV, September 1966, Nr. 3, enthält Artikel von H. Otsuka über die Ideen von Max Weber über die asiatische Gesellschaft, von K. Shiozawa über Marx und die asiatische Produktionsweise, von T. Masobuchi über Wittfogel und seinen Einfluß in Japan.

werden soll, wie beispielsweise diejenigen von Vidal-Naquet und Pečirka.

4. Allgemein informierende Übersichten oder über Teilaspekte Pečirka, Danilova und andere sowjetische Forscher, K. Shiozawa.

5. Versuche, die Kategorie für einzelne historische Perioden oder auf geographische Einheiten zu verwenden. Es ist selbstverständlich, daß China hier der Löwenanteil zukommt, da seit Jahrzehnten Wissenschaftler ihre Aufmerksamkeit auf die Erforschung der besonderen »asiatischen« Merkmale Chinas richten (Wittfogel, Madyar, zahlreiche japanische Historiker, nichtmarxistische, wenn auch vom Marxismus beeinflußte Orientalisten, Chi Ch'ao-ting, Needham, Balazs). China ist Gegenstand der Untersuchungen beispielsweise von Tökei, Lewin, Welskopf, Pokora gewesen. Mit der asiatischen Produktionsweise in Vietnam hat sich Nguyen Long Bich beschäftigt. Westafrika ist unter diesem Gesichtspunkt von J. Suret-Canale und K. Dème untersucht worden; Nordafrika von Rodinson, Lacoste, Poncet, Amer, Riad, Abdel-Malek; Madagaskar von Boiteau; Indien von Kosambi, Thorner; Laos von Manifanna; Kambodscha (Angkor) von Sedov; das vorkolumbianische Amerika von Olmeda und Bartra (die sich wiederum auf berühmte Vorläufer berufen können: Métraux, Caso, Gibson, etc.). Parain hat die Frühgeschichte der Mittelmeerländer erforscht, die Russen Struve, Semënov und Melekešvili und der Rumäne Banu die Antike des Nahen Ostens; Divitçioglu das Osmanische Reich; Antoniadis-Bibicou das byzantinische Reich.

Dazu kommen aus verschiedenen Gründen in allen (oder in den meisten) der oben genannten Gruppen die Rezensionen, Diskussionsbeiträge oder Polemiken gegen Wittfogel, wie die von Masubuchi, Bartra, Lewin, Sochor, Guidieri und anderen.

Sehr viel schwieriger und komplexer als diese Einteilung, die wenigstens scheinbar »objektiv« ist (man muß sich aber darüber im klaren sein, daß ein einziger Artikel oft sämtliche Aspekte umfaßt, die wir der Einfachheit halber getrennt haben), ist eine Klassifizierung der Wissenschaftler nach ihren verschiedenen vorherrschenden Tendenzen:

1. Zunächst gibt es eine Reihe von Wissenschaftlern, die in mehr oder weniger klarer oder verhüllter Weise dazu tendieren, den Begriff »asiatische Produktionsweise« abzulehnen oder ihn auf die Gesamtheit von »asiatischen« Merkmalen des Feudalismus

oder der Sklavenhaltergesellschaft zu reduzieren. Zu diesen Wissenschaftlern gehören zum Beispiel Struve, Garušanc, Hoffmann, und Nikiforov.

2. Andere, die sich auf die von Wittfogel und Madyar in den dreißiger Jahren erarbeiteten Fragestellungen berufen, tendieren dazu, die asiatische Produktionsweise als eine für Asien typische, als eine für ganz Asien geltende (sei es auch mit Ausnahmen, beispielsweise wie das alte Ägypten) aufzufassen. Dazu gehören Varga, Pokora und teilweise Sedov, Ter-Akopjan, Mandel.

3. Godelier, Tökei, Suret-Canale und andere wiederum neigen dazu, in der asiatischen Produktionsweise die typische Übergangsform von der klassenlosen Urgesellschaft zur ersten Klassengesellschaft zu sehen.

4. Einige Wissenschaftler (Nguyen Long Bich, Ter-Akopjan) identifizieren im wesentlichen die asiatische Produktionsweise mit der Dorfgemeinschaft, die gleichzeitig mit verschiedenen sozio-ökonomischen Formationen, beispielsweise dem Feudalismus, existieren kann.

5. Eine Gruppe von vorwiegend sowjetischen Wissenschaftlern (Smenov, Vasil'ev, Stučevskij, Melekešvilli) besteht auf der in vielen Urgesellschaften bestehenden Koexistenz von typischen Eigenschaften verschiedener Gesellschaftsformationen.

6. Andere schließlich (Hobsbawm, Rodinson, Danilova und andere sowjetische Historiker) betonen die Notwendigkeit, die Debatte über die asiatische Produktionsweise zu erweitern in Richtung auf eine Überprüfung des ganzen Problems der vorbürgerlichen Geschichte und ihrer Periodisierung und ebenso der Grundkategorien des historischen Materialismus.

Es muß jedoch darauf hingewiesen werden, daß diese Klassifikation, ebenso wie jede andere, nicht mehr als eine sehr blasse Vorstellung von der Komplexität, die die gegenwärtige Diskussion kennzeichnet, vermitteln kann. Unter anderem muß gesagt werden, daß sich in vielen der oben untersuchten oder zitierten Schriften verschiedene Elemente überschneiden, so daß man sie in mehr als einer der sechs Gruppen einordnen müßte. Dies ist typisch für eine Diskussion, deren Ausgang noch solange offen bleibt, bis gründlichere Forschungen eine noch ausstehende konkrete Überprüfung ergeben.

ZUR POLITISCHEN BEDEUTUNG DER AKTUELLEN DISKUSSION

Welchen aktuellen Stellenwert besitzt die neueste Phase der fast hundertjährigen Kontroverse? Es scheint, als ob die Diskussion noch einmal in vielen Fällen für die politische Polemik instrumentalisiert worden ist – wenn auch die »wissenschaftliche bona fide« vieler an der Diskussion beteiligter Wissenschaftler, im besonderen der Althistoriker, nicht geleugnet werden soll. Diesmal betrifft die Diskussion vor allem die Volksrepublik China.

Die Polemik ist natürlich meist implizit und wird nicht offen ausgesprochen; sie bewegt sich im allgemeinen auf einem gewissen wissenschaftlichen Niveau. Sie läuft aber auch Gefahr, unfundierte Anklagen zu erheben und mit den politischen Intentionen auf ideologische Weise abzurechnen. Einen polemischen Akzent stellt man besonders fest in der Beharrlichkeit, mit welcher Tökei die absolute Rückständigkeit, Unwandelbarkeit und schließlich »Ahistorizität« im Falle der asiatischen Produktionsweise meint herausstellen zu müssen. Bereits Stuart Schram hat bemerkt, daß eine derartige Betrachtungsweise gegenüber der Vergangenheit der Völker Asiens das Risiko eingeht, auf kulturell-historiographischer Ebene die Kehrseite der Medaille der 1964 von Kuusinen vorgetragenen Thesen zu sein, der, indem er China heftig attackierte, die Glaubwürdigkeit von Revolutionen in Zweifel zog, die nicht von einem starken und bewußten Industrieproletariat geführt werden.[30] Vor einiger Zeit ließ sich der Direktor des Institutes für internationale Arbeiterbewegung, Timofejew, in einem in der »Prawda« erschienenen Artikel so weit gehen, jeden »wissenschaftlichen Sozialismus« im heutigen China (das er statt dessen als »kleinbürgerlich« apostrophierte) zu negieren, und er griff auf die Thesen von Kuusinen zurück, um die »Überschätzung« der Rolle nichtproletarischer Massen im Kampf gegen den Imperialismus zu kritisieren.[31] Paradoxerweise scheint es fast so zu sein, als ob man sich offiziell in der UdSSR heute die gleichen Anschuldigungen des »Asiatismus« und der Barbarei zu eigen mache, und sie gegen China anwendet, wie sie, die westliche antikommunistische Presse seit Jahrzehnten gegen die UdSSR und ihre Politiker erhoben hat. Vielen sowjetischen und westlichen Verfechtern der Kategorie

---

30 Vgl. H. Carrère d'Encausse – S. Schram, *Marxism and Asia*, a. a. O., p. 130–131.
31 Vgl. »L'Unità« vom 25. Oktober 1966.

asiatische Produktionsweise liegen natürlich solche extremen Positionen fern. Chesneaux zum Beispiel hat sich bei mehr als einer Gelegenheit ausdrücklich gegen solche polemischen Deduktionen aus einer Diskussion gewendet, die einen theoretischen und historiographischen Anspruch erhebt.[32] Aber es könnte beispielsweise interessant sein festzustellen, mit welcher Akribie man auf vielen Seiten versucht, von der desavouierenden Möglichkeit einer Ausdehnung der Diskussion auch auf die russische Geschichte loszukommen. So beschränkt sich auch Tökei darauf, en passant und ohne Kommentar zu sagen, daß die Tatsache, daß Engels von Rußland als von einer »orientalischen Despotie« gesprochen hat, »Anlaß zu Mißverständnissen« *(sic!)* gegeben habe.[33] Varga hat die Auffassung vertreten, daß Lenin zur Kategorie asiatische Produktionsweise neigte, eine Anwendung auf die russische Geschichte aber verwarf; Struve und Varga haben sehr darauf insistiert, daß die vom Staat organisierte Bewässerung das wesentliche Element der asiatischen Produktionsweise ausmache, eine Element also, das man ganz offensichtlich in der russischen Geschichte nicht findet. All dies hilft natürlich, den Widerwillen der chinesischen Historiker gegen eine Kategorie asiatische Produktionsweise zu erklären.

Kuusinen und Timofejew verwendeten den Terminus asiatische Produktionsweise nicht, aber heute wird dieser Begriff nicht mehr nur von Spezialisten gebraucht, sondern ist explizit in die politische Diskussion eingeführt worden. Lukács hat in einem Interview bedauert, daß in der stalinistischen Ära zusammen mit der Theorie der asiatischen Produktionsweise auch der grundlegende marxistische Beitrag zur Kenntnis der asiatischen Verhältnisse verlorengegangen sei. Und Roger Garaudy, in der KPF einer der wichtigsten offiziellen Theoretiker[34], hat in einem seiner Essays über die chinesische Frage von der Kategorie weitgehend Gebrauch gemacht – wobei er sich überwiegend von Tökeis Arbeiten anregen ließ.[34] Welche Bedeutung kann man diesem theoretischen Wiederanknüpfen beimessen? Die Ablehnung des Eurozentrismus bei diesen Autoren verbirgt und maskiert die Theorie einer Pluralität der Entwick-

---

32 Vgl. z. B. »La pensée« Nr. 129, 1966, p. 39–41.
33 F. Tökei, in: »La pensée« Nr. 114, 1964, p. 20.
34 R. Garaudy, La questione cinese, a. a. O., [R. G. wurde inzwischen aus der KPF ausgeschlossen] Zu Lukács s. a. *Zur Debatte zwischen China und der Sowjetunion. Theoretisch-philosophische Bemerkungen,* in: Schriften zur Ideologie und Politik, Neuwied/Berlin 1967, pp. 698/699.]

lungswege, die einen mystifizierten Ersatz des revolutionären Internationalismus darstellt. Sie behaupten, man müsse den Völkern der Dritten Welt helfen, sich selbst, die eigene vergangene und gegenwärtige Wirklichkeit verstehen zu lernen. Dieser Erfahrungsprozeß, zu dem die Theorie der asiatischen Gesellschaft einen fundamentalen Beitrag leisten könne, ermögliche es dann, »konkrete Entwicklungsperspektiven« für die verschiedenen Länder zu entwickeln. Lukács schreibt, daß möglicherweise auch spezifisch afrikanische Produktionsverhältnisse bestünden.

Die Voraussetzungen für dieses Denken sind: 1) Wenn die Länder der sogenannten Dritten Welt den Weg des Sozialismus einschlagen, müssen sie vor allem diejenigen Aufgaben lösen, die sonst von der kapitalistischen Bourgeoisie übernommen wurden, das heißt Akkumulation und Industrialisierung. Die ökonomische Entwicklung ist ihr erster und grundsätzlicher Imperativ; 2) die ökonomische Entwicklung verwirklicht sich nach »nationalen« Modellen, die aufgrund einer spezifischen, eigenen, nicht exportierbaren Erfahrung erarbeitet werden; 3) bei diesem Primat, die Akkumulation und Industrialisierung zu forcieren, bleibt der sozialistische *Inhalt* der afrikanischen und asiatischen Revolutionen im Dunkeln als ein ungelöstes und aus vielen Gründen Verlegenheit bereitendes Problem. Ihr sozialistischer *Charakter* resultiert vor allem aus äußeren Momenten wie: Solidarität mit den »sozialistischen Ländern«, Schäden, die man glaubt, objektiv dem Imperialismus zuzufügen. Das erklärt unter anderem die Unsicherheiten der sowjetischen Politik, die einerseits jedes Land als fortschrittlich oder gar sozialistisch bezeichnet, das von einer oberflächlichen oder verbal antiimperialistischen »Nationalbourgeoisie« regiert wird, und andererseits die Möglichkeit rein sozialistischer Ergebnisse in rückständigen Ländern in Abrede stellt; 4) bei all diesem ist die Ablehnung einer Theorie evident, die sich die Chinesen zu eigen machen und mit großer Klarheit vertreten. Nach den Chinesen findet heute auf der ganzen Welt ein internationaler Klassenkampf zwischen Imperialismus und internationalem Proletariat (d. h. Arbeiterklasse der fortgeschrittenen Länder, zurückgehaltene Teile innerhalb von entwickelten Ländern, wie beispielsweise die Schwarzen in den USA und revolutionäre Länder Afrikas und Asiens) statt. Die Entscheidungen der Chinesen müssen innerhalb dieses Kampfes gesehen werden, als Identifikation der eigenen Präsenz in einem Kampf, als Primat der »Politik« (das heißt der

Kampf für den Sozialismus) über eine »Ökonomie« (Akkumulation und Entwicklung), der sich als letzte Inkarnation des »Sozialismus in einem Lande« präsentiert. In der Aufforderung von Lukács und Garaudy an die rückständigen Länder, die eigene Geschichte und die eigene Situation besser kennenzulernen, um daraus eine richtige Entwicklungsperspektive abzuleiten, und so wie Garaudy den Chinesen vorhält, die eigene Entwicklung zu vergessen, um die revolutionäre Aktion über die abgestimmten Grenzen hinauszutreiben, kann man leicht das Fehlen einer auf den neuesten Stand gebrachten Imperialismus-Theorie und einer adäquaten internationalen Einschätzung des Klassenkampfes, des Kampfes für den Sozialismus, spüren.[35]

Der Verweis auf die Theorie der asiatischen Produktionsweise, so wie er in den Schriften dieser Theoretiker erscheint, betont die Rückständigkeit (und eine mehr oder weniger geographisch bestimmte »nationale« Rückständigkeit) und stellt eine Aufforderung dazu dar, den Entwicklungsgrad der Produktivkräfte als eine absolute Größe zu berücksichtigen. Die Vorteile, die durch die Möglichkeit gegeben sind, von asiatischer Produktionsweise anstatt von Feudalismus sprechen zu können, sind evident. Den ersten haben wir soeben erwähnt: die geographische Erklärung der Rückständigkeit (um so mehr, als man es vorzog, in Rußland nicht von der asiatischen Produktionsweise zu sprechen). Der zweite betrifft die Möglichkeit, den Einwand zu vermeiden, der im Verweis auf die Rückständigkeit Rußlands im Jahre 1917 enthalten ist. Der dritte ist subtiler, aber auch vulgärer, weshalb er überwiegend zwischen den Zeilen zu finden ist: Asiatische Produktionsweise heißt, vor allem für China, auch konfuzianisches Erbe, orientalischer Despotismus, Tendenz um Voluntarismus und zur Personifikation der Macht, usw. Hierbei gelangt Garaudy (durch ständiges Verweisen auf die Überreste der alten Produktionsweise) zu der Auffassung, daß die Kulturrevolution interpretiert werden könne als eine Umwälzung der Grundsätze des historischen Materialismus zugunsten eines magischen Idealismus, der die messianischen Träume der tausendjährigen Revolten der chinesischen Bauern wieder zum Leben erwecke. Mehr oder weniger explizit gelangt er über den Mao-Kult und die roten Bücher der Roten Garden zur asiatischen Produktionsweise und die eventuell plausible Kritik geht

---

35 Vgl. dazu E. Masi, *La contestazione cinese*, a. a. O.

in Lächerlichkeit unter. Es wäre selbstverständlich dumm, eine Berücksichtigung typischer Elemente des chinesischen Kulturerbes vollkommen abzulehnen, wenn man zu interpretieren und zu verstehen sucht, was sich im heutigen China ereignet. Was aber abgelehnt werden muß, ist der polemische Gebrauch von Schemata und Formeln, die Anmaßung, leichtfertig und oberflächlich über die chinesische Vergangenheit und Gegenwart zu sprechen – was gewiß nicht der Fall wäre, wenn es sich nicht um China, sondern um irgendein europäisches Land handelte.

Der Essay von Garaudy mischt ununterbrochen Lob und Vorwürfe, in der Überzeugung, Wahres und Falsches in der chinesischen Revolution voneinander abzusondern. Es handelt sich gewiß nicht um ein vulgäres antichinesisches Pamphlet, sondern um ein etwas anspruchsvolleres, gerade deshalb aber auch verfänglicheres Buch. Beispielsweise ist nach Garaudy der Versuch nicht utopisch, den Sozialismus in einem rückständigen Land aufzubauen. Es sei aber utopisch, das zu unternehmen, ohne die Aufgaben zu lösen, die die Bourgeoisie nicht gelöst hat (Akkumulation, Industrialisierung, etc.). Diese Argumentation maskiert die Unfähigkeit, die chinesische Revolution in ihrem Wesen zu begreifen und die chinesischen Konzeptionen und die Kulturrevolution in ihrem eigenen Kontext zu sehen. Man kritisiert die Chinesen mit dem Maßstab der ökonomischen Entwicklung Chinas – einen Maßstab, den sie zu Recht ablehnen würden – und nicht zugleich mit demjenigen ihrer praktischen und theoretischen Beteiligung am weltweiten antiimperialistischen Kampf: man begnügt sich damit festzustellen, revolutionäre Modelle seien nicht exportierbar. Auf diese Weise stellt man theoretischen Vorschlägen ein theoretisches Vakuum gegenüber, es sei denn, man tauscht für eine richtige internationale Revolutionsstrategie die Gewißheit ein, daß die UdSSR ein sozialistisches Land ist – und sogar auf dem Wege, kommunistisch zu werden –, und setzt festes Vertrauen in ökonomische und soziale Fortschritte des sogenannten »sozialistischen Lagers« als friedliche und effektvolle Waffe im Kampf gegen den Kapitalismus, die Unbeweglichkeit oder den müden Empirismus der westlichen Arbeiterparteien. Außerdem muß derjenige ein etwas schlechtes Gewissen haben, der das Bedürfnis verspürt zu schreiben, daß die Kategorie asiatische Produktionsweise »nichts Beleidigendes für die Völker des Orients beinhaltet« *(sic!).*

All das, was hier gesagt worden ist, bedeutet selbstverständlich nicht, daß man die Kenntnis der realen Situationen und des Stands der Produktivkräfte als unnütz ablehnen soll. Aber dies geschieht dialektisch, als Pol eines Widerspruchs, und nicht auf mechanische Weise. Die Kenntnis von konkreten Situationen sollte sinnvollerweise auf genauen und eingehenden Analysen der Klassenstrukturen, der Eigentumsverhältnisse, der Institutionen beruhen und nicht auf abstrakten, in einem anderen Zusammenhang erarbeiteten Schemata, wie die Kategorie der asiatischen Produktionsweise und des Feudalismus es darstellt. Mao Tse-tung konnte sich der Termini »feudal« oder »Feudalismus« bedienen, seine Untersuchung über die Klassen in der chinesischen Gesellschaft aber nimmt aus einer direkten Analyse viele wichtige und konkrete Ergebnisse auf.

Auf der Ebene ihrer politischen Verwendbarkeit tendiert die Diskussion über asiatische Produktionsweise heute wie gestern dazu, sich in zwei Richtungen aufzulösen: einerseits die polemische Identifizierung mit historischer Rückständigkeit, einfacher Bauernwirtschaft, etc.; andererseits konkrete sozio-ökonomische Analyse. Sehr selten in der politischen Polemik ist die Kategorie als reine mit allen ihren vielfältigen Bestimmungen verteidigt oder bekämpft worden.

Es gibt jedoch noch einen letzten Punkt, auf den man hinweisen sollte. Für denjenigen, der sich von dem McCarthyhaften Wüten à la Wittfogel nicht blenden läßt, können bestimmte Aspekte der Marxschen Analyse über die Mechanismen der asiatischen Produktionsweise heute noch nützlich sein, auch und gerade, um die Analyse der heutigen sozialistischen Gesellschaften zu vertiefen.

Es bestehen in der Tat genügend Elemente (das Verhältnis von Sozialisierung »von unten« und dem partei-bürokratischen »Despotismus«; Arten der Abschöpfung des Mehrwerts; die von den chinesischen Sozialisten zurückgewiesene Theorie der aufgrund der vorhandenen Sozialisierung nicht vorhandenen Widersprüche innerhalb der Partei und des Staates), um sich zum Beispiel zu fragen, ob die UdSSR nicht ein Kuriosum darstellt, in dem vorkapitalistische (»asiatische«) Formen und technologisch entwickelter Kapitalismus auf sozialisierter Basis nebeneinander existieren. Die Bedeutung dieses Aspekts sollte aber nicht überschätzt werden, schon allein deshalb nicht, weil andere und geeignetere Forschungsmittel über die »sozialistischen Länder« unseres Jahrhunderts vorhanden sind.

In einem Fall wie dem unseren ist es mehr als vergeblich, sich vorzunehmen, die Diskussion aus der »schmutzigen« Welt der Politik in die »sterilisierte und objektive« Welt der Wissenschaft zu verlegen. Zudem ist es schwierig genug, eine wenn auch nur provisorische Bilanz einer Debatte zu ziehen, die, wie man gesehen hat, so offen und lebhaft geführt wurde.

Es gibt zweifellos bedeutende neue, historisch-konkrete Untersuchungen, die ausgehen von einer Revision in der Frage der Entwicklungsstufen und insbesondere von der Kategorie asiatische Produktionsweise. Die unilineare Interpretation ist angegriffen worden, was allein schon ein sehr positives Resultat ist. Mit Hilfe der Kategorie der asiatischen Produktionsweise wird schwerlich mehr als mittelbar zum Verständnis der Eigenart und aktuellen Problematik des einen oder anderen Landes in Afrika oder Asien beizutragen sein. Widersprüche von Kapitalismus und von Sozialismus werden heute auf weltpolitischer Ebene ausgetragen; weniger als früher wird dabei die Kategorie der asiatischen Produktionsweise für eine revolutionäre Theorie im Vordergrund stehen. Für die Aufarbeitung der Vergangenheit jedoch erweist sich die Problematisierung als produktiv weiterführend, wenn sie nicht zu dogmatischen Schemata reduziert wird. Dabei kann man jedoch an zahlreichen Klippen scheitern.

Die erste Gefahr hat ihren Ursprung in der Freude am »Wiederentdecken«. Bei den marxistischen Historikern – allerdings nicht nur bei ihnen[36] – gab es eine Periode, in der man überall Feudalismen sah. Es könnte nichts Schlimmeres passieren, als wenn man nun begänne, überall Beispiele der asiatischen Produktionsweise zu sehen, mit dem unvermeidlichen Resultat, daß dieser Begriff ausgehöhlt würde.

Eine zweite Gefahr besteht darin, die Diskussion zu ausschließlich auf die asiatische Produktionsweise, auf ihren Charakter, ihre Formen etc. zu beschränken, wobei man dann vernachlässigt, die Gültigkeit der anderen Kategorien wie »Sklavenhaltergesellschaft« und »Feudalismus« neu zu überprüfen. Was den Feudalismus betrifft, so sind die Sprachverwirrungen besonders

---

36 Vgl. z. B. *Feudalism in History*, a. a. O.; »Receuils de la Société Jean Bodin«, I, *Les liens de vassalité et les immunités*, Bruxelles 1958², s. a. G. Arnaldi, Il feudalesimo e le ›uniformità‹ nella storia, Studi medievali, Nr. 3ª, serie IV, 1963, pp. 315–23.

sichtbar und die vielfältigen Anwendungen dieses Terminus bestätigen das letztlich. Wie J. Simon schrieb, riskiert ein sozioökonomisches Stadium, das das heutige Ruanda-Urundi und das Frankreich des Jahres 1788, China im Jahre 1900 und das normannische England umfassen soll, jeden für Analysen nützlichen spezifischen Charakter zu verlieren.[37] Eine semantische Klärung tut jetzt dringend not. Es ist nicht einmal die Möglichkeit auszuschließen, daß Abstraktionen wie »Feudalismus« und »asiatische Produktionsweise« sich von geringem Nutzen erweisen und durch andere Hypothesen, Kriterien und Begriffe ersetzt werden müssen.

Es existiert noch eine weitere, subtilere Gefahr, die einer der möglichen Arten innewohnt, sich gegen einen Dogmatismus zu erheben, der die ihm nicht behagenden Produktionsweisen »exkommuniziert«. Es handelt sich um die Gefahr, sich gegen den alten Dogmatismus aufzulehnen, indem man einfach durch Vergröbern der Maschen neue Produktionsweisen schafft: nicht mehr vier Produktionsweisen oder ökonomische Gesellschaftssysteme, sondern fünf oder sieben. Auf diese Weise bliebe alles oder doch fast alles beim alten. Es handelt sich nicht darum, die asiatische Produktionsweise in den Olymp der fundamentalen Etappen der menschlichen Entwicklung aufzunehmen oder nicht, sondern darum, Methoden und Begriffe, Terminologien und Vorurteile einer aufmerksamen und undogmatischen Nachprüfung zu unterziehen; auch hier besteht eine Sprachverwirrung, die eine Denkverwirrung ist.[38] Es sind theoretische Probleme,

---

37 J. Simon in: »Marxism Today«, Juni 1962, p. 184. Zu anderen Beispielen eines ausgedehnten und falschen Gebrauchs dieses Terminus vgl.: G. Fasoli, *Introduzione allo studio del feudalesimo italiano*, Bologna 1959, p. 1-14. und R. Boutruche, Seigneurie et féodalité, a. a. O., p. 11 und Anmerkung

38 Um ein Beispiel zu geben: Godelier unterscheidet sieben »sozialökonomische Formationen« (die in einem folgenden Artikel dann zu sieben »Formen der Aneignung des Bodens im Lauf der Geschichte der Menschheit« wurden). Nach Chesneaux sind die antike und germanische Eigentumsform nicht auf derselben Ebene zu sehen wie die Grundformationen, während die asiatische Produktionsweise eine »Produktionsweise« ist wie Sklavenhaltergesellschaft, Feudalismus, Kapitalismus und Sozialismus; was bedeutet, daß sie nicht anders definiert werden kann als aufgrund von universellen Kategorien, die die fundamentale Rolle der Produktionsverhältnisse in der historischen Entwicklung evident machen. Tökei behauptet, daß die asiatische Produktionsweise keine »Grundformation« ist, hält aber den Gebrauch der Kategorie asiatische Produktionsweise für gerechtfertigt wie auch ihre Entgegensetzung mit dem Feudalismus und der Sklavenhaltergesellschaft. Nach dem vietnamesischen Historiker Nguyen Long Bich läßt sich die asiatische Produktionsweise nicht auf dieselbe Ebene stellen mit Feudalismus oder Skla-

die wieder zur Diskussion gestellt und entschieden in Angriff genommen werden müssen, weil sie Grundsatzprobleme sind. Um nur ein Beispiel zu nennen: was bedeutet genau »Produktionsweise«? Was ist eine »ökonomische Gesellschaftsformation«? In welchem Verhältnis stehen diese beiden Kategorien zueinander?

Über die entsprechenden Fragen zur Untersuchung der vorkapitalistischen Gesellschaften haben wir hier und da in dieser Arbeit bereits einige Hinweise gegeben, die aus Marxschen Anregungen stammen. Beschränken wir uns deshalb hier auf einige zusammenfassende Betrachtungen[39]:

Der Kapitalismus bietet die Möglichkeit zu einer Theorie der menschlichen Gesellschaft, da er für die Analyse die Gesellschaftsform darstellt, die komplexer und universaler als jede andere ist und in ihr die gesellschaftlichen Beziehungen voll entfaltet sind. Die Vergangenheit findet ihren Abschluß in der Gegenwart, von der aus die Vergangenheit zu interpretieren ist. Um die Worte von Marx wieder aufzunehmen: »In der Anatomie des Menschen ist ein Schlüssel zur Anatomie des Affen ...« So gewähren auch die Kategorien der bürgerlichen Ökonomie »zugleich Einsicht in die Gliederung und in die Produktionsverhältnisse aller der untergegangenen Gesellschaftsformen, mit deren Trümmern und Elementen sie sich aufgebaut, von denen teils noch unüberwundne Reste sich in ihr fortschleppen, bloße Andeutungen sich zu ausgebildeten Bedeutungen entwickelt haben, etc.«[40]. Es handelt sich aber nicht um eine reine, einfache me-

---

venhaltergesellschaft. Sie ist weder eine eigene Gesellschaftsformation Asiens, noch eine Form der Urgesellschaft (oder deren letzte Etappe) und ebensowenig eine orientalische Form der Feudalgesellschaft oder Sklavenhaltergesellschaft; sie ist vielmehr ein »régime sociale«. Andere wiederum (z. B. Rodinson, Balibar, Parain, Suret-Canale) benutzen diese Termini in noch anderer Weise.

[39] Interessante Bemerkungen über die Begriffe und Grundprobleme der marxistischen Geschichtstheorie, die die vorkapitalistischen Gesellschaften betreffen, findet man in: K. Korsch, *Karl Marx*, a. a. O.; E. Mandel, *Die Entstehung und Entwicklung der ökonomischen Lehre von Karl Marx*, a. a. O.; M. Godelier, *Rationalité et irrationalité*, a. a. O.; M. Rodinson, *Islam und Kapitalismus*, a. a. O.; E. Balibar in: *Lire le capital*, a. a. O.; auch die weiteren Schriften von Danilova, C. Parain, E. J. Hobsbawm und die Einleitung von J. Suret-Canale in *Premières sociétés de classes* geben interessante Hinweise. Schließlich die Nr. 64, Oktober–Dezember 1968 von »Diogène« (*Nouvelle actualité du marxisme*) mit Artikeln von Adorno, Marcuse, Hyppolite, Hobsbawm, Rodinson, Abdel-Malek und anderen.

[40] Darin besteht eines der theoretischen »Privilegien« der Analyse der kapitalistischen Produktionsweise (und nicht der gesamten abendländischen historischen Entwicklung, wie Tökei behauptet).

chanische Ausweitung solcher Kategorien auf vorhergehende Gesellschaftsformationen, da diese nicht einfach »vorbereitende Stufen« für das Kapital abgeben, sondern weil sie in ihrer relativen Autonomie zu erfassen sind. Die bürgerliche Gesellschaft kann Verhältnisse der vorhergehenden Formen entwickelt und entfaltet, aber auch degeneriert, abgestorben und verzerrt enthalten.[41] Wenn es also grundsätzlich so ist, daß nur die Erarbeitung von Modellen aus der historischen Erfahrung des Kapitalismus heraus, die Grundlage abgeben kann, die Vielfalt der realen Geschichte zu interpretieren und zu organisieren, so bleibt die Forderung, daß noch viele Probleme der Theorie und Forschung in Angriff genommen werden müssen. Vor allem wäre zu klären, in welchem Maße und auf welche Weise es möglich ist, Prinzipien einer materialistischen Geschichts- und Gesellschaftsauffassung für ältere Gesellschaftsformationen zu verwenden und in historischen Verkehrsverhältnissen die besonderen Gesetze ihrer Organisation und Entwicklung wieder aufzufinden. Einzig auf diesem Weg, das heißt im Aufzeigen der inneren Struktur und der die Gesetze regulierenden Dynamik (d. h. die Synchronie und die Diachronie) der verschiedenen Gesellschaftsformationen kann man sich der Wissenschaft von Geschichte nähern. Sonst wird die Geschichtswissenschaft, der man heute mit kompaktem Mißtrauen begegnet und die oft im Dienste ideologischer Implikationen und neuer Gesellschaftswissenschaften (von der Psychologie über die Soziologie bis zur Anthropologie) steht, sich damit abfinden müssen, für sich selbst die in der Vergangenheit oft angenommene Rolle eines dem politisch-ideologischen Kampf untergeordneten Instruments oder die eines gelehrten und sonderbaren antiquarischen Interesses zu akzeptieren und sich endgültig zu trennen von einer »authentischen Geschichte«, damit sie theoretisch gefaßt werden kann.

Es ist unnütz hinzuzufügen, daß historische Forschung bei diesem Prozeß eine wichtige Rolle spielen kann, wenn sie die traditionellen Horizonte erweitert und für die theoretischen Hypothesen einen klaren Beweiszusammenhang erstellen kann. Die vergleichende Geschichtsschreibung hat bis heute nur wenige und unsichere Schritte zustandegebracht; man kann dabei gewiß nicht sagen, daß es sich um ausreichende Ergebnisse handelt. Unbestritten ist vor allem, daß sie sich fast ausschließlich – das gilt

---

41 Vgl. Korsch, *Karl Marx*, a. a. O.

für marxistische wie für nichtmarxistische Wissenschaftler – auf der Ebene bewegt hat, in verschiedenen geographischen Zonen übereinstimmende Entwicklungen mit Hilfe von Modellen festzustellen, die anhand der westeuropäischen Erfahrung erarbeitet wurden. Man sollte vielleicht beim Nullpunkt beginnen und die Gültigkeit der Modelle überprüfen, bevor man womöglich voreilige Schlußfolgerungen zieht. Claude Cahen schreibt dazu: »Hauptproblem für Historiker, die den Entwicklungsgang des homo politicus zu ergründen versuchen, ist die Antwort auf die Frage, ob es notwendige Durchgangsstufen bei der Herausbildung von Gesellschaftsformen gibt und was sie kennzeichnet. Das rationale Verfahren scheint also darin zu bestehen, nicht von einer willkürlich ausgewählten Gesellschaft auszugehen, sondern gleichzeitig und gleichartig von allen, in denen vergleichbare Tendenzen auftreten, um dann Ähnlichkeiten, Unterschiede und Bedingungen herauszuarbeiten. Die kapitalistischen Länder stellen unter solchem Blickwinkel als ein Beispiel (welcher Bedeutung auch immer) sich dar, dessen unterstellte Vorbildlichkeit sich leichter abschätzen lassen wird als wenn diese Länder zum ausschließlichen Bezugspunkt gemacht werden und trotz aller Umsicht von Wissenschaftlern dann als Norm fungieren, an der sich andere Gesellschaftsformen mehr oder minder ausrichten.«[42] Es besteht selbstverständlich die Gefahr, auf den »Eurozentrismus« mit mechanischen Nebeneinanderstellen von »objektiven« Daten zu antworten, so daß die Modelle, oder in diesem Fall besser die Verallgemeinerungen, einfach aus dem Anhäufen einer größeren Anzahl von Daten entstehen würden. Die Forderung nach weitergehender Forschung bleibt aber grundsätzlich bestehen – dazu hat, wie man gesehen hat, das Wiedererwachen des Interesses für die asiatische Produktionsweise wichtige Beiträge geliefert.

Der Kapitalismus, d. h. das ökonomische und soziale System, in dem Marx lebte und das seinen Untersuchungsgegenstand bildete, hat seinem ureigenen Wesen nach die Weltgeschichte vereinheitlicht und den größten Teil lokaler Differenzen zerstört oder ist dabei, sie zu zerstören (wobei er höchstens neue Differenzen schafft). Aber vor dem Kapitalismus gab es keine »privile-

---

42 C. Cahen, *Réflexions sur l'usage du mot de ›féodalité‹*, a. a. O., p. 6; eine ähnliche Auffassung vertritt J. W. Hall, *Feudalism in Japan – A Reassessment,* in: »Comparative Studies in Society and History«, V, 1962–1963, 2, p. 15–51.

gierten« historischen Entwicklungen. Die Probleme des realen geschichtlichen Prozesses sind andere: wieso ist der Kapitalismus in einer Zeit, die von Historikern zwischen dem 14. und dem 18. Jahrhundert angesetzt wird, in einem bestimmten Teil der Welt, und wieso gerade in diesem, entstanden? Bestanden in anderen Teilen der Welt Ansätze für den Kapitalismus, seien sie auch schwächer gewesen, so daß sie sich nicht voll entwickeln konnten aufgrund der europäischen Kolonialexpansion oder aus anderen Gründen?[43] Ganz offensichtlich ist es unmöglich, diese Fragen zu beantworten, ohne die vorherrschenden Produktionsweisen in den verschiedenen Teilen der Welt zu berücksichtigen. Eine präzisere historische Einordnung des Phänomens »Kapitalismus« aber ist vielleicht einer der Wege, der aus der Sackgasse der entgegengesetzten, aber zusammenhängenden Ansichten einer privilegierten Entwicklung seit den Griechen oder einer »Typik« der »orientalischen« Geschichte herausführen könnte. Einige chinesische Historiker meinen, daß China eher und typischer als Europa die klassischen »Phasen« der historischen Entwicklung durchlaufen habe. Carlo Cipolla hat darauf hingewiesen, daß eines der Nebenprodukte der industriellen Revolution die Verwechslung von »zivilisiert« und »technologisch entwickelt« ist. Im Gegenteil, schreibt Cipolla: »Die technologisch avancierteren Völker sind dazu bestimmt, den Ausschlag zu geben, ohne daß das mit ihrem ›Zivilisationsgrad‹ zusammenhängt, der viel schwieriger zu bestimmen und einzuschätzen ist.«[44] Man muß die Geschichte der vorkapitalistischen Epochen in den verschiedenen Ländern von Urteilen der Minderwertigkeit oder der Überlegenheit befreien. Bis jetzt ist unter anderem im Verlauf der Diskussion viel zu wenig vom Zusammenhang von Basis und Überbau, vom Verhältnis zwischen ökonomisch-sozialen Grundlagen und Kultur gesprochen worden. Um ein Beispiel zu geben: angenommen, die asiatische Produktionsweise war in der russischen Geschichte ebenso dominierend wie in China, wie er-

---

43 Recht interessant ist beispielsweise die historiographische Auseinandersetzung über das Problem der »Desindustrialisierung« Indiens, vgl. die Schriften von Komarov, T. Raychandhuri, H. R. C. Wright, Amartya Kumar Sen, M. D. Morris: in *Deuxième Conférence internationale d'histoire économique*, Aix-en-Provence 1962, Paris–La Haye 1965. Vgl. auch D. und A. Thorner, *Land and Labour in India*, London 1962.
44 C. Cipolla, *Guns and Sails in the Early Phase of European Expansion*, 1400–1700, London 1965, p. 147 und die Anthologie *Gli Inglesi in India*, a.a.O. (mit ausführlicher Bibliographie).

klärt man sich dann die kulturelle Rückständigkeit Rußlands bis zum 19. Jahrhundert und die außergewöhnliche kulturelle, wissenschaftliche und technische Tradition Chinas? Diese Fragen sind viel zu schwerwiegend, um kurz abgetan zu werden. Aber die Furcht vor zu schwerwiegenden Problemen, die partielle und unvollständige »Revisionen« einschließen, könnte sich als nicht weniger schädlich erweisen.

Ergänzende Literaturangaben

Es werden zu den im Text schon genannten Schriften hier noch inzwischen publizierte deutsche (oder anderssprachige) Fassungen, erweiterte oder/und revidierte angeführt. Auf die umfangreiche Literatur allein in russischer Sprache kann hier nur hingewiesen werden.

Anouar Abdel-Malek, Egypte, société militaire, Paris 1962.
- Egypt, Military Society, New York 1968. (erweit., revid. Ausgabe)
- Ägypten: Militärgesellschaft. Das Armeeregime, die Linke und der soziale Wandel unter Nasser, Ffm 1971.

E. Balasz, Chinese Civilisation and Bureaucracy, New Haven 1964.
- La Bureaucratie Celeste, Paris 1968.

J. D. Bernal, Wissenschaft, Science in History, 4 Bände, Hamburg 1972.

J. Braunthal, Geschichte der Internationale, 3 Bände, Hannover 1961/63/71.

B. Brentjes, Von Schanidar bis Akkad, Leipzig 1968.

N. Bucharin, Theorie des historischen Materialismus, Hamburg 1922. (Reprint Mailand 1967)

Ch'en Po-Ta, A Study of Land Rent in Pre-Liberation China, Peking 1958.
- , Eine Studie über die Grundrente im alten China, Ffm. 1971, in: Klassenanalyse und Partei in China, Übers. aus dem Engl. nach veränderter und verbesserter Neuauflage 1958.

Jean Chesneaux, Vietnam. Geschichte und Ideologie des Widerstandes, Ffm. 1968.
- , Geschichte Ost- und Südostasiens im 19. und 20. Jahrhundert, Köln 1969. (Enthält eine ausgezeichnete Bibliographie.)

Die Chinesische Frage auf dem 8. Plenum der Exekutive der Kommunistischen Internationale, Hamburg 1927.(Reprint Mailand 1967)

St. Clarkson, L'Analyse sovietique des problèmes indiens du sousdévélopement 1955–1964, La Haye 1965.

M. Confino, Systèmes agraires et progrès agricole. L'Assolement triennal en Russie aux XVIIIe-XIXe siècles. Etude d'économie et de sociologie rurales, La Haye 1970.

A. Cordova/H. S. Michelena, Die wirtschaftliche Struktur Lateinamerikas, Ffm. 1969.
H. Cunow, Die Marxsche Geschichts-, Gesellschafts- und Staatstheorie. Grundzüge der Marxschen Soziologie, 2 Bde., Berlin 1923.
B. Davidson, Urzeit und Geschichte Afrikas, Hamburg 1961.
– , Vom Sklavenhandel zur Kolonisierung, Hamburg 1966.
W. Eberhard, Kultur und Siedlung der Randvölker Chinas, Leiden 1942.
– , Lokalkulturen im alten China, Teil I: Die Lokalkulturen des Nordens und Westens, Leiden 1942, Teil II: Die Lokalkulturen des Südens und Ostens, Peking 1942.
H. Fleischer, Marxismus und Geschichte, Ffm. 1969.
C. Furtado, Marx's Model in the Analysis of the Underdeveloped Economic Structures, in: Marx and Contemporary Scientific Thought, Section III: Socio-economic prediction, The Hague 1970.
– , La economia latinoamericana desde la Conquista Ibérica hasta la Revolucion Cubana, Santiago 1970 (engl.: Cambridge 1970).
R. Felber, »Asiatische« oder feudale Produktionsweise in China, in: Zeitschrift für Geschichtswissenschaft, 29. Jg. (1971), H. 1.
Sur le féodalisme, Centre d'études et de recherches marxistes, Paris 1971.
K. Goehrke, Die Theorien über Entstehung und Entwicklung des »Mir«, Wiesbaden 1964.
J. Guillermaz, Histoire du Parti communiste chinois 1921–1949, Paris 1968.
G. Haupt, La Deuxième Internationale 1889–1914. Etude critique des sources. Essai bibliographique, Paris (La Haye) 1964.
– , Programm und Wirklichkeit. Die internationale Sozialdemokratie vor 1914. Erweiterte und überarbeitete Fassung des 1. Teils der Originalausgabe »La deuxième Internationale«, Neuwied-Berlin 1970.
R. Junge, Weltgeschichte der Standortentwicklung der Wirtschaft der Klassengesellschaft. Bd. I: Die territoriale Standortentwicklung der Wirtschaft unter den Bedingungen der Produktionsweise des Alten Orients und der frühen Antike etwa 3000 bis 146 v. u. Z., Berlin 1961.
Der Kommunismus in China (C. Brandt, B. Schwarz und J. K. Fairbank), München 1955. Dokumentensammlung, deutsche und amerik. Ausgabe gekürzte Fassungen; deutsche Ausgabe ohne Bibliographie und Glossar.
K. Korsch, Die materialistische Geschichtsauffassung und andere Schriften, Ffm. 1971.
H. Krause, Marx und Engels im zeitgenössischen Rußland, Gießen 1958.
Le Tanh Koi, Le Vietnam, Histoire et Civilisation, Paris 1955.
G. Leclerc, Anthropologie et Colonialisme, Paris 1972.

H. G. Lehmann, Die Agrarfrage in der Theorie und Praxis der deutschen und internationalen Sozialdemokratie, Tübingen 1970.

G. Lewin, Die Erforschung der vorkapitalistischen Gesellschaftsformation Chinas als Schlüssel zum besseren Verständnis der Zeitgeschichte, in: WZ XIV, Heft 3, Leipzig 1965.

R. Losada Aldana, Dialectica del-, Subdesarollo, Caracas 1967 (Bibliographie).

R. Luxemburg, Einführung in die Nationalökonomie, Berlin 1925 (neu: Hamburg 1972).

K. Mandelbaum, Das russische Agrarproblem bei Marx, Engels, Lenin, Einleitung zu: Briefe von Marx und Engels an Danielson, Leipzig 1929.

– , Die Erörterungen der deutschen Sozialdemokratie über das Problem des Imperialismus (1895–1914), Ffm. o. J. (Dissertation v. 1929).

Sur le »mode de production asiatique«, Centre d'études et de recherches marxistes Paris 1969.

Moderne Kolonialgeschichte, hrsg. v. R. v. Albertini, Köln-Berlin 1970.

B. Moore, Soziale Ursprünge von Diktatur und Demokratie. Die Rolle der Grundbesitzer und Bauern bei der Entstehung der modernen Welt, Ffm. 1969.

E. Müller-Mertens, Zur Feudalentwicklung im Okzident und zur Definition des Feudalverhältnisses, in: Zeitschrift für Geschichtswissenschaft, H. 1, 1966.

G. Myrdal, Ökonomische Theorie und unterentwickelte Regionen, Stuttgart 1959.

T. Pokora, A Theory of Periodization in World History, in: Archiv Orientální, 34, Prag 1966.

Jan Romein, Das Jahrhundert Asiens, Bern 1958.

R. Rosdolsky, F. Engels und das Problem der »geschichtslosen Völker« (Die Nationalitätenfrage in der Revolution 1848/49 im Lichte der »Neuen Rheinischen Zeitung«), Archiv für Sozialgeschichte IV, Hannover 1964.

W. Ruben, Die gesellschaftliche Entwicklung im alten Indien.
I: Die Entwicklung der Produktionsverhältnisse im alten Indien, Berlin 1967.
II: Die Entwicklung von Staat und Recht im alten Indien, Berlin 1968.

R. Schlesinger, Die Kolonialfrage in der Kommunistischen Internationale, Ffm. 1970 (erweiterte Ausgabe, deutsch).

I. Seibert, Hirt – Herde – König. Zur Herausbildung des Königtums in Mesopotamien, Berlin 1969.

I. Sellnow, Grundprinzipien einer Periodisierung der Urgeschichte. Ein Beitrag auf Grundlage ethnographischen Materials, Berlin 1961.

– , Gesellschaft – Staat – Recht. Zur Kritik der bürgerlichen Ideologien über die Entstehung von Gesellschaft, Staat und Recht, Berlin 1963.

J. Suret-Canale, Schwarzafrika, 2 Bde., Berlin 1966/69.

F. Tökei, Zur Frage der asiatischen Produktionsweise, Neuwied-Berlin 1969.

L. Trotsky, Problems of the Chinese Revolution, Ann Arbor 1967.

E. Varga, Über die asiatische Produktionsweise, in: Jahrbuch für Wirtschaftsgeschichte, Teil IV, 1967 (Auszug aus: Voprosy istorii).

F. Venturi, Roots of Revolution. A History of the Populist and Socialist Movements in Nineteenth Century Russia, London 1960.

Viehwirtschaft und Hirtenkultur. Ethnographische Studien, hrsg. von Laszlo Földes, Budapest 1969.

R. V. Vjatkin/S. L. Tichvinskij, Über einige Fragen der Geschichtswissenschaft in der Volksrepublik China, in: Zeitschrift für Geschichtswissenschaft, 12 Jg., 1964.

H. Weber, Die Kommunistische Internationale. Eine Dokumentation, Hannover 1966.

M. Weber, Ges. Aufsätze zur Religionssoziologie, 3 Bde., Tübingen 1963/66.

– , Ges. Aufsätze zur Sozial- und Wirtschaftsgeschichte, Tübingen 1924.

Zur Theorie und Geschichte des Sozialismus

Etienne de la Boetie
Über die freiwillige Knechtschaft des Menschen
Herausgegeben und eingeleitet von Heinz-Joachim Heydorn

Lucio Colletti
Bernstein und der Marxismus der Zweiten Internationale

Frank Deppe
Verschwörung, Aufstand und Revolution
Auguste Blanqui und das Problem der sozialen Revolution

Charles Fourier
Theorie der vier Bewegungen und der allgemeinen Bestimmungen
Herausgegeben von Theodor W. Adorno
Eingeleitet von Elisabeth Lenk

Henryk Grossmann, Carl Grünberg
Anarchismus, Bolschewismus, Sozialismus
Aufsätze aus dem »Wörterbuch der Volkswirtschaft«
Herausgegeben von Claudio Pozzoli

Der Gründungsparteitag der KPD
Protokoll und Materialien
Herausgegeben und eingeleitet von Hermann Weber

Rudolf Hilferding
Das Finanzkapital

Paul Levi
Zwischen Spartakus und Sozialdemokratie
Schriften, Aufsätze, Reden und Briefe
Herausgegeben von Charlotte Beradt

Karl Liebknecht
Ausgewählte Reden und Schriften I
Herausgegeben und eingeleitet von Helmut Böhme

John Locke
Zwei Abhandlungen über die Regierung
Herausgegeben und eingeleitet von Walter Euchner

Karl Marx, Friedrich Engels
Pressefreiheit und Zensur
Herausgegeben und eingeleitet von Iring Fetscher

Die Massenstreikdebatte
Beiträge von Parvus, Rosa Luxemburg, Karl Kautsky,
Anton Pannekoek
Herausgegeben und eingeleitet von Antonia Grunenberg

John Stuart Mill
Über Freiheit
Aus dem Englischen übertragen und herausgegeben
von Achim v. Borries

Christian Riechers
Antonio Gramsci – Marxismus in Italien

Roman Rosdolsky
Zur Entstehungsgeschichte des Marxschen ›Kapital‹

Rudolf Schlesinger
Die Kolonialfrage in der Kommunistischen Internationale

Spätkapitalismus und Klassenkampf
Eine Auswahl aus den Quaderni Rossi
Herausgegeben von Claudio Pozzoli

Europäische Verlagsanstalt

Politische Ökonomie
Geschichte und Kritik

Elmar Altvater
Die Weltwährungskrise

Elmar Altvater
Gesellschaftliche Produktion und ökonomische Rationalität

Maurice Dobb
Der Lohn

Maurice Dobb
Ökonomisches Wachstum und Planung

Alexander Erlich
Die Industrialisierungsdebatte in der Sowjetunion 1924–1928

G. A. Feldman
Zur Wachstumstheorie des Nationaleinkommens

Bruno Fritsch
Die Geld- und Kredittheorie von Karl Marx

Joseph M. Gillman
Prosperität in der Krise

Joseph M. Gillman
Das Gesetz des tendenziellen Falls der Profitrate

Maurice Godelier
Rationalität und Irrationalität in der Ökonomie

Henryk Grossmann
Marx, die klassische Nationalökonomie und das Problem der Dynamik

Kapitalismus und Krise
Eine Kontroverse um das Gesetz des tendenziellen Falls der Profitrate

Kapitalismus in den siebziger Jahren
Referate vom Kongreß in Tilburg im September 1970

Oskar Lange
Politische Ökonomie I/II

Adolph Lowe
Politische Ökonomik

Karl Marx
Grundrisse der Kritik der politischen Ökonomie

Paul Mattick
Marx und Keynes

Monopolkapital. Thesen zu dem Buch von Paul A. Baran und Paul M. Sweezy

Otto Morf
Geschichte und Dialektik in der politischen Ökonomie

Helmut Reichelt
Zur logischen Struktur des Kapitalbegriffs bei Karl Marx

Claus Rolshausen
Rationalität und Herrschaft

Eugen Varga
Die Krise des Kapitalismus und ihre politischen Folgen

Europäische Verlagsanstalt